突发公共卫生事件时期的班主任工作

齐学红——主编

南京师范大学出版社
NANJING NORMAL UNIVERSITY PRESS

图书在版编目(CIP)数据

突发公共卫生事件时期的班主任工作 / 齐学红主编. 一南京：南京师范大学出版社，2020.5
ISBN 978-7-5651-4614-5

Ⅰ. ①突… Ⅱ. ①齐… Ⅲ. ①学校卫生一公共卫生一突发事件一卫生管理一中国 Ⅳ. ①G478

中国版本图书馆 CIP 数据核字(2020)第 073828 号

书　　名	突发公共卫生事件时期的班主任工作
主　　编	齐学红
策划编辑	张　春
责任编辑	张　春
出版发行	南京师范大学出版社
地　　址	江苏省南京市玄武区后宰门西村 9 号(邮编:210016)
电　　话	(025)83598919(总编办)　83598412(营销部)　83373872(邮购部)
网　　址	http://press.njnu.edu.cn
电子信箱	nspzbb@njnu.edu.cn
照　　排	南京开卷文化传媒有限公司
印　　刷	江苏凤凰扬州鑫华印刷有限公司
开　　本	710 毫米×1000 毫米　1/16
印　　张	16.75
字　　数	283 千
版　　次	2020 年 5 月第 1 版　2020 年 5 月第 1 次印刷
书　　号	ISBN 978-7-5651-4614-5
定　　价	59.00 元

出 版 人	张志刚

序

2020年发生的新冠肺炎疫情是一次突发重大公共卫生事件,社会生产活动、教育工作、科学研究、社会公共生活以及社会成员的日常生活等都因此不能正常进行,且引发了人的身心健康问题及遭遇各种疾病,甚至不幸离世。党和国家领导人对战胜疫情极其重视,在人力、物力等方面采取了多种措施。2020年5月6日,中共中央政治局常务委员会召开会议,研究完善常态化疫情防控体制机制,提出要突出抓好源头防控、患者救治、物质保障,大力控制疫情流行,努力守住疫情防控第一道防线,同时继续指导做好治愈患者康复和心理疏导工作,落实常态化防控举措。因此,彻底战胜疫情,恢复正常社会生活尚需社会各方的共同努力。正是在这样的背景下,全国各级各类学校和老师从"停课不停学"到目前陆续复学、复课,一直积极地投入这场战"疫"中,中小学班主任更是创造性地开展了丰富多彩的教育工作。

班主任是在班级中贯彻教育方针、实现学校培养目标的主要责任人。学校教育是全人教育,即培养体智德美全面发展的人。人本质上是精神生命,培养人的教师应很好地理解生命的本质、生命成长发展的规律,即提高生命自觉,做自觉的教育者、自觉的学习者,以更好地完成自己的教育使命,成为学生的精神关怀者、学生成长发展的重要他人,与班级学生集体、教师共同成长。在突发疫情的当下,班主任应如何完成自己的教育使命呢?齐学红教授主编的《突发公共卫生事件时期的班主任工作》一书适时地为我们提供了疫情下班主任老师如何学习、思考、工作的丰富教育资源,从中我们学习到宝贵的战"疫"精神、关爱生命的情感以及创造性的教育素养。

这部新的著作分为上、下两篇。上篇的教师生活叙事阐述了师生在战胜疫情过程中坚持教与学的情况。疫情扰乱了正常的教育活动,但也激发了师生的思考与实践。在面对各种困难的情况下，他们发挥自己的智慧，想出各种办法，做到“停课不停学”，组织“学习共同体”；学生在居家学习的同时参加线上学习，更好地发挥了学习的自主、自律并享受着自乐。其中特别需要重视的是学生参加体力劳动具有的功效，尤其是道德的、情感的教育价值。师生居家生活，对学生而言固然是享受家庭教育的极好机会；对教师而言则能更好地密切亲情关系，更好地享受家庭幸福。以上所述的“在场”教师生活中，有不少老师的做法值得学习，对提升家长的家教胜任力、对孩子的教育以及完善家校协同共育等都起到了积极作用。

下篇的班主任工作指导具体体现了班主任应对疫情挑战下的教育实践智慧。本篇内容丰富，不仅阐明了班主任工作新理念，而且特别重视对家校共育的指导和“假期”学习与生活的指导，以积极地拥抱教育变革，迎接挑战。它告诉我们，在疫情期间班主任应重视日常指导与班会课等教育形式，开展内容广泛、形式多样的班级教育活动，引导学生珍爱生命，并在珍爱人的生命的同时爱惜一切生命；注重公共卫生，培育文明行为习惯，从而享受健康快乐的生活。

当然要更好地理解班主任的教育使命，积极地拥抱教育变革，必须紧跟时代的步伐！当前，在发扬宝贵的战“疫”精神、关爱生命情感、创新各种教育素养的过程中，要特别重视习近平总书记提出的培养“有大爱大德大情怀”的人，以及建设“人类命运共同体”的思想。“大爱大德大情怀”有日常生活、国家与社会、全球与宇宙等不同层面，各个层次内容相互融合。它们绝不是不切实际的要求，在很多中小学的校训、校园环境布置上都已体现了这样的精神。我们的教育变革应回应这一时代精神和全球性课题！

2020 年 5 月 10 日

目　录

CONTENTS

上篇 · 在场：教师生活叙事

一、“停课不停教”与“停课不停学”

二、疫情期间的教育思考

下篇·应对：班主任工作指导

一、班主任工作新理念

二、家校共育活动指导

三、“假期”学习生活指导

四、抗“疫”班会课设计

五、应对突发公共卫生事件的心理防护

上篇

在场：教师生活叙事

2020年，突如其来的疫情将公共卫生危机的话题摆在了世人面前。疫情在打破人们已有的工作、生活秩序的同时，也促使人们反思：那些习以为常的工作、生活习惯未必是永恒不变的、不能颠覆的。在这一大变局面前，人类被激发出生存和学习的潜能。

在这样一个特殊时期，学校教育充分体现出其作为社会稳定机制的功能，居家学习、“停课不停教、停课不停学”便是其中的应对机制之一。教学场所由学校回归到家庭这一原初的学习生活地点，教师与学生一起成为学习者；网络成为不可或缺的学习载体，家校互动成为保证学生居家学习质量的重要条件；学科知识不再是唯一的学习内容，人类对大自然的漠视与生态环境的破坏，生命的尊严，面对灾难时的相互依存与相互救助，以及居家学习中的亲子关系、师生关系等话题被赋予新的内涵。而作为教育的实施者，教师自身在应对疫情期间的切身感悟与体验，本身就是一笔宝贵的精神财富，带来了教师思想观念的深刻变革，进而直接影响到教师的教育教学行为。这里，我们运用教育叙事这一研究人类体验世界的方式方法，深入细致地呈现教师的居家教学生活、被疫情“逼出”的教师“学习共同体”等日常生活体验，以及应对疫情期间的教育思考，从而为下篇中应对突发公共卫生事件的班主任工作提供现实生活的土壤。

一、“停课不停教”与“停课不停学”

课堂教学是学校生活的基本构成样态，突如其来的疫情和较长时间的居家生活，不断挑战着社会各界尤其是教育主管部门应对公共卫生突发事件的能力。“停课不停教”“停课不停学”就是在这一特殊时期产生的新的教学应对措施，从中激发出教师的教育实践智慧。下面展现了他们的教育生活叙事。

“停课不停学”的教育思考

（一）突如其来的教育“危机”

新冠肺炎疫情来势汹汹，这是一个突发事件，也是一场教育“大考”，它考验着教育管理部门的科学规划和决策能力。在一个提速的世界里，“危”和“机”不期而至、无处不在，教育管理不能依赖惯性，应有危机意识和未来眼光，有科学的成体系的预案，也要有专业自信。对一所学校而言，危机之下的应对能力显得尤为重要。

在期末考试和安全教育的学期收尾工作中，2019—2020 年度第一学期顺利结束。因为寒假不长，离开办公室时，笔者看着桌上的教材和教参犹豫了一下，但是谁也没想到，接下来要开始另外一种教学生活形态——“停课不停学”。

随着疫情的发展，从全国、全省的教育官方平台到各地方的教育部门，开始发布疫情期间的教学指导。笔者所在单位经过前期的大量准备工作后，先由校长室、党委召开视频会议，成立线上线下学习指导工作组和技术攻关中心组，并制定出学校延期开学期间学生学习指导工作方案，各年级组依据学情进行适当微调；然后向各年级各学科备课组发布线上线下教学工作要点；在市区相关文件的基础上，制定学校关于线上学习辅导的教学建议。其间，进行过多次全校动员及技术培训；在学校、年级组、学科组、班级、家长委员会、学生组织层面都激活了"战'疫'共同体"，构建了层次清晰、立体化、全方位的"危机应对家校合作教育共同体"，学校公众号上每天都发布最新的"战'疫'日报"，给全校师生加油鼓劲。老师们2月10日复课，2月17日进入网络授课阶段。网络直播授课，最大的瓶颈是技术和习惯，优势是课堂参与的各项数据的动态反馈，以及讨论区发言的实时沟通，课堂更加开放，富于互动性，能兼顾学生的个性化需求。授课主体是各自的任课老师，可以最大限度地兼顾学情、把握授课进度，将教学方式改变带来的影响降到最小。

面向未来教育，发展线上教学的新形式，突破传统学校的时空约束，尝试非学校化教育等新课题，被这个特殊的契机推到了眼前。疫情推动了教育时空的重大变革。居家学习将学生的学习时间释放出来，直播课可以生成回放，授课里的知识点可以反复学习，学习进度可以根据自身情况微调，不再完全被时间的单向性所束缚。学习空间的释放，能让有特殊学习要求的孩子以更合适的方式去体会真正的学习是如何发生的。由此我们思考，在人类文明进程中，什么样的教育时空更贴近学生作为学习主体的角色，更接近知识和能力的生成规律。

（二）"停课不停学"

当下中国最受关注的话题之一就是教育。对于突如其来的假期，社会各界热心人士纷纷关注，而网上掀起的轰轰烈烈的"送教运动"，让这种社会焦虑得到了一定程度的缓解。

但教学理念层面的问题需要重视，"停课不停学"到底怎么学？作为"学"的引导者的教师，作为"学"的主体的学生，学习共同体中的每个人都需要深入思考并做出判断。学习的时空条件发生了变化，学生的身体状态和学习状态也有特殊之处，需要重新认识"学"的过程。这是最好的落实自主学习的契机，也是融入时代、发现自我、发展思维能力的最好时机。从语文学科的角度，读一些好文章，读一些好书，对社会现象进行观察，对接收到的信息进行思维加工和反思，将自己的思考过程形诸文字，是很有价值的。从全面学习的角度，学生可以发掘、整合身边所有的教育资源，想想自己一直想做却没有时间去做的事情，为自己安排个性化的学习计划。可以把阅读、思考、写作落实到每天的学习生活中，诸如和自己笔谈，和老师、同学或者家长交流，内容可以是学习中的困惑，也可以是社会现象，或者是青春的烦恼、成长的故事。对自己说不透的观点，可以通过明确概念、对比辨析、探究原因、比照现实等方法，让思维深化，让思考更有力量。

笔者曾经跟学生进行过线上交流，让孩子谈谈真实的居家学习状态。学生普遍认为，在家中学习更为“自由”，可以在闲暇时间学习感兴趣的东西，有不懂的知识可以在第一时间询问老师和同学；这种“自由”也表现在学习和休息时间的安排上，不是被“刻板”的上下课铃声所约束；“自由”还表现在可以选择交流的同学，形成自由的人际和学习圈子，不会因为空间因素进行不情愿的“社交”；“自由”还表现在自我的觉醒上，例如，重拾原先喜爱的乐器，在疲惫的时候调剂身心；在洗碗的时候，透过窗户看看积雪还剩了多少；难得看到家里铺满阳光的样子，有足够的时间可以思考，思考自己一直在做什么，有什么价值和意义，有同学悟出了一些平时无暇顾及、被长久忽视的问题，也有同学发现了自己足够勤奋但学习效率不高的原因……在放飞自我之后，他们也开始担心，开学后同学间可能会出现“两极分化”，不想落于人后的想法驱使他们迫切地学习。他们对自己提出要求，学会自律，探索效率更高的学习方式。

真正的学习只能是自主学习，只有发现自身知识结构的缺陷，听到内心深处的需要，充分评估周围的教学资源并合理利用，主动去构建知识和能力体系，理性评价自我学习状态并进行调整和提升，才是真正的学习过程。只有唤醒学生的内驱力以及主动学习的热忱和能力，才是真正的“停课不停学”。

（三）关注“教”，也要重视“育”

教育不仅要关注“教”的问题，更要关注“育”的问题。教的是知识，育的是人，这才是教育的本质所在。现在中小学校的线上教育，有教学方面的内容，有丰富的德育资源，每周一有“云”升旗仪式，每周五下午有班会活动，周六还有学生和家长会。从普及新型冠状病毒知识和开展卫生习惯教育、疫情之中的心理辅导，到居家健身体育活动，都能完成传统学校教学的教育容量，并且在开放性和创新性方面做得更好。因此，危机时刻，要化“危”为“机”，在时代重大事件里发现塑造新时代有责任感公民的资源，让我们的学生在时代的考验中淬炼真金。

笔者利用在线教育机会准备了一场“笔谈”，引导学生为这一场有关疫情的笔谈设计问题，并将这些问题放在学生群里让大家讨论。具体步骤是：先请学生们选谈三题，将自己的观点写下来；然后放到学生群中，供大家进一步思考、谈论和答辩。最终选出以下几个问题：

(1) 在疫情最汹涌之时，你感到“恐惧”吗？你的“恐惧”来自哪里？

(2) 你怎么理解“国士”这个词的含义？

(3) 在武汉方舱医院里，有一位“清流哥”火了，他在喧嚣的环境中坚持读书，对此你有什么看法？

(4) 如何将居家学习生活过出仪式感？

(5) 重新思考自己与他者之间的关系。“他者”由你定义，希望有新的深刻的思考方向。

(6) 站在二十年后，回望今日的事件，你有何话要说？

学生们对这些话题普遍有话可说，进行了较为深入的思考和讨论。有的同学通过查找资料进行思维加工，提出自己的观点；有的同学请教家长，把对谈的过程和困难记录下来……

“育人”要育学生的思考能力，更要育学生的精神美质。以“笔谈课”为例，在国家的重大事件面前，我们应该让学生看到人性美、人情美，中国人守望相助的团结精神、平凡英雄的奉献精神；对于痛苦，学生应该具备同情心和同理心；面对各种消息，需要有独立思考和判断能力，需要用科学的精神去理解身边发生的大小事件；面对社会事件，要能客观观察、理性思考，建构更理性也更有温度的精神世界。我们需要思考，什么是敬畏，哪里是规则的边界……

应该引导学生从人类历史发展和文明的高度，去思考人与社会、与历史、与未知、与灾难、与自己乃至与他人的关系；思考怎样看待历史，怎样叙述现在，又怎样面对未来。我们不是旁观者，更不是局外人，我们要让学生具有中国青年的社会责任与担当，让学生在时代洪流中发出自己的声音。

“停课不停学”，不能停止的是在时代考验中教育工作者的思考和实践。

被疫情逼出来的教师“学习共同体”

此次疫情告诫我们,我们生活在一个共同体的世界里,每个人都不是独立的个体,个人的言行、举止、生活样态与他人是密切相关的。假如没有那些满不在乎或隐瞒自己行程的人,人人都自觉自我隔离,就不会有病毒的蔓延;假如没有那些在一线坚守岗位的医护人员、公安干警的无悔奉献、“逆行”担当,就不会有我们大家的岁月静好。这次疫情告诉我们,生活在共同体的时代,我们每个人都应该有对生命的敬畏、对社会的责任、对生活的感恩。

此次突发公共卫生事件打乱了人们的生活节奏、工作节奏、学习节奏,为了做好疫情防控工作,教育行政部门做出延迟开学、“停课不停学”的决定。一时间,线上教学成为每个教育工作者必须直面的问题。从学校通知的下发、教师线上教学的培训到形式多样的“云”课堂运用,从学生的预习、直播课堂的应用再到学生的课后复习……师生都处于极度忙碌的状态,一个“学习共同体”正在被极力地营造着。

日本教育专家、学习共同体倡导者佐藤学认为,“学习共同体”是一个表现学校改革“愿景”的词语。他将“学习共同体”的学校定义为:“学生共同合作学习的场所,教师作为教育的专家共同合作学习的场所,家长与市民共同合作学习的场所。”网络为学生的共同合作学习提供了平台,教师培训与学习更新了教师的传统教学观念、教学方式、教学策略,家长也得以介入课堂……在这个“学习共同体”中,各方正经历着诸多检视。

教师利用有限的条件,以十八般武艺尽展“线上教学+实时互动+线下翻转”的教学方式,有效组织学生参加网络学习。

肖老师说:

第一次网课采用了QQ群直播+蓝墨云互动的形式,因为前期做过测试,所以用起来很顺畅,基本没有卡顿。上课过程中和学生有过几次连麦的提问,都没什么问题。这次授课也第一次使用了课程网站上的视频资源,视频都比较简短,适合在课堂上进行选择性播放,视频加理论解说的形式可以增强课堂的生动性。网络课的问题在于教师很难掌握学生的现场学习状态，有的学生可能会浑水摸鱼，听不听课基本靠自觉，以后如果条件允许，或者将全部启用摄像头观察学生的实时状态，效果可能会好一些。

许老师说：

第一次通过网络授课，紧张而兴奋，紧张是因为隔着屏幕上课并不能完全掌握每个学生的学习状态，心里想着假若学生听不懂怎么办；兴奋是因为老师的角色转变为“网络主播”。虽然角色改变了，但老师的身份没变，我利用QQ＋云班课的方式进行教学，第一堂课学生较认真地完成了学习任务。日后应该积极准备教学材料，提前发布至网络，供学生下载，做好准备，从而迎接这一新型教学模式。

可见，网课的形式，无论是当前的硬件配套、教师培训还是学习效果的监测等，依然还有很长一段路要走。如果不是由学校内部开始变革的话，教学改革是很难渗透到教育一线的。但如果没有外部支持，学校改革也同样无法持续下去。21世纪的教师不但要成为“教的专家”，同时也必须成为“学的专家”。教师的成长有作为“手艺人”的一面，也有作为“专家”的一面。“手艺人的技法”可以通过对自己的师傅、其他有经验的教师或同事的模仿而获得，而“专家”的学习是以掌握实践性知识与实践性见识为目的，通过“理论与实践相结合”实现的。教师间互相学习、共同成长的连带关系被称为“伙伴关系”。教师群体通过课例研究、“云备课”、网络课程的研发等多种教学方式的联合，激发出教师自身的学习潜能，增强了教师之间、师生之间、家校之间的互动与交流，由此建构成为网络环境下的师生、家校“学习共同体”。作为居家学习期间创生的新的教学模式，这一“学习共同体”可以反哺学校学习的不足，成为应对公共卫生突发事件过程中的实践智慧。

居家学习与在校学习的区别

曾在外读博，平时无暇顾及孩子的学业，对此我一直非常愧疚。儿子进入三年级之后，学习成绩波动较大，而三年级又是孩子学习成绩提高的关键时期,所以寒假之前我暗暗下定决心,趁着寒假给孩子报几个辅导班,帮助孩子提高原有的学习成绩。然而,新冠肺炎暴发,全国各地纷纷居家隔离,各级教育部门要求所有教育培训机构全面停课。原有的寒假计划被迫取消。面对这种特殊的情况,我们应该怎么办呢?

第一阶段:试听在线教学。之前从未给孩子报过在线课程。咨询了几位朋友,考虑到自己孩子的特点,为孩子选择了两门在线课程的试听课。在线教学试听课时间不长,家长可以旁听,并以此作为甄别课程质量的一个途径。孩子听了两次试听课之后,自我感觉不错,比较喜欢任课教师。但是,通过后期与课程顾问的沟通,了解到在线课程有几个特点:第一,最少选择一年的课时;第二,教师任选,中途可以选择换教师。教育中最重要的是教师,但在线教学中却不能保证教师一直能够跟踪孩子的学习,所以就不能保证课程质量。斟酌之后,我们放弃了这种在线学习途径。

第二阶段:自制学习打卡。放弃在线课程之后,我们和孩子一起商量制订了每日学习计划,兼顾语文、数学、英语、美术、钢琴等。这个计划是量身定做的,针对孩子的弱项有专门练习,我们自认为是比较科学的。然而,这个过程实施起来也比较困难。因为假期里,孩子的生活相对比较自由,每天睡得晚起得晚,作为家长,我们既要监督孩子的生活作息,又要监督他完成各项任务。这其中颇为费神费力。

第三阶段:学校指挥下的“停课不停学”。随着教育部门“停课不停学”的号召,各个学校迅速行动起来。孩子的班主任开始在班级群里面转发延迟开学的通知、转发“停课不停学”的要求,然后集中性地转发了“学生作息时间表”“语文学习内容”“数学学习内容”“英语学习内容”等,同时提供了很多学习材料。一时间,家长们到处寻找教材和教辅,为孩子学习做好准备;到处寻找在线教学视频、录播课程,为孩子提供在家学习的材料;同时相互转发学习的公众号、电子书。热火朝天的“在家学习”开始了。按时起床、晨读、语文课、英语课、课间操、体育活动、美术课……我们的孩子根据老师提供的作息时间表,自己草拟了一个学习计划。不久,市教育局下发通知,要求全市中小学组织在线教学。我们又期待又担心,期待的是孩子终于开始上课了,担心的是在线教学的效果。

第四阶段:全面自主学习。刚开始“停课不停学”并没有实质性的内容,教师没有讲授新课,我们也不能确定开学以后老师是否会重新教学,担心开学以后学校教学进度太快,孩子跟不上,所以,我们为孩子设计了在家学习的内容。

我们约定，上午的时间用来读书，家里之前就有各种各样的图书，有很多书从来没有读过，刚好趁这个时间一本一本地读；当然，应孩子的要求，我们也给他买了新书，如《丁丁历险记》《口袋里的爸爸》两个系列，孩子看得津津有味。下午的时间用来学习语文、数学、英语。英语最简单，读课文、背生词、抄课文，另外就是跟读英语绘本，听说读写全部都有了。数学呢，因为要学习新知识，我们在网上找到了教学视频，每天学习一节，并完成相应练习。语文则是写字、读书、预习新课文。我每天在家看书、写文章、上网课；孩子每天读书、写字，我们相互监督，慢慢地开始喜欢这样的生活。学习之余，我们一起跳绳，偶尔还会一起做喜欢吃的东西，生活和学习充实而有趣。

当回忆这个寒假时，我对“居家学习”和“学校学习”有了一些新的认识。居家学习从本质上说是与学校不一样的一种学习形式，家庭本身是一个休息、休闲的地方，在这种环境下，没有教师和学生，没有教学大纲和教学内容，没有教材和教辅，没有黑板和课件，所以，当我们试图在家庭中重现学校中的教学模式时，这就给家长和孩子们提出了新的任务。居家学习应该结合生活经验、结合兴趣爱好，在家庭中，家长和孩子共同完成探索和互动。这里的学习不是一般意义上的学习，而是一种生活意味的“做中学”的学习。然而，对于绝大多数家庭、家长来说，因为受到多年学校教育的影响，说到学习，想到的便只有制度化学习的模式，即教材、教辅、做题目；要有人教、有人指导；要有固定的场所、固定的时间，还要有配套的设备。我们对学习的看法，主要来源于制度化学校教育培养的被动学习，或者对制度化生活的依赖，以至于我们的学习变成了对特定产品与商品的依赖。这是现代学校对人的主动、自由精神的一种侵蚀。居家学习与学校学习的不同点，决定了居家学习与学校学习的目的不同，所以，我们应当重新看待居家学习，重新认识家庭教育和学校教育的区别。

居家学习与线上教学

庚子年，全国上下同心抗击新冠肺炎。这次疫情的影响涉及面广，甚至在全世界形成了公共卫生危机。我是一名教育学博士，同时也是一名高中数学教师和一个二年级孩子的母亲，身兼三重身份的我，宅家抗疫期间有所感、有所思也有所获。

（一）“我们仨”与“空中课堂”

2020 年 2 月初，因防控疫情需要，学生延期返校，教育部提出了“停课不停学”的新思路。刚接到线上教学通知的时候，我们全家都是慌乱的。

首先，辅导儿子的“心累”。儿子上小学二年级，正月十五收到学校通知，第二天要在“学乐云”软件上预习语文和数学。第二天，我们一大早起床登录，结果因登录人数过多，系统一直处于繁忙中，无法登录学习。据说，当天全国线上上课人数超过两亿，导致网络压力过载，对于直播平台，第一次遇到这样的规模，整个行业没有提前预演和相关经验。于是我们反复尝试登录，最后总算登录上了。

其次，措手不及的“云”课堂。我是一名高中数学老师，学校要求使用“云师讲堂”软件，于是我提前一周了解新软件，备课、布置作业外加调试运行。2 月17 日开始，我每天 8:50—10:00 准时与学生们相约实时课堂，每天上课、布置作业和批改作业，逐步熟悉网络教学；除此之外，我每天还需要陪儿子网上学习和上传作业……

随着空中课堂的持续进行，我们全家从一开始的慌乱、不知所措，甚至有些排斥，到慢慢进入状态，全家的教学和学习状态发生了微妙的变化。我也慢慢沉静下来，进入反思的状态。

（二）对线上教学的思考

对于“停课不停学”的线上教学，我上课后的感受是课堂节奏有点难把握，不能及时了解学生的学情，不能及时感知学生紧皱的眉头、困惑的眼神、醒悟后的亢奋、释疑后的怡然……可见教师有时因为“目中无人”，就不能完全做到“以学生的学为中心”。没有互动的课堂，教师的教材把握与处理再科学，情境创设再合理，可能也无法满足学生的学习差异和个性化的学习需要。当然，这或许是一个教育契机，要求我们抓住机遇培养学生的自觉学习意识和能力，引导学生自行阅读、尝试、思考与反思。同时，线上直播对教师也是一个新的挑战，从接到上网络课的通知到正式使用新的软件，没有接受过任何培训，我感觉每次上课都能掌握一点新技能，但这一过程是慢慢摸索的，直至现在才能较为熟练地进行网络直播。

延迟开学期间，如何积极贯彻教育部的“停课不停学”思想，确保服务到位、执行不走偏，是摆在教育工作者面前的重要课题。新时期新问题造就“新”的差异教学，差异教学的理解视角拓宽了，此时的差异性更需要考虑特殊时期线上教学和线下教学的差异，教育专家们也在致力研究“特殊时期线上教学的应对策略”。而在课程设计时，教育者更要利用重大疫情的特殊时期，对学生开展疫情教育、生命教育和心理健康教育，帮助学生在抵抗疫情面前体会生命的价值、独立思考与理性行动的重要性以及每个人应有的责任和担当，这比上一些新课更为重要。此外，线上学习会使得一部分会学习的学生成绩越来越好，从而拉开学生间的差距，这也是返校后需要学校和教师继续关注之处。

(三) 对当下教育的思考

对于线上教学，人们褒贬不一。有人说，这次疫情相当于给整个中国教育踩了一次急刹车，给每个教育工作者足够的时间沉思与回望。当然，扑面而来的“停教不停学”，也暴露出目前线上教学的不足之处。

1. 线上教学亟待优化

教学的本质不仅仅是教知识，更重要的是教学生思维，当所学知识都遗忘后，学生能留下的东西才是教育。对于线上教学来说，教知识都不一定能完全实现，更何况是教思维，对于中小学学生来说更难实现。从技术和教师层面来说，很多老师没受过专门的培训，在当前特殊时期只能靠教师自学或个别化请教，同时学校间的资源不统一也是一个重要问题。这些都需要在现实中不断调整和优化。

2. 线上学习是线下教学的补充

有些家长说，再不开学孩子学习的主动性、自觉性会变差，一直居家慵懒下去，以前养成的好的学习习惯都要流失了……需要说明的是，线上教学只是一种补充，如果每门课老师都要求孩子上网课、交作业，这对低幼年级的孩子和家长来说无疑是一种负担。“停课不停学”是为了满足孩子的学习需求，而不是“线上满堂灌”。教育是情感的交流，重要的是引导学生学会思考，感受知识的发生发展过程，这些通过直播课或各种软件目前还无法实现，但它们对中小学学生来说，尤为关键。因此，线上教学的内容应该重点考虑、精心设计，疫情本身对孩子来说就是活生生的教学内容，应借此提升每个人对生命和社会的洞察与感悟，把读“有字之书”与“无字之书”有机结合起来。例如，有一个孩子用"记忆的瓶子"的方式记录其每日感受，把每天的感受画成不同形状的瓶子(如图 1 所示)，这并不是学校要求的作业，是孩子用自己喜欢的方式来表达对特殊时期的理解，这就是"无字之书"的魅力。

图 1　记忆的瓶子

3. 线上教学引领教育的时空变革

经历了这次疫情，有些人习惯在家里学习，以前学校家里两边跑，每天至少有一个小时是花在路上的，现在发现这部分时间可以节省下来。以前收作业都是课代表统计好交给老师，有学生漏交可能被遗忘，但现在只要登录平台，就可以看到哪些同学没交，哪些同学没订正……同学们说线上教学好，以前听不懂不好意思问老师，这部分知识就会欠缺，而线上教学可以回看，这就方便了很多。线上教学还可以有机地聚合学习资源，实现优质教育资源的共享。诸如此类，都是线上教育的优势，同学们在不同地点但在同一时间都能出现在学习的"场"，教育的时空变革在某种程度上解放了对学生时间和空间的要求，它使得教育资源可以向学生更广泛、更自由地开放。学校教育可以有针对性地依据教学目标、教学内容以及学生的学习要求，组织、整合教育资源，形成系统性的、支持教育教学活动的数字化内容。

防控疫情是最好的教科书，疫情中的线上教学应与学生的知识学习、品德培养有机结合。和学生一起，学会敏锐地洞察、从容地应对和智慧地学习，应成为教师的必修课程。

居家学习中的自主、自乐、自律

当人们快把 2003 年 SARS 的阴影遗忘的时候，新冠肺炎在不经意间席卷而来，这一突发的公共卫生事件让全国人民都"宅"在家里。在这个特殊时期，遵守国家规定是每个公民的义务。坚守在家中,每天与孩子、家人朝夕相伴,一起读书学习、感受生活、思考当下、畅想未来,我不仅没觉得乏闷,还觉得突然间多了一次长时间陪伴孩子、增进亲子交流的机会。

(一) 因为“自主”,所以“快乐”

以往放寒假,全家出游是必不可少的项目。在出游前,我要督促孩子先把寒假作业完成,为出游做好准备。突然而至的疫情打破了这一切,开启了居家生活。刚开始我们都极不适应,因为这种日子的首要特征就是活动范围被极大地缩小了,每天仅能在住宅区域内活动。而在极为有限的空间里,为了弥补学校教育停顿带来的空缺,孩子可进行的教育类活动就只剩下几种:读书、网络学习、锻炼身体。

这段时间里最重要的是读书。如果没有疫情,假期空余时间孩子主要会读一些学校规定的必读书目。这种读书的目的性非常强,即为了在考试中获得高分,因为这些必读书籍是中(高)考明确规定的考查内容。除此之外,出于孩子可自由使用时间的有限性和学习效果的功利性考量,一般情况下我也不赞成再读其他的书。因此,这次疫情的第一个影响,就是作为家长的我不那么功利了。我想,这场疫情过后,经历过痛苦的人们再去面对过往、面向未来的时候,可能不会再如之前那样患得患失,会有一种对人生、对生活的新的思考和认识。

这段时间日子慢下来了,我也静下来仔细思考,要让孩子爱上读书,对他来说什么是最重要的呢?一本名家撰写、观点客观、知识系统的历史书当然是最值得读的,但可能很难吸引孩子,如果他不愿意去读,那效果怎么可能达到呢?所以引导孩子读书这件事既简单又复杂:家长按照教育部发布的必读书目去给孩子买书很简单,但是真正能让孩子“浸入式”地读进去,很难;让孩子热爱读书,主动读更深入的书,很难;让孩子从此把读书作为他一生的习惯保持下去,很难。所以我想,先慢下来,从孩子爱读的书读起,或许它们并非名家之作,但“先读起来”是最重要的。

(二) 因为“快乐”,所以“自律”

到了开学的日子却无法复课,上网课给无法出门、封闭在家的孩子与大人开辟了一个新的信息资源平台、学习知识平台。实际上网络课程内容更丰富多彩,但网上曾出现一个新闻,大意是小学生因为讨厌网课,所以不约而同地给开设网课所用的软件“钉钉”打差评。这听起来挺有意思,一方面说明孩子们对平时上课的某些老师可能并不怎么喜欢,于是趁着这个特殊的机会表达一下;另一方面说明这个隔着屏幕的网课缺陷也是明显的,比如不能看到对方细腻的表情,难以互动交流,教学语言缺乏激情,等等。那么网课是不是一无是处呢?正好我有机会陪着儿子一起听网课,也给他找了一些网课资源,我发现他在听课过程中有个特殊的现象,那就是对录播类课程要比直播类课程更感兴趣。直播类课程类似课堂教学,只是借助了互联网载体,但现阶段受到硬件条件限制经常出现卡顿、杂音等现象,教学效果受影响;而录播类课程没有这些问题,唯一的缺点是没有互动。但观察儿子一段时间之后发现,虽然没有双向互动,但单向的“动”还是有的:比如他发现某个部分学过了就直接“快进”跳过去不看了,当他看了不同老师的教学视频后还忍不住评论,并通过加“关注”“收藏”的方式对老师进行“分类”,有些科目之前可能他并不感兴趣,但因为想听吸引他的老师继续说下去,而选择继续上这门课,甚至有时候接连听下去,一不小心就多上了很多课,这个情况在实体课堂中是不可能存在的。这也引发我继续思考:如果能提供充足的、优秀的网课资源,学生通过自主选择的方式进行这种“单向”学习和“浸入式”思考,达到完全没有束缚感的“自律”境界,经过深层次学习加工把来自网络的知识转变为知识网络(Knowledge Space),这是否可能成为特定学生群体的一种更高效的学习方式?

(三)引申思考:网课——学校教育的必要补充

子曰:“知之者不如好之者,好之者不如乐之者。”顺应时代潮流和市场需求的网课,既是特殊时期开展教学活动的非常手段,也是弥补学校教育教学中“你说的我不想听,我想听的你不说”的有效途径,还是提高人才培养效率的优化办法,最终还可能成为未来迎来全民学习新时代的标志。不过,网课发展仍需研究,网络是一把双刃剑,需要辩证看待,用不好反而容易分散学生注意力,譬如哪些学生群体适合上网课、上什么科目的网课,都值得深入研究。无论是什么形式的学习,其根本都是学习者自己的学习行为决定了学习的结果,无论是坐在教室里还是面对电脑、手机,都必须学习者本人付出努力。从这点来看,网课可能更适合有较好学习基础和能力的群体,通过这种差别化教学方式获得符合自身认知特点的教学资源和载体,其针对性有利于快速提高个体学习效率,还可以促进学生的主动学习,从而弥补学校教育统一性过强带来的不足。当然,对于新生事物我们还需要开展一系列与之相关的教学实验和更深入的科学研究。

二、疫情期间的教育思考

教育总是发生在一定的时间和空间中的，防控疫情期间的居家生活打破了学校教育固定的时间和空间，由此改变了教育教学的存在样态，也唤醒了被制度化的学校教育边缘化的生活教育的意义和价值，例如劳动教育、情感教育、家庭教育等，由此引发了对于教育本源性问题的思考。

体力劳动蕴含的教育功效

若是往年春节，走亲访友是再寻常不过之事，然而新冠肺炎疫情暴发，改变了人们春节期间的一切打算和习惯，待在家中少了些平日的喧闹，多了些居家的宁静。"宅"在家中无处可去，于是琢磨着能够干点什么、想点什么、悟点什么，以塑造自己、教育孩子。

(一) 绝知此事要躬行——劳动创造美好生活

父母年前就计划在房子旁边建造新的卫生间，然而由于年前事情太多一直没有将计划实施。过完年后，由于疫情限制，我们一家人无法走亲访友，闲来无事，便决定将建造新卫生间的计划付诸实施。

父亲是个木工，二叔三叔都掌握一些建筑技术，我身体壮实有点力气，于是就这样组成了一个卫生间建筑队。建造卫生间最主要的工程是砌墙，三叔是砌墙的行家，二叔技术稍弱但可以帮衬三叔，我做小工。虽然我不常干体力活，但是对农村的各种劳动都懂一些，也都参与过一些，自己也想借此机会减轻父母的负担，锻炼吃苦耐劳的品格，并试图在潜移默化中影响孩子对劳动的认知。

一天,我正在和水泥,把铁锨抡得上下翻飞,好不娴熟。或许是被我熟练的动作激发了兴趣,12 岁的儿子看到这个情形便要过来尝试和水泥。我带着几分怀疑的眼神把铁锨交到他手里。儿子拿起铁锨,学着我的样子做了起来。由于力量不足,儿子翻起水泥来很是费力,小脸都憋红了。就这样和了一会儿,我便让他停下来,拿过铁锨铲满一小桶水泥,对他说:“请把这桶水泥提过去给三爷爷用。”小家伙提起水泥,费尽九牛二虎之力将水泥桶送给了我三叔。三叔眉开眼笑,给了孩子一句大大的表扬——“初生牛犊不怕虎,小男孩不吃十年闲饭”,把小家伙美得乐开了花……

经过五天的辛勤劳动,新卫生间竣工了。儿子专门写了一篇题为《记寒假中一件有意义的事》的作文,记录劳动的过程和感悟。文中写道:“真是没想到,这么一小桶的水泥,居然有那么重……提了两桶,我便气喘吁吁了,但心里还是很高兴的,毕竟劳动光荣嘛!看着干净整洁的卫生间,我由衷地开心,因为这里有我的劳动。劳动,让我这个寒假特别有意义。劳动创造了我们的美好生活!”

之后,我便发现孩子似乎发生了一些微妙的变化。他总是抢着为开水瓶充水,在吃饭时主动给长辈们跑腿盛饭,主动帮助妈妈做一点家务……我看在眼里,欣慰在内心深处。

杜威倡导教育即生活,而不是为未来生活做准备;教育即生长;教育即经验改造。或许,让孩子参加体力劳动、躬行实践于生活世界,并通过参加劳动感悟意义世界,这才是真正的教育。通过鼓励的话语,肯定孩子的行为,激发孩子对生活的热爱,塑造孩子勤劳的品质,或许才是真正有效用的教育方式。

(二)言传未若身教——“愚公移山”行动的熏染

家庭是教育的重要场域,家庭中的长辈往往是晚辈们学习的范型。长辈们的言传身教对后辈们影响巨大,而身教的影响常常胜过言传的效用。“其身正,不令而行;其身不正,虽令不从”,这于学校里老师教育学生是适用的,于家庭中长辈教化晚辈也是适用的。

父亲勤劳,干什么事都有种坚持不懈的韧劲。家中半砖半土的老房子已有 30 年历史,去年拆了,原址上又盖了新房。由于拆房子是用挖掘机直接拆的,剩下了大量的砖石泥土,约有四五十立方,一直混合在一起,杂乱地堆放在新房西面的空地上。为了利用好这些砖石泥土,居家期间,父亲便从正月初五开始分拣砖石、转运泥土。其中,转移泥土是工作量最大的活。每天早晨7:00开始,父亲便开始用架子车将分拣后的泥土往东面的地里转运,一直到17:30左右结束。而我在干其他事情之余总是时不时地去帮他一会儿,给他送送茶水和点心,劝他歇歇,跟他聊聊祖辈们的故事、当前的疫情、未来的预期……就这样,父亲完全凭借人力,一车一车、一天一天,直至正月二十二将所有泥土转运完毕,总共历时18天,算是完成了他"愚公移山"的"壮举"。

父亲年轻时做过老师,读过一些书,对《愚公移山》也是耳熟能详。他曾说,干这个活,就是要像毛主席倡导的那样,发扬愚公移山的精神,每天干一点,慢慢来,不着急,只要坚持不懈,就一定会干完的。父亲的话语似乎是在导引我学习愚公移山的精神,让我磨炼一下自己的急性子。但真正触动我的是父亲的身体力行,是他每日起早贪黑、持之以恒拉车转运的身影,是他不叫苦、不叫累、乐观面对繁重体力劳动的态度……或许,这才是父亲良苦用心的真正所在——以行动取代说教,用身教替代言传。

疫情期间,老家成为我生活的全部空间,居家成为我生活的基本状态,体力劳动直接或者间接地成为我塑造自身、教化孩子的最主要方式,并发挥出神奇的教育功效。父亲、我、儿子,一家三代,因体力劳动而形成血缘以外的某种新连接,也因体力劳动而在代际延续了某种文化和精神。我始终认为,劳动创造了人,劳动之于人具有根本的意义。因为,劳动不仅塑造人的身体,提升人的技能,更重要的是,劳动可以形塑人的灵魂和德行。在新时代,热爱劳动,不仅是一种值得倡扬的行为,而且是一种值得称颂的美德,更是每个人都应秉持的基本价值。

疫情应对中的情感教育

新冠肺炎疫情发生后,人们习以为常的时空骤变,并一再缩小,由省间缩小到省内,由省内再缩小到同城,由同城缩小到市县,由市县再缩小到乡村,由市区再缩小到小区家庭住户,甚至有的地区每家每户只允许一人戴口罩外出买菜。于是,全国人民的"居家生活"开始了,各种室内运动有抛圈套物、瑜伽健身等;路线单一,即卧室—客厅—阳台,花样创新百出;美食层出不穷,个个厨艺了得。

疫情防控成为大家最关心的大事。各种有关疫情的新闻成为"热搜",各地防控疫情的信息刷屏,关注疫情新闻、了解疫情最新动态成为每天的必修课。人们基于数据图像评判事态的发展,并深深感佩最美的"逆行者"一线医护人员,感动于海外华人、外国友人大量寄送口罩……时空又由小变大,由线下扩展到了线上,由家庭延伸到了武汉医院,由华夏牵挂到全球。疫情防控应对事件会给刚上七年级的孩子带来怎样的触动呢?我们决定将"疫情应对的情感教育"作为他居家生活学习的重点。

苏联心理学家维果斯基提出:"儿童的一切复杂的心理生活的形式都是在交往过程中形成的。"他强调儿童的心理发展是在教学过程中,在儿童与成人的交往过程中发生的,并产生出新的心理生活的形式和新的技能。七年级课程开设有"道德与法治"和"心理健康教育"两门学科,结合学科学习以及孩子的现有发展水平,为了促进其情感成长,我们预设的教育目标为:第一,了解人与人之间关系的重要性;第二,换位思考理解他人、关爱他人。

首先,确定他的必修课,即每天关注疫情新闻、了解疫情最新动态;进行任务式学习,即分享信息,与家人讨论疫情资讯。通过资讯分享,我们了解到他每天查阅全国疫情图,了解新冠肺炎通报的最新数据,并通过不同的省市所标注的颜色辨识疫情的情况,了解自己所在省市的具体情况。在这样的居家学习中,他还结合地理学科分辨了各省市的地理位置。我们还引导他学会分析数据变化,因为数据、图形具有可视化和较强的说服力,给予他的任务是寻找数据变化的原因。孩子进行了相应的分析,认为新型冠状病毒具有传染性,因为一些携带病毒的人并未表现出症状,而他依然按原来的生活方式出行,其他人就会因与他接触而被感染。通过讨论,我们觉得还需要进一步深入分析,于是采用"产婆术"追问,不断抛出问题:"在这样的情况下,我们应该如何做好防范工作?"孩子认为,可以自我隔离,找医生,到医院治疗,避免传染给他人。我们又针对人人谈疫情色变,出现了一些标签化的看法和排斥行为,进行继续追问,并设计讨论话题:如何讨论、评价他人的态度?孩子认为,不能随意给来自疫情地区的人贴标签;现实中有些不好的消息存在,但也有很多好的信息,例如出租车司机帮助接送医护人员到医院抢救患病人员、志愿者主动进行社区服务……通过这样的追问式讨论,启发孩子在事件中进行深入思考,批判性地分析事件，辩证地看待人与人之间的关系，知道不能武断地给他人贴标签，也培养了他多角度看问题的能力。而这种讨论方式对教师提出了极高的要求：既要有积极乐观的心态以及关心他人的情怀，敏锐的观察力、洞察力和思辨能力，又要有辩证看问题、批判性思维的习惯。

其次，鉴于人与人之间关系的重要性，进一步利用“口罩之急”的事件启动第二次讨论。我们提出的问题：(1) 为什么需要戴口罩？(2) 如何正确戴口罩？(3) 如何评价送口罩行为？重点是让孩子知道戴口罩的重要性，同时通过分析送口罩行为领会人与人之间关系的重点在于互相帮助，而不是互相防护、抵制、害怕。他的回答是戴口罩可以减少飞沫传递，减少传染。对于第 2 个问题，我们设计了让他戴口罩倒垃圾的居家活动，这样既能检查他佩戴口罩的正确操作，又能在实践活动过程中教育他勇敢面对疫情。对于第 3 个问题，他的回答是在口罩紧缺的情况下，应该把口罩送给最需要的人，帮助他人防抗疫情。我们继续追问：“自己和朋友的口罩都紧缺，也有人卖口罩赚钱，那为什么要送口罩?”他认为最需要口罩的是医护人员，送给他们能救护更多感染病毒的病人，否则疫情会更加严重。讨论到这里，我们觉得基本上达到了之前预设的关怀他人的目的，“卖口罩”问题的理解对孩子来说有些难度，在这方面孩子的情感体会也有所缺乏，所以比较适合采用比较教学方法，对两种行为进行比较，引导孩子思考人生追求的价值以及行为意义。通过这样的比较讨论，孩子对送口罩的意义理解得更为深刻：帮助他人比追求财富更重要。这是他心理健康发展过程的体现。

最后，由于疫情需要隔离，人与人之间的时空距离拉大；但由于疫情困难需要攻克，人与人之间的时空距离又缩小。如何理解人与人之间的时空距离缩小？我们通过收看视频进行讨论。孩子了解人们在疫情期间的生活情况的渠道主要是以“抖音”视频为主。他通过观察分享视频的人和事，更多关注的是人们的各种居家生活状况、防护措施，侧重于隔离方面，也即多为体验到人与人之间时空距离增大的感受，如“焦虑”“自娱自乐”“无奈”等生活样态。我们发现了他关注点的不足，而中央电视台新闻报道具有正能量的传递功能，会对他的情感教育有一定的帮助，所以我们和他一起观看中央电视台关于疫情的专题采访报道：全国各省市医护人员申请支援武汉地区的报道。报道中每一位“最美逆行者”的鲜活例子给予他最大的触动。“最美逆行者”离开父母、爱人和孩子，积极申请到最危险、最需要的地方工作，这样的行为得到家人的支持，得到同行的赞赏，得到社会的宣扬。其中还有年仅 15 岁的少年主动请缨，在严峻的疫情情况下毅然自己运回15 000个口罩支援疫情；许多海外华人、外国友人对抗疫的大力支持……通过和他一起感受这些满满正能量的、鲜活的事例背后的深刻情感和意义，他知道了这样一种力量叫社会担当。那一时期，本该休息的大伯在医院通宵加班，伯母也临时接到取消休假的通知，这些发生在身边的事情让他更加感同身受，于是孩子变得格外主动，主动和我们说要安排好学习时间，要帮忙照顾大伯家只有 6 岁的小朋友。

以疫情中的人物和事件作为教育背景，让孩子在体验活动中成长，这样孩子的情感教育才能落到实处。以往的情感教育往往局限于平时习以为常的事件，孩子们感触不深，现在恰逢这一突发公共卫生事件，这次“居家”的寒假因而也格外有意义。由于针对事件进行讨论，讨论的资源具有实时性、可视化、时效性，这样的讨论就挣脱了固定教材的束缚，更需要教师或家长及时挑选典型事例作为教育题材，选择热点问题进行讨论，让孩子们积极参与到事件中，切身体会自己与他人的关系，认识到每个人在社会生活中绝不是一座孤岛；可以让孩子充当社会角色，学会换位思考，明白责任与义务，理解人与人之间的行为以及对价值意义的追求。由此进一步展开思考，我们的常规教育教学是基于教材进行的，但如果增加这样有血有肉、有温暖有爱的实例，采用讨论法、追问术、任务学习法等方法培养学生的情感，那么教育教学自然会达到较好的效果。

人立足于社会，人不可能与他人隔离起来而孤立独存，人需要与他人发生相应的关系，人也会在与他人的关系中成长。因此，人的情感往往在现实生活中得到培养，而这也正是我们的教育应当去着力关注和实践的内容。

居家生活中的家庭教育

因疫情影响，居家时间变长，与孩子在陪伴学习中形成了美好的集体记忆。身为与自己孩子不同学段的教师，在督促孩子学习的过程中，我对教育有了一些新的思考。

(一)家庭教育对于孩子成长的重要性

教育之所以存在,从一个角度来理解,就是帮助孩子激发内心潜力,为其将来获取成功做好准备,而家庭作为教育的重要组成者与参与者,发挥恰当的作用至关重要。

教是针对知识层面而言的。惯常的认识是把教育看作学校的责任,但细细体会,诸如让孩子树立正确的价值观、人生观等软知识方面,家长在其中实际上起着很重要的作用。作为家长,要善于实现角色的转换,不是片面地补充与强化书本知识,而应该通过自身的行为与语言起到良好的教育作用。如何能引起孩子积极认可,发生积极意义的学,特别是隐式的学习,这是家长在孩子的成长路上尤其可以示范和引导的,孩子往往可以从家长身上学到很多应该学的东西,而这些恰恰是学校教育中很难学到的软知识。

育就是培育,更多是精神层面的内容,对应孩子的行为就是炼——修炼。那培育孩子什么,孩子又可以修炼什么呢?每位家长虽然有着不同的工作背景、不同的行为方式,但是都应以身作则,发挥自身的榜样示范作用,从而让孩子把父母看作榜样,在理解、体悟中成长。有效的成长一定是知识与人的素养关联性地螺旋上升。

(二)家庭教育是唤醒孩子内因的主要力量

良好教育效果的发生,必须要有好的内外因结合才有可能,这本身是一个很复杂的过程。对于孩子的成长,内因是主要的、根本的,但因其年龄段限制了其认知,在成长阶段,内因无法天然地发挥作用,只能强调内因的准备。家庭教育则是一个重要的外因力量,外因若能赋能于引导与激发内因,则更有利于促进孩子的成长。

教育的重要目的是让孩子身心健康成长、思想与学识逐步丰富。身体发育往往是天成的,可以改变现象,但不可能改变其常;后者则完全要靠良好的教育来塑造。激发孩子的内动力是个系统工程,要符合辩证的"知行论",绝对不是几个孤立的、静止的、形式的观点就能炼成的。每个孩子是独立的个体,学习的发生与认知智能的成长具有独特性,学习的特点与方式也各有不同,家长要善于因势利导,潜移默化地去培养孩子正确的人生价值观和共情心,激发孩子积极向上的社会责任感和学习成就感。当每个孩子学习的内动力被恰当地驱动时，每个孩子独特的学习就发生了，有效的成长就会自然而然、游刃有余。

因此，在居家环境下陪伴孩子成长的过程中，我们更要注重发挥家庭教育的重要作用，重新思考家长在家庭教育中的角色定位，促使家庭成为一个真正意义上的学习中心，这将有助于我们在未来的工作中修炼自我，更好地育人。

生成性学习理论强调学习者对知识的主动建构，基于该理论的生成性教育强调教育工作者随机应变的教育机智：教育活动的组织与实施过程，是教师创造性地开展工作的过程。在这场突发公共卫生事件导致的“教育之战”中，我们应重新理解学习，充分重视对教育生成性的关注，对教育的可能性进行创造性尝试与深入挖掘。

教育的“不变”与“万变”分别承担了不同的价值。教育之“变”，讲求的是教育机智，是教育智慧，是对理想化的教育的追寻。教育之“不变”，既是对效率的追求，在此刻亦有特别的意义。也许，在这场充满未知的“战役”中，教育也承担了维系社会稳定与增强公众安全感的价值。没有哪一种价值是更大或更小的、更高或更低的，疫情将我们推向一个全新的生活与世界中，在这种不同于日常的场域中，每个教育工作者都需要重新思考教育的价值、教育的可能性，并展望疫情之后教育可能发生的改变。而教育工作者在思考之后，更应该有所行动，尽一己之薄力，创教育之巨变。

下篇

应对:班主任工作指导

从上述疫情时期“在场”的教师生活叙事中我们发现，突发公共卫生事件在改变教师自身教育教学观念及行为的同时，也提供了大量引导学生应对危机的教育素材。在本篇中，我们将从班主任工作指导的操作层面，围绕班主任工作的新理念、家校共育活动指导、学生“假期”学习生活指导、抗“疫”主题班会课，以及应对突发公共卫生事件的心理防护等专题，分别以理论阐释、案例分析、活动方案设计、研究性学习指导等多样化方式予以呈现，以期为广大一线班主任提供应对方法与策略指导。

一、班主任工作新理念

拥抱教育变革，迎接未来挑战

一场突如其来的疫情，打乱了学校的正常节奏，也打破了教育圈的宁静。教育界迅速做出反应，主动拥抱教育变革，迎接未来学习，试水未来模式。一时之间，各类“云端学校”“网络学习”“直播课程”如雨后春笋般萌芽并茁壮成长。在这段特殊的“宅”居日子里，冲锋在教育教学第一线的班主任们，既是疫情监测员，又是教育主力军；既要承担起学科教学重任，又要坚持疫情防控与育人相结合；既要面对失控的学生，又要面对焦虑的家长；既要关注教育教学质量，又要保证学生身心健康……

疫情既是危机也是契机，如何化“危”为“机”，趁“机”而为？班主任应该借机撬动自己，通过认知迭代、角色转变、行动升级，实现自我跃迁①。

（一）认知迭代

《科学革命的结构》一书中提到：重大的商业和技术突破，往往不是技术突破，而是对于技术的应用和认知方式带来的范式的突破。同样，信息时代的教育，如果要实现突破，也必然要从认知方式的改变开始，而 2020 年突如其来的“新冠”疫情无疑加快了这种改变。我们以为，透过疫情，班主任至少需要实现三种认知迭代。

① 作者注：如果把个人通过刻意练习、自我迭代带来的渐进式进步叫作自我迭代，那么利用科技、社会系统的能量，快速跳跃式升级则是自我跃迁。参见古典.跃迁——成为高手的技术[M].北京：中信出版社，2017.

1. 重新定位角色:从"教学科的教师"走向"教学生的教师"

自"加长版"寒假的"居家学习"实施以来,笔者曾就"在学生居家学习期间,您作为班主任有何困惑或困难"这一问题对35名班主任展开调查。从反馈的结果看,大多数班主任的困惑主要集中在学科学习上,比如"如何促进后进生的自主学习""如何引导家长端正孩子自主学习态度""如何让孩子保持线上学习的注意力""从学生的学习反馈中能感觉到少数学生之间的差距越来越大,虽然也已单独指导并和家长沟通,但效果并不明显,应当怎样做才能缩小差距"等。由此可见,班主任一方面承担着"教书"的责任,另一方面更肩负着"育人"的使命。但在多数班主任眼中,"教书"或者说"教学科"依然是放在教育首位的。

《中小学班主任工作管理暂行规定》对班主任的工作任务做了明确规定。班主任的基本任务是:按照德、智、体、美全面发展的要求,开展班级工作,全面教育、管理、指导学生,使他们成为有理想、有道德、有文化、有纪律、身心健康的公民。在笔者看来,肩负着学生全面发展重任的班主任,需要有超越学科的认知,将"学生"置于教育的首要位置,将自己定义为一名"教学生的教师",而非仅仅是"教学科的教师"。教学生的教师,思考的就不仅仅是本学科的教学,更多的是学生的成长。以本次疫情为例,班主任可以思考:疫情能给学生成长带来些什么?如何通过全民抗疫,给学生上一堂人生大课?怎样让学生从钟南山、李兰娟、张定宇、汪勇等人物身上汲取力量?如何看待这次疫情的全球蔓延?怎样利用居家学习的契机,给学生补上一堂生活常识课……认知决定思路,思路决定出路,当认知转变时,思路便开阔了。

美国著名教育家内尔·诺丁斯认为,教师也许是当前唯一需要"文艺复兴"特质的职业,即对于许多学科和永恒问题应有着广博的知识。[①] 教师的学习应该强调联系——"与其他学科相联系、与人类普遍问题相联系、与个人对具有普适意义之问题的探索相联系"。学术课程、职业课程或通识课程的课程设计,都应该考虑"如何把要教授的主题和技能与日常生活、个人成长和意义、其他学校课程、精神问题等联系起来"。如此一来,每位教师所教授的学科都能够从内部得到拓展,从而为学生提供更丰富、更有意义的学习内容。我们以

① [美]内尔·诺丁斯.批判性课程:学校应该教授哪些知识[M].李树培,译.北京:教育科学出版社,2015.

为,这种强化联系能力的发展需要建立在班主任认知转变的基础上,同时,这种超越学科的教师专业成长取向应该成为班主任专业成长的方向。

2. 重新定义学习:从“知识为中心”走向“学生为中心”

2020年1月29日,教育部就疫情之下的“加长版”寒假做出“利用网络平台,‘停课不停学’”的决定,各地纷纷开启云端教学模式,一场轰轰烈烈的全国性线上教学拉开序幕。由于这样的教育教学方式于大多数学校和师生而言都是首次尝试,必然会带来一系列问题,教育部也通过一系列文件通知不断规范和完善“停课不停学”的内涵。

作为离教育、离学生最近的班主任,透过这样一场教育风暴,看到什么,又想到些什么呢?我们不妨从风暴眼中跳出来,重新审视“停课不停学”中“学”的意义。究竟要学生“学”什么?是教材的知识吗?如果是,疫情期间,这些知识的价值何在?如果不是,什么才是我们需要考虑的?……在一连串的追问之下,我们的眼前出现了两条路,一条通往“知识”,一条通往“学生”,它们分别代表着两种不同的思路,通往“知识”的道路催促着我们加快教学,赶上进度,把书上的知识点尽快教给学生;而通往“学生”的道路则提醒我们,慢一点,好好想想,当下环境中,什么才是学生成长最需要的?作为教育者,我们要为未来培养什么样的人?

学习,不是被动、机械地习得现成的知识与技能,也不是孤立地训练各种认知能力,而是在情境中获得生长性经验,再迁移创造性运用的过程。泰德·塞泽在《霍勒斯的妥协》一书中认为:教育的使命不能以传达信息为重,而是要帮助人们学会如何利用这些信息,换句话说,就是要教会人们如何主动运用他们的思想。芬兰在2014年《基础教育国家核心课程大纲》中提出了类似的学习观:学生是积极的学习者,唯有帮助他们成为自我学习者(自己设定目标、掌握学习策略、反思学习)并让他们体会到学习的乐趣,才能让他们成为终身学习者,因为学习不是仅仅在学校的一段时间,而是为了终身的发展。学习,应从“知识为中心”走向“学生为中心”,从以教师“教”为中心转向以学生“学”为中心。

3. 重新厘定教材:从“教材是世界”到“世界是教材”

由疫情引发的“停课不停学”,让教育人不得不面对一个现实的问题,即对学生而言,什么才是真正的学习内容?什么才是真正的教材?传统意义上的学习内容是狭义的教材,是人类过去经验的结晶,是久经验证规律的集合。这些内容历经岁月打磨，依然熠熠生辉。然而真正的学习发生在我们生活的情境之中，而且每一次新的学习产生的长期影响都取决于这次学习与我们周围世界的关系。生活、自然、社会是更为生动鲜活的教材。在当下这个充满不确定性的时代，用已知已经推不出未知。我们需要重新定义教材，向未来求知，为未知而教。

（二）角色转型

疫情让未来教育模式提前到来，也让我们提前窥探到未来教师的模样。未来还会有班主任吗？笔者想，到那时，“班主任”或许不再是某一类教师的特定称谓，而是所有教师必须担起的使命职责。也就是说，未来每位教师都要扮演班主任的角色，同时还要不断提升“课程设计力”“学习协助力”“情绪调动力”。这样的教师不再是一个知识的传授者，而更可能是课程的设计师、学习的协助者、情绪的调动者。

1. 作为课程设计师

作为课程设计师，教师应从学生成长的角度出发，在纷繁复杂的大千世界中选取内容，为学生定制课程。比如，在延期开学的背景下，如何将疫情中的世界万象整合为学生学习的课程资源，让学生在家也能成为一个学习者、探索者。拥有课程思维的教师设计了针对小学低年级学生的课程——“今年过年，为什么不能出门玩？”并通过每天一个子问题，如“这个寒假与往年有什么不一样”“为什么不能出门玩”“在家我能干什么”“我心中最可爱的人”等，引导学生关心生活、关注社会、关爱他人，涵养社会责任。如果设计的课程足够开放，还可以不断自我更新优化调整，并且让学生尽可能地拥有选择权——选择自己需要的、自己喜欢的学习内容，可以在学习过程中结成自己的学习团体，依照自己的状况安排学习进度和学习时间……无论是在家还是在学校，让教育变得更加个性化，参与度更高，更有成就感，才是真正重要的东西。

2. 作为学习的协助者

作为学生学习的协助者，教师会给予学生帮助和支持，及时发现并协助学生解决遇到的问题。诺贝尔物理学奖得主斯蒂芬·温伯格曾经说，在知识网络化以后，房间里最聪明的绝对不是站在讲台前上课的老师，而是所有人加起来的智慧。就像这次延期开学后的线上学习，从国家到地方都提供了大量优质的在线学习资源,一些学校选择使用整理筛选后的资源,而将教师的主要精力放在为学生设计有意义、有意思的课程上,一方面丰富学生的居家生活,另一方面对学生的生活方式进行指导、提供帮助,这是十分具有前瞻性的。在这个课程可以外包、资源可以购买的时代里,传统教师如果再不升级迭代,就很有可能被淘汰。

3. 作为情绪的调动者

教师更应注重与学生的情感沟通,注重学生成长的内在需求,经常给予学生鼓励,让学生有更多获得感。美国未来学家丹尼尔·平克在《全新思维——决胜未来的6大能力》一书中提出:世界已经从过去的高理性时代,进入一个高感性和高概念的时代,当AI(人工智能)能处理大部分左脑工作时,唯有感性和创新能让你获得“人”的优势。有6种能力极其重要:设计感,故事感,交响能力,共情能力,娱乐感,探寻意义。[①] 笔者以为,就教师而言,未来教师更具有情感性和互动性,应该增强自己的亲和力,努力成为学生的知心朋友,成为学生的成长伙伴,走进学生的心灵世界。

教育会永续存在,教师无可替代,但未来教师一定是一群“人机合一”的新教师——拥有全新思维力,善于系统思考,能有一技之长,长于情感交流,他们是掌握了最新呈现方式的各领域专家。

(三) 技能升级

危机催生变革。对应着角色的转变,我们认为未来教师至少需要升级三种能力,即甄别选择能力、设计创新能力以及协同共生能力。

这是一个纷繁复杂、信息爆炸的时代,如何拨开重重云雾,识别有利于学生成长的高价值信息,是教师必须要习得的重要能力之一。以本次疫情为例,疫情初起时大量真真假假的信息四起,让人陷入焦虑。作为教师,首先要学会甄别真伪,其次要想办法为己所用。比如,如果教师希望锻炼学生的思辨能力,可以选择“民众抢购双黄连”事件;如果希望学生理解“没有一个人是孤岛”“世界是一个整体”,我们必须守望相助时,可以选择举国抗疫的事例,可以从专业人士、一线医护人员、快递员、清洁工、社区工作人员等不同职业不同角度

① [美]丹尼尔·平克.全新思维——决胜未来的6大能力[M].高芳,译.杭州:浙江人民出版社,2013.

展开设计；如果希望学生了解人与自然的关系，可以联系近年来发生的自然灾害，可以一起读《寂静的春天》《林间最后的小孩》等书籍，甚至可以看一些相关的电影。除了为全体学生选择学习内容外，还可以针对学生的不同特点进行个性化推荐。在内容之外，还要兼顾学习平台的选择。当然，最终还要教会学生自己选择内容，选择平台。所以，甄别与选择的过程其实也是培养学生自学能力的过程。

在确定教学内容之后，教师需要进行创造性的设计。帕克·帕尔默在《认知与自我认知:教育的精神旅程》一书中指出:一名优秀的教师会让自己要教授的学科内容与学生形成一种息息相通的状态，他们把学生带入了由自己与学生、学生与学生组成的社区。以上述“民众抢购双黄连”事件为例，教师可以把它设计成一个项目化学习，也可以设计为一次辩论赛，学习方式的选择取决于教师希望学生从事件中学到些什么。一个好的设计会有很多人参与，包括父母、各科教师、同伴，甚至社会其他人员。人们常说，养育一个孩子需要一个村庄。未来教师还需要拥有开放的心态、开阔的视野，能够协同更多的人参与教育，一起为学生的成长服务。

德国作家赫尔曼·黑塞在小说《在轮下》中写道:“面对呼啸而至的时代车轮，我们必须加速奔跑。有时会力不从心，有时会浮躁焦虑，但必须适应。它可以轻而易举地将每一个落伍的个体远远抛下，碾作尘土，且不偿命。”整个教育系统迭代的时刻已经到来，作为教师，唯有理解时代的趋势，主动拥抱变革，提前思考行动，不断升级跃迁，才能在疫情中化“危”为“机”，才能跟上时代的步伐。

居家学习，未来生活“必修课”

没有统一的教材

全天候开放，没有周末、寒暑假，也没有上学、放学时间

10 岁的孩子可以跟 70 岁的老人在同一个课堂上课

学习内容个人化

课程除了国家规定的基础课程，更多的是个性化的自选课程

我学什么，我说了算，而不是学校说了算

利用网络学习会成为未来学习的一个重要特征

家庭本身就有可能成为一个真正意义上的学习中心

出现形式多样的家庭式学校，儿童在家学习，也会成为教育的一道风景线

上述文字摘自朱永新教授《未来学校：重新定义教育》（中信出版社 2019年版）一书，它描述了“未来学习”的场景。“网络化”“个性化”“家庭学习”“突破时空的无时不在、无处不在的学习”……这样的场景何其熟悉？这不就是我们正在经历的“居家学习”吗？一场突如其来的疫情，让“未来学习”提前到来，也让父母提前把曾经“让渡”出去的教育权收回自己手中。无论我们是否承认，此刻的我们，一只脚踩在现在，而另一只脚却已经跨进未来。作为父母、老师，无论有多么猝不及防，当下唯一能做的，就是主动迎接，主动介入通往未来的教育趋势，积极投身教育变革的浪潮之中。

那么，作为父母，如何面对手中“失而复得”的教育权？如何以当下的“居家学习”为契机，主动拥抱未来，甚至创造未来的教育呢？我们认为至少可以从以下三个方面去尝试。

（一）减少控制，让孩子回归自我

“停课不停学”是一场没有硝烟的战役。纵观整个过程，其间充满了无处不在、无时不在的控制，有来自课程安排的无形约束，有来自教师的远程监控，有来自父母线下的实时管控。在这场战役中，如果说有赢家的话，那一定是超越认知——不把家庭当作学校，不把自己当作教师，不把孩子当作学生，以及超越控制、让孩子回归自我。

如何超越？先认清现实。家庭是亲缘关系的社会单元，是亲子乐园，是温暖的避风港，它不是学校，不需要以工厂化的生产方式“生产”人才，更不需要用整齐划一的教育模式安排教育生活。如果有人一定要说家庭也是学校的话，它充其量也只是课余学校，所以父母不要试图做老师的事情，更不要把孩子当作学生。做好父母能够做得到的事情，好好借着这段时间的相处，融洽亲子关系才是王道。

再来讨论父母可以怎么做。首先，赋予孩子选择权。如果学校提供的是

每日居家建议,可以和孩子一起商量或让孩子自主选择学习、生活、锻炼、阅读等内容,并且形成每日安排表。就锻炼而言,有的孩子喜欢学校提供的方案,有的则喜欢自己的方式,比如跳舞、瑜伽等,只要动起来,达到锻炼目的就行。给予孩子选择权,还要注意日常的言语措辞,比如不要动辄就使用“不要做”“不许做”“不应该做”,可以发出“一起来做某件事”的邀约。比如孩子玩游戏时间长了,你希望他终止,一方面可以提出:“你自己规定的时间到了,应该遵守。”另一方面也可以提议:“来,帮我一起做吧……”这样不仅尊重孩子的权利,也使亲子关系更为融洽。其次,给予留白时间。在学校的作息建议及课程安排之外,留给孩子一段可以自主安排的时间与空间,让孩子去创造、去互动、去冥想、去尝试错误、去表达自己、做各种创作、做自己喜欢的事情,阅读、唱歌、画画、跳舞、手工……都可以。总之,让他们自由地运用时间和空间。再次,减少对学习的控制。要相信孩子的学习能力和学习欲望。给孩子创造一个无干扰的环境,让他们自主学习或者上网学习。如果实在不放心,也可以通过检测学习结果而不是管控学习过程的方式来进行。教育不是首先着眼于实用性,也不是首先去传授知识和技能,而是去“唤醒”学生,唤醒他们选择的能力,唤醒他们和自己对话的能力,唤醒他们的自我,让他们能在目前还无法预料的未来局势中做出有意义的选择。

世界变化越快,越需要回归自我。面对纷繁复杂的世界、迅猛发展的技术、人与机器共生的未来,我们需要怎样的学习者?夏雪梅在《项目化学习设计:学习素养视角下的国际与本土实践》①一书中说:“真正的学习者知道自己是谁,为何而学习,而不是被动地应对无法预测的变化,或是被他人和复杂的局势左右。他们在日常生活中学习,有自己的价值准则和独立人格,内心充实,富有想象力和创造力,将学习所得用于创造更丰沛的人生和更美好的世界。”这样的学习者是一群心智自由的人,需要从小培养。他们需要拥有试错的机会,拥有体验真实人生的机会,更需要有自由的时空和思维。

(二)增加经历,让孩子回归生活

生活即教育。回归生活,是未来学习的一个重要方向。约翰·杜威在《我

---

① 夏雪梅.项目化学习设计:学习素养视角下的国际与本土实践[M].北京:教育科学出版社,2018.

的教育信条》一文中明确提出："教育是生活的过程，而不是将来生活的预备。学校必须呈现现在的生活——即对于儿童说来是真实而生气勃勃的生活。像他们在家庭里、在邻里间、在运动场上所经历的生活那样。"[①]此次被迫延长的寒假，给了孩子回归生活的机会，也给了父母生活教育的机会。

目前的居家生活学习，尚处在不断探索磨合的阶段。教师和父母各司其职，教师负责线上学习指导，而父母则担负起线下生活指导的职责。那么怎样做好生活指导呢？"生活指导"听上去简单，但实施起来却不容易。首先，它是一种榜样示范，父母应该用自身的健康生活方式给孩子树立榜样，比如早睡早起、合理安排三餐、坚持锻炼等，让孩子在潜移默化中习得未来的良好生活方式。其次，它是父母参与的过程，父母应该陪伴孩子一起经历，获得共同的生命体验，在此期间培养孩子成为一个有德行，审美、情感和能力都全面发展的人。最后，需要澄清的是，生活指导不是一堆知识的罗列，也不是一项项技能的叠加，更不是拍照、打卡、交作业，而是一种实实在在的幸福完整的生活。

下面以做家务中的"烧菜"为例来说明如何实施生活指导。这是很多大孩子在假期里的生活必修课。首先是准备阶段，爸爸妈妈可以和孩子一起商量讨论："烧什么菜？"（可以就地取材，围绕家里现有食材讨论，也可以从增加营养、增强体质的角度去思考。）"需要哪些食材、调料？""居家不出门的日子怎样获取这些食材？"（超市、菜场、网购哪种最佳？如果网购，选哪一家？何时下单才能保证及时拿到菜？）其次是实施阶段，可以放手把厨房交给孩子，让他们根据原有的经验，或者参照现成的菜谱进行，炒菜、装盘（这道菜适合配什么样的盘子？）。如果要提交作业，还可能涉及拍摄，则可以讨论怎样选取背景、怎样构图等。最后是评价总结阶段，可以是家人点评，也可以在朋友圈呼朋唤友点评。朋友圈点评一般都是溢美之词，这对于提升孩子的信心很有裨益，却不利于孩子发现问题，进行客观分析。所以，还需要父母和孩子一起从"色""香""味"甚至摆盘等方面进行全面客观的综合评估，让孩子正视问题，从而后续能够做得更好。如果再进一步，还可以和孩子一起探讨：如果长时间不能出门，家里需要提前准备些食物，选择哪些食物比较好？除了粮食以外，还需要准备些什么？如果是初中或高中的孩子，还可以进一步拓展问题的宽度和深度，从

① 王承绪，赵祥麟．西方现代教育论著选[M]．北京：人民教育出版社，2000．

生活延展到对社会和人生的认知与思考。比如，“这些菜从哪里来，会不会断供”“如果物资匮乏，如何用有限的资源生存下去”“当疫情使生活被迫按下暂停键时，是谁在维系着世界的正常运行”等等。

生活是具体的。当一个个问题指向生活、社会、人生时，“烧菜”便不再仅仅是一项作业、一种技能，而更是一种思维方式、一种生活方式。当然，家庭是一个充满了爱和温情的生活场所，爸爸妈妈们也并不是教师，这些话题的探讨并不需要一板一眼正襟危坐地进行，它们可以是茶余饭后的闲聊，可以是共读共事时的思考，甚至可以是不经意间的讨论，或者是一场家庭厨艺的较量……总之，生活处处是教育场。家庭成员一问一答、一颦一笑，甚至一个眼神、一个动作的温暖互动中，教育就发生了。只要爸爸妈妈有心，日常琐事也可以是“人生大课”。

（三）从居家开始，带领孩子认知世界

突发公共卫生事件时期不能出门，固然打乱了正常的生活节奏，但同时也带来了另一些让人惊喜的机遇。比如，比以往多了很多与家人相处的时间，平时疏离的亲子感情正好借机修复升温；多了很多可以自由支配的时间，可以做一做平时想做但没有时间做的事情；一场疫情，折射出人情冷暖，映照出人性美丑，彰显了责任担当、家国情怀……这些都是最好的教育资源。善恶美丑可以拿来和孩子辨析，锻炼他们的思辨力，让他们学习判断和选择。其间呈现出的人类美好的价值、意义内容则可以直接传授给孩子，这是对他们一生有用的东西。足不出户的日子，身体活动的范围小了，但思想可以自由驰骋。对于孩子们而言，在校上学，教材是世界；居家学习，世界是教材。怎样以疫情为契机，带领孩子认知世界？

第一，真实体验，感知今昔变化。不出家门，可以通过新闻实时了解外部世界发生的变化，这些可见可感的变化以及今昔鲜明强烈的对比会让孩子深刻地感知到疫情影响之广。

第二，直面问题，寻求解决之道。疫情给生活带来诸多不便，面对层出不穷的新问题，如何解决？不妨借此机会锻炼一下孩子。比如，在无接触外卖和快递期间，大量的快递散落在小区大门口，找快递十分不便。妈妈就带孩子一起去找快递，当孩子真切地感受到“找快递真不容易”时，妈妈趁势问她：“怎样才能又快又准地找到自己的快递呢？你有没有什么好办法？”孩子想了一下

说:“可不可以按照名字首字母来放快递?”妈妈肯定她的分类思路非常好,但是提出新的问题:“这样分类的话,类别多,区分度大,而小区门口的空间有限。有没有更好的办法?”这时,孩子爸爸也加入讨论中,大家分析小区的特点,一致认为按照楼栋来分类是最好的。小区物业很快就根据楼栋来进行快递分类,于是业主找快递方便多了。参与世界,与世界互动,也是认知世界的一种途径。人借着与世界互动,了解自己在世界的位置,才能反观自己、了解自己。

第三,涤荡心灵,培塑家国情怀。疫情暴发,人们被迫“宅”在家中,一群“最勇敢的人”临危受命,奔赴抗疫一线,誓与病毒抗争到底。他们中既有钟南山院士、李兰娟院士等专家,也有各地医护人员,既有人民警察和社区工作者,又有建筑工人、快递员、出租车司机、农民……更多的是默默无闻的小人物,但在这个特殊时期,他们就是大英雄,他们的故事是最好的中国故事、中国力量。和孩子一起了解这些鲜活的人物,赋予孩子成长的能量。孩子与世界之间的互动形成了知识,而孩子的价值观便是他所获得的知识与他自身的欲求的衍生物。

未来已来,将至已至。如果能认识到这段生活对孩子而言有如此深远的意义,那么作为父母,您还会蹉跎吗?作为教师,您不是有更广阔的教育天地吗?

云上班级管理,助力学生在家学习

2020年新年伊始,人们的工作与生活被突如其来的疫情打破了固有的秩序。随着这次突发公共卫生事件逐步被控制,“抗疫”与“生产”两手抓,越来越多的人已经返回工作岗位。为了了解学生居家学习状况,我们对南京外国语学校仙林分校燕子矶校区小学部全体学生家庭进行了问卷调查,发放问卷617份,回收606份,回收率98.2%。图1中显示,截至2020年2月20日晚9:00,父母双方均复工的占30.82%,父母一方复工的占44.75%;从图2中可以看出,父母上班孩子独自在家的占2.95%,由老人照料的占25.74%。随着疫情日渐得以控制，复工人员也在急剧增加，可孩子还要继续“宅”家学习，孩子由老人照料或独自在家的数据也在直线上升。在开放题的回答中，家长们更加担忧，主要观点有：孩子年龄小，自律性差，老人管不住，孩子在家学习生活效率较低，等等。

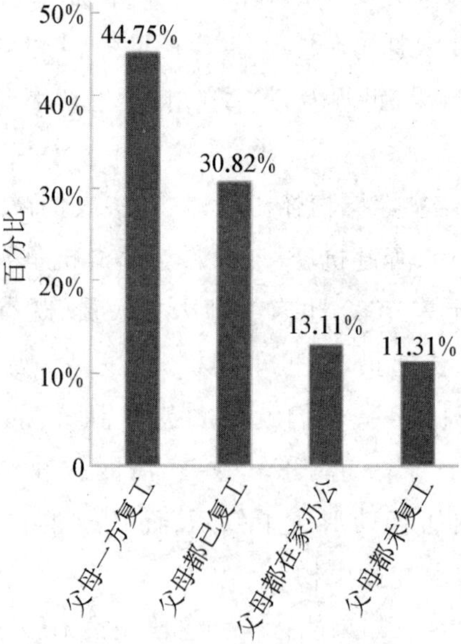

图 1　宅家学习期间父母的复工情况

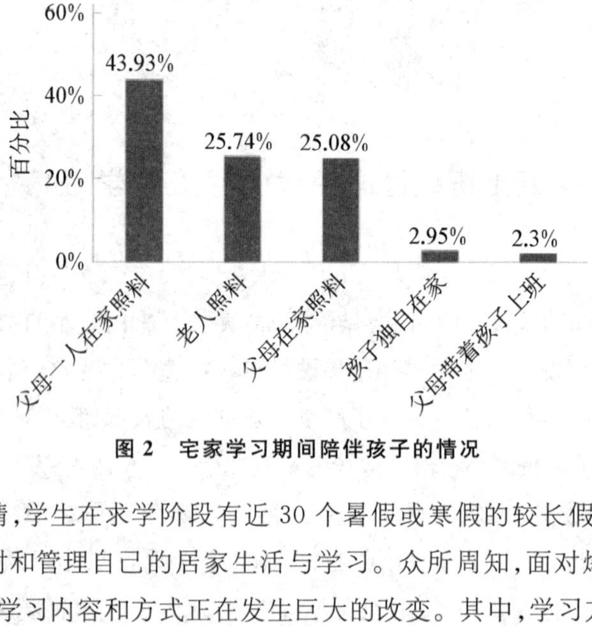

图 2　宅家学习期间陪伴孩子的情况

抛开疫情，学生在求学阶段有近 30 个暑假或寒假的较长假期，需要他们学会独自面对和管理自己的居家生活与学习。众所周知，面对爆炸式的信息时代，人们的学习内容和方式正在发生巨大的改变。其中，学习方式由被动接受变为有目标地探寻;学习内容不再局限于书本知识,而是拓展到更广阔的空间;学习途径更是五花八门;影响人们学习的因素,与复杂的社会性、情境性、经验性、身体性等多种因素相关联。因此,作为培养未来人才的学校,更需要注重拓展学生学习的内涵与外延,关注学生独立学习的主动性、实践性、合作性及个性化等综合素养的提升。

延学期间,为了让复工的父母安心工作,更为了培养适合未来发展的人才,班主任要引导学生在没有父母监管的常态下,朝着目标有序地自我安排,形成较强的自我管理能力与良好的习惯,为终身发展奠基。班主任应该怎样发挥创造力,打破原有的思维方式,在延学时期智慧地引导与陪伴学生拥有高品质的学习与生活?尝试云上班级管理,成了班主任必须面对的挑战。

(一)从“个人”走向“团队”:让“一个不能少”成为可能

学生在一段时间一直居家,缺少与外界的沟通,敏感焦躁的内心需要抚慰,学生提升学习与生活的品质需要指引,学生与他人交流的渴望需要得到满足,学生需要从社会公共事件这堂大课中获得智慧的启迪……班主任一个人每天需隔空关怀四五十个学生,很多班主任感叹:每天忙得焦头烂额,还是会有学生的情况可能被疏漏。

想要做到“一个也不能少”,班主任需要充分调动资源,联合班级任课教师和家委会成员组成云上班级管理团队。在南京外国语学校仙林分校已经实施13年的班级教育小组管理制度,为班主任从“个人”走向“团队”合作管理提供了重要保障。其中,班主任担任教育小组组长,2—3名任课老师为核心成员,家长代表和学生代表各1人是重要成员。在班级日常管理中,小组成员在班主任带领下分工合作,对班级大型活动、卫生、课堂纪律、协调同学关系等都采取共同管理的方式。每一位老师都有牵手的学生朋友,每个学生也都有牵手的老师朋友,老师会细心地关心每一个学生的学习与生活,学生有困难会主动寻求老师朋友的帮助。延学期间小组成员在班主任带领下更是精诚合作,将全员育人、全程育人、全方位育人落到实处。

延学初期,班主任带领组员通过问卷调查,掌握本班每个学生居家学习、生活以及家人在家看护情况,召开教育小组线上会议,商讨延学期间班级云上管理方案,落实老师对每一位牵手学生的帮扶计划。班主任通过网络会议召开全班学生云上微班会，引导学生走进社会与生活这个大课堂，从中汲取营养与力量，在心中播种真善美的种子。微班会讨论的话题聚焦学生关心的内容，例如，如何寻找“我”身边最美的那颗“星”？如何认识压力，怎样缓解压力？童心战“疫”，我们该怎么做？等等。微班会讨论的内容会提前一天告知学生，方便他们提前思考，提升在线参与率；每次线上讨论以 20—30 分钟为宜。

教育小组老师根据自己每一个牵手学生的实际情况，定制个别化的帮扶计划。如按约定通过电话或视频点对点地关心学生朋友居家的学习生活及自我管理情况，及时答疑解惑；对父母坚守在一线或在武汉抗“疫”的学生，除了辅导学习外，还给予更多心理上的抚慰，指导其在家健康生活，学习自我管理方法，鼓励其做一个敢于担当的好孩子，让“前线”的父母放心。延学期间，家委会成员则协助教师通过微信平台向全班家长推荐特殊时期心理养护指导，开展亲子创意小游戏竞赛、亲子共读等活动，增进亲子间的交流，促进家庭和谐，为学生的生命成长打造良好的家庭生态圈。家委会成员此时也是困难家庭的爱心传递者：他们给父母复工但中午不能回家照料孩子的家庭送午餐，将父母被医学隔离而独自在家的孩子接回家照看。

在延学期间，班主任若能有效调动资源，从单打独斗到团队合作，就一定可以实现“一个也不能少”，让细致入微地关心每一个学生成为可能。

（二）从“他律”走向“自律”：让学生成为自己的主人

延长的居家学习生活对学生的自我管理提出了很高的要求，但目前学生普遍存在“高认知、低控制”的身心发展特征。长辈日常无微不至的照料与控制更助长了学生这种依赖性的特点。教育家叶圣陶先生指出：管是为了不管，教是为了不教。延学期间，父母复工，正是培养学生从“他律”走向“自律”，学习自我管理，成为自己主人的好机会，班主任更要抓住这样的好时机。

班主任可以在“目标引领，三力合一”理论的引领下带领教育小组成员通力合作，助力学生在家学习。“目标引领”即“目标育人法”，是指以目标引领、激励，全面提升学生素质的一种教育方法。具体说，就是不断引导学生追求“幸福的人生”，并以此为基点，不失时机地引导学生在德、智、体、美、劳等方面，设定自我发展的长期、中期、近期以及日常目标，以目标引领、激励自己，获得全面、主动、和谐发展的一种教育方法。“三力合一”则是指充分调动并协同三力，即家庭影响力、教师教育力、学生自我发展内驱力，让“三力”合为一股，即合到孩子的自我发展内驱力上，让学生主动、积极地发展。

教育小组老师指导学生制订长期目标、中期目标、近期目标和每日目标。学生每天起床后按照项目管理的“四象限法”和时间管理的“番茄工作法”，梳理一天要做的主要事情以及做这些事所需要的大致时间，并填写“延学期间的生活安排与自我管理”计划表。内容需要有必选项，如运动、做家务、课外阅读；也有自选项，如看一部英文电影，做一个科学小实验……需要注意的是，计划中需预留出学生自由支配的时间与空间，以便他们灵活把握，做到张弛有度。每天晚上6:00—7:00，准时上传白天执行计划的学习生活照片、作品及计划反馈表。轮流值日的学生小评委按规则对全班同学上传的内容进行打分点评。教师对牵手学生的自我管理给予高度肯定，同时提出提升建议，学生可以在晚上反思一天的学习与生活，并将反思内容记录在表格中。

表1　延学期间的生活安排与自我管理

____年____月____日

序号	安排内容	预计时间	实际时间	自 评	家长评
1				☆☆☆	☆☆☆
2				☆☆☆	☆☆☆
3				☆☆☆	☆☆☆
4				☆☆☆	☆☆☆
5				☆☆☆	☆☆☆

我的感言：______________________________　签名________________

家长寄语：______________________________　签名________________

此时，每个学生是直接的亲历者，家长是学生计划执行的助威者，班主任是幕后的引领者，教育小组的老师是每个学生的贴身参谋。借助自我管理表格，在目标引领下，在家长、老师和学生的合作下，学生将逐步学会自我规划与反思，由“他律”走向“自律”，在自我挑战中逐步成长为自己的主人。

（三）从“延学”走向“研学”：将深度学习进行到底

延学期间“停课不停学”，不少人误读为“学”就是学习书本上的知识。因此，教师忙着将线下学习搬到线上，而自己成了"主播"；学生每天捧着电子产品疲于应对线上教学，还伤了眼睛。原本线下接受的学习方式有时就很难引起学生对学习本身产生兴趣。图 3 的调查数据显示，家长对孩子延学期间的学习状态很满意的只有 6.37%，比较满意的占 56.28%，还有 37.35%的家长不太满意。可见，缺少学习的现场情境与氛围让学生的在线学习效果大打折扣。事实上，延学期间除了有选择地指导学生进行课本内容的预学，智慧的班主任更会注意带领学生走进这次"战疫课堂"，"阅读"生活、社会这本敞开的大书，设计具有挑战性的主题研究性活动，通过学习内容、学习方式的改变，让教师和学生都来重新审视学习的内涵与外延，从狭义的分数中走出来，把目光投向更广袤的学习天地，让"延学"变身"研学"，充分调动学生学习的主动性与积极性，将走向思维的深度学习进行到底。

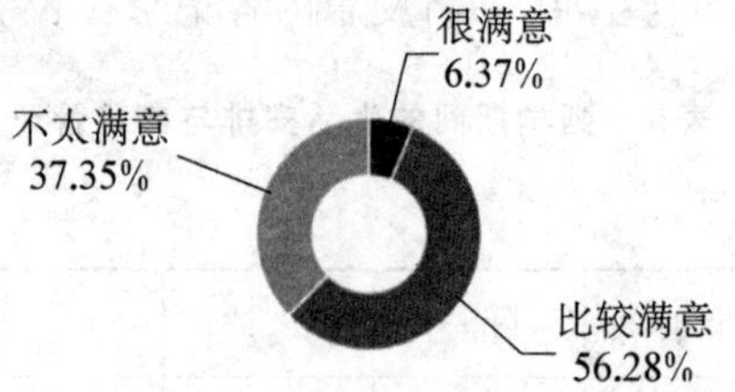

图 3　家长对孩子延学期间学习状态的满意度

研究性学习主要经历以下几个环节。

1. 草拟研究方案

班主任组织班级任课教师召开云端会议，各科教师从本学科角度讨论并制订疫情之下多学科融合的主题研究性学习方案，为主题研究性学习提供方向与参照。

如语文老师指导学生开展与疫情相关的任务式阅读，引导学生借助网络或书籍了解与疫情相关的内容；数学老师带领学生寻找疫情中的数字"密码"，开展"数"说疫情的学科融合性探究学习；英语老师指导学生从查阅国外的资料中了解有关传染病的知识以及历史故事；科学老师指导学生进行绿豆、土豆或大葱等植物发芽的实验研究，在感悟生命的神奇中懂得珍爱生命；体育老师带领学生开发适合"宅"家的花式运动，强健体魄，增强免疫力；美术老师带领学生创作绘画作品，音乐老师指导学生学唱或自创歌曲，为武汉加油，为中国加油等。

2. 选择研究主题

学生在教师提供的参考内容中选择自己感兴趣的话题,或者重新寻找与疫情相关联的内容进行研究。孩子们充分发挥自己的主动性和创造力,找到了许多适合自己的研究话题。例如,探究家中水果发霉的原因,进而了解细菌家族,认识本次新冠病毒,学习自我防护;开展“我心中的英雄”线上新闻播报,从全民偶像钟南山到身边支援武汉的爸爸妈妈或社区服务的志愿者都是他们关注的对象,同时在心中埋下理想的种子;了解疫情下的国际声音——《中国,我为您点赞》,提升自我辨析能力,培养爱国热情;探寻火神山、雷神山建筑的奇妙构造,感受中国基建业的伟力;了解全世界暴发公共卫生危机的局势,敬畏自然与生命,培养文明行为习惯……

需要注意的是,选择研究的话题不宜过大或过小,要适合学生的年龄和学识水平,内容便于操作,这样更容易开展深入研究。

3. 指导研究方法

对于相对陌生的研究性学习,教师需要对学生进行常用的研究方法指导,如文献检索法、调查法、问卷法、行动研究法等。引导学生按照一定步骤实施研究,即提出问题、分析问题、解决问题。研究之前需学会确定主题,拟订研究计划,遵循科学性、严谨性、实践性等原则,表示对原创的尊重,引用别人资料需加备注等。若个人开展研究有困难,可以召集小伙伴组团研究,也可以邀请家长作为智囊团,构建起属于自己的研究团队。

4. 实施研究阶段

学生根据自己确定的研究主题,采用合适的方法,在动手操作与实践中开展主题性研究学习。

例如,学生研究橘子长霉的原因。宅家生活时,妈妈放在塑料袋里的橘子长霉了,这引起了学生的好奇心——为什么买来没几天的橘子放在塑料袋里会长霉呢?带着这个问题,学生上网查找资料,了解橘子长霉的条件、霉菌的种类等知识,再拓展了解微生物这个大家族。接着,学生借助培养皿、培养基和显微镜做“橘子发霉”的科学实验,通过还原、验证加深对霉菌的认识。有了对霉菌认识的基础,学生再对“病毒”“新型冠状病毒”这个隐形杀手做进一步认识。最后结合当下疫情,用小报或视频方式向同学们介绍“神奇的微生物”,宣传养成勤洗手等良好的卫生习惯,学会自我保护,提升健康生活的品质。这样的主题研究性学习让学生从陌生到熟悉,从习得到运用,让学生在学有所得、学有所用中经历了完整的深度学习过程。

5. 成果展示分享

小学阶段的学生年龄小，渴望被认可、被鼓励。班主任可以给每个学生提供展示研究成果的机会与途径，鼓励他们用自己喜欢的方式进行展示，如以小报、思维导图、绘画、电子课件、视频等多种方式发送到微信或 QQ 平台呈现研究成果。展示前确定评比规则；展示时邀请全班学生和家长作为评委参与点评；展示后评出特色奖，颁发电子奖状，如最佳创意奖、最佳风采奖、最佳作品奖、动手小达人、探究小能手等。

在"延学"变身"研学"中，学生是主体，每一个学生在教师的引领下经历提出问题、分析问题、解决问题的科学思维过程，他们将兴趣点集中在学习本身，促使学习由被动转变为主动。学生在深度研究性学习中加深了对研究内容的认识，透过现象看到本质，培养了举一反三的能力，为学会学习、终身学习和可持续发展奠定基础。

（四）从"独学"走向"共学"：激发同辈学习潜能

延学期间，由于时空阻隔，学生常处于"独学"状态。图 4 是对延学期间学生与教师、同学交往频率的调查结果。交往频率一般的占 57.38%，极少有交往的占 12.46%，没有交往的占 1.48%。

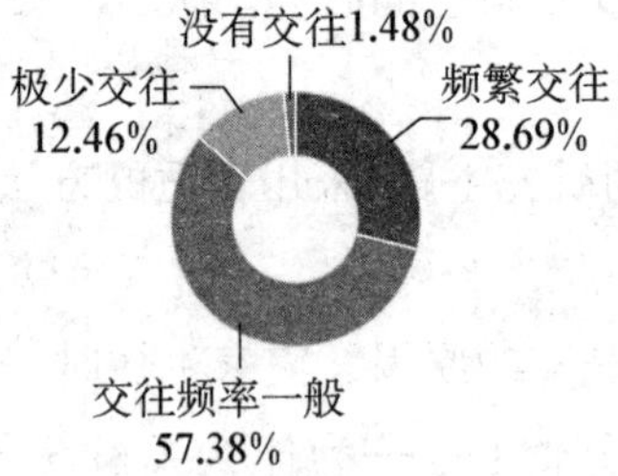

图 4　延学期间学生与老师、同学的交往频率

学生居家"独学"期间与教师、同学的交往现状不容乐观。因为缺少与同学、教师的交往，学生常感到居家生活单调无聊。随着父母复工，他们与长辈交流的机会也逐步减少。交往的减少削弱了学生的存在感，让他们的学习生活缺乏动力，开始变得懒散懈怠。小学生生性尤其活泼好动，十分渴望与伙伴交往，而交往沟通能力是未来社会人才必须具备的基本素养和能力，因此培养学生的交往能力不容忽视。

班主任可以针对小学阶段学生好胜心强、同伴影响较大的特点，组建学生互帮互助的“学伴团”。“学伴团”在学生自由组合的前提下，由班主任根据学生个体自律、性情、爱好等特征对小组成员实施微调，平衡各小组成员构成，实现优势互补，努力做到小组间的等质性。小组的总负责人由教育小组的各位教师担任，一名热心家长担任协调员。

学伴团“线上快乐 30 分”的实施方案如下。

1. 发布公告

班主任在班级微信群中发布组建“学伴团”的公告，倡导同学从“独学”走向“共学”，发挥朋辈力量，在延学期间同学间相互帮助，共促成长。公告一发，全班同学和家长热烈响应，很快全班学生就以牵手老师为总领队，组建起四个“学伴团”的雏形。

2. 建设“学伴团”

四个“学伴团”分别召开线上第一次会议。会上，“学伴团”成员共同给团队起响亮的名字，商讨团队口号，拟订团队宗旨、规则与计划，推选团长，每位团员根据实际需要承担团内职责，如自律督查、健康督查、阅读掌门等，做到团内成员各尽其能、各司其职，实现人人有事做、事事有人做，让每个团员都能在团队中找到适合自己的位置与存在感。

3. 开展活动

每天晚上 7:30—8:00 是学伴团成员十分期待的“线上快乐 30 分”活动时间。在团长带领下，每个团员分享当天的收获与反思计划执行情况，以督促每个学生在朋辈力量的关心下认真执行规划，培养自我管理的能力。接着由团内成员轮流带领本团开展有趣的主题活动，如查字典比赛、成语接龙、古诗词飞花令、中英文阅读分享交流会、趣味数学故事会、花式居家运动……“三八”妇女节当天，小主持人全程带领团队成员用英语分享、探讨了一本关于母爱的绘本故事，以表达对母亲的感恩之情，让所有参与者为之动容，深受启发。

美国著名教育家蒙台梭利说：“没有人能替代孩子成长。”延学期间，学生借助朋辈力量，由“独学”走向“共学”，在互学互助的亲身实践探索中学人之长、补己之短，培养策划能力、人际交往能力、团队合作能力和可贵的耐挫力，极大地调动了学生学习的主动性、创造力，激发其潜能，提升了班级云上管理的效力。

综上所述，学生居家学习期间，班主任若能真正以学生为中心，密切关注学生的生命健康和成长需求，以发展的视野带领学生亲历当下事件，充分发掘资源,发挥教师团队、学生团队、家长团队的力量进行云上管理,真正做到三力合一,学生就不仅可以从“他律”走向“自律”,实现有效的自我管理,还能在研究性学习与同伴互学互助中获得多种能力的提升,逐步成长为真正适应未来社会的全面发展的人。

学会劳动,学会生活

一次疫情就是一堂生命教育课,在未来的学习、生活中,学生一定会遇到各种各样的问题与挑战,而拥有一个热爱生命的态度和崇高的生命价值观,才有可能战胜一切挑战。这次疫情,是一场危机,更是一场契机,可以让每一个教师重新定义课程,让每一个孩子重新审视学习,让每一个家长重新建构协作,让每一所学校重新建构自己的边界和系统,是所有人人生中的一场大课。

因此,我们的目标是:(1) 借助真实的生活情境、真正的生活体验和系列的课程架构,让孩子们“停课不停学”,学得有意义,学得有价值,感悟生命的成长,重审生命的含义。(2) 劳动是一切知识的源泉,课堂上学习的书本知识、理论知识,需要通过实践锻炼加以内化和升华。习近平总书记说:“生活靠劳动创造,人生也靠劳动创造。你们从小就要树立劳动光荣的观念,自己的事自己做,他人的事帮着做,公益的事争着做,通过劳动播种希望、收获果实,也通过劳动磨炼意志、锻炼自己。”中共中央、国务院《关于全面加强新时代大中小学劳动教育的意见》中也指出,劳动教育是中国特色社会主义教育制度的重要内容,应充分认识新时代培养社会主义建设者和接班人对加强劳动教育的新要求,强调家庭要发挥在劳动教育中的基础作用,注重抓住衣食住行等日常生活中的劳动实践机会,鼓励孩子自觉参与、自己动手,随时随地、坚持不懈地进行劳动,掌握洗衣做饭等必要的家务劳动技能,每年有针对性地学会 1 至 2 项生活技能。因此,劳动不只是洗衣、做饭、打扫卫生,更是操作、实践、务实,通过“学会劳动,学会生活”,引导孩子们在居家生活中获得更深的体验,成为热爱劳动、崇尚劳动的小公民。

（一）钉钉直播“云班会”，阐明劳动教育的重要性

班主任在钉钉直播开展“云班会”活动。针对上学期的家庭开放日，我们曾对一年级的同学做过调查，发现 35 人的班级中只有 1 位学生会系鞋带。为了避免孩子在校系鞋带的苦恼，绝大多数家庭选择给孩子穿“一脚蹬”。每当食堂菜谱上出现“虾”时，有一小半的同学总会低声问：“老师，我可以不吃虾吗？”或者偷偷把自己的虾给别的同学，被发现后学生坦言，不是不爱吃虾，而是不会剥虾壳，或是嫌剥虾壳麻烦而只能“忍痛割爱”。最令老师担忧的是，不少学生在家从来不参与劳动，甚至认为这只是某些阶层的人的工作，如果这种凌驾于他人之上的观念进入他们的内心，将会非常可怕。有些家庭采用不当的方式诱导孩子做家务，比如洗一次碗 5 元，考试未达到父母期待被罚洗碗，抑或是长辈心疼孩子，总是包办了家务，把孩子宠成“小王子、小公主”等。这些不当的理念需要得到转变。

我们认为孩子们的生活自理能力不强，与劳动教育的缺乏有直接关系，劳动教育应从小抓起。中国青少年研究中心一项调查发现，当下能够做到生活自理的学生不足半数，而喜欢劳动、经常做家务的孩子仅占两成。斯坦福大学教授弗兰克·威尔逊是研究人类手和大脑协同进化的专家。他认为，我们是靠动手来区别不同事物的生物。我们学习的很大一部分是来自做事、创造，以及靠我们的双手去感知，手的神经与大脑中枢神经直接相连，对手的刺激就是对脑的刺激，削弱动手的能力会让大脑感到困惑。因此，劳动在一定程度上关系到促进学习所需的智力的发展。美国哈佛大学对 456 个孩子的跟踪调查发现，20 年后，爱做家务的孩子和不爱做家务的孩子差别很大，失业率是 1∶15，犯罪率是 1∶10，收入相差 20％。

因此，应转变家庭观念，明确做家务是一种很好的劳动教育方式，对于学生养成自立、勤奋、负责的品质有重要的作用。

（二）开展“家务劳动我来做”活动

我们安排教师以及家长导师开展“家务劳动的十八般武艺和十八道景”直播课，在线上开展融合式课程。如低年级的“指导爸爸妈妈的洗手七步要领法”“你真的会拖地吗”“刷完锅子比比谁的亮”，高年级的“宅家学做十二道菜”……从一年级到六年级，一天一播、一播一得，从实践内容、融合的方式、劳

动的建议到评价的舞台，并下发“学会劳动，学会生活”指南(见附件1)，给予孩子最直接的引导与体验。

如“宅家学做十二道菜”课程，孩子为“主厨”，家长“打下手”，孩子自己择菜、洗菜、切菜，自己煮饭、烧菜、炖汤，再加上自己烘焙，一桌美味的“家宴”上桌了。在这个过程中，孩子初步掌握了科学烹饪、平衡膳食及营养合理搭配等方面的基本知识，掌握了科学烹饪的基本技能，学会制作家乡特色菜、制作家常菜等，做到色、香、味、意俱全，这就让孩子在体验式的学习和实践过程中感受到劳动的快乐与美好，提高了学生的独立自主能力和生活自理能力，从而在真实生动的学习情境中发展素质、塑造人格。

引导学生每天做一些力所能及的家务劳动，可参考如下安排：周一整理物品，周二擦拭桌椅，周三洗碗，周四洗菜，周五向家长学下厨等。每位同学记录好自己参与劳动的过程，填写好“学会劳动，学会生活”课程单(见附件2)，并每周向老师和班上同学汇报交流一次。一、二年级可采用微视频或者照片的方式，班主任通过“云访谈”的形式让学生谈谈自己的收获，主要内容包括：今天我做了什么，哪些方面做得好，哪些方面做得不好，如何进一步改进；这一周学会了什么，有什么感受等，从学生那里得到最真实的获得性评价。三到六年级除了以微视频和照片的方式以外，教师可以引导学生书写自己的“美食日记”，收集自己的“美食作品”，制作自己的“美食小报”等，还可以采用PPT、“美篇”等方式发布成果，在这个过程中引导孩子发现自我、成就自我、反思自我。

引导孩子在家庭中承担一些力所能及的家务，能够让他们更清晰地感受到自己是家庭成员的一分子，从而建立起自我价值感；会使他们更加明确自己的任务范围，形成责任感。孩子们在做家务的过程中经常会遇到意料之外的情况，在这样的情况下想要完成任务，就必须开动脑筋进行规划分析，因此，会做家务的孩子更有规划性和条理性，在同龄人中具有更强的领导力和执行力。

(三)家校共画同心圆，共育劳动好习惯

班主任应更新教育理念，运用教育智慧，并通过劳动实践、劳动技能比拼、劳动好习惯打卡等形式，引导学生学会劳动、乐于劳动、勤于劳动、善于劳动，并能内化于心、外化于行，真正做到手中有活、眼中有光、心中有爱。

我们要明确家庭是劳动教育的重要载体，转变家长对孩子参与劳动的观念，发挥家长的积极引导作用，共同引导学生参加力所能及的家务劳动，形成

家校教育一致合力,才能让劳动教育更有生命力。因此,在这一特殊时期,引导家庭评价也是整个课程评价体系中的重要一环。

在课程进行中,家长可以记录孩子的日常表现,记录和保存孩子参与家庭劳动的过程性资料和成果性资料,并填写星级评价手册。在这一过程中,珍惜与孩子在一起的美好亲子时光,引导孩子学会劳动,过一种健康的生活方式,看到孩子的感恩,并给予孩子更多思考和成长的空间,从而使他们拥有更多的勇气和力量。

总之,孩子们的童年时光,一定有一种记忆挥之不去,那就是实践中的学习、探索,家长完全可以在日常生活中给予孩子"教"和"育"的练习场,把家庭生活当作一种蕴含丰富教育资源和教育契机的课程去对待。无论是在学校还是在家庭,我们都应和孩子一起践行劳动的意义,培养他们做一个精神昂扬、全面发展的人。希望每个孩子都能掌控自己——让被动的宅家生活变成自我成长的契机,用智慧引领幸福生活,用劳动创造美好生活。希望通过劳动教育,将人文、理性、科学和生命的进步之光更好地传递下去,使居家生活变得更加健康有序,从而让孩子们学会以责任与自信迎接人生中的各种挑战。

附件1

"学会劳动,学会生活"指南

	活动内容	融合学科内容	活动方式建议	成果与呈现
一年级	夸夸身边劳动者;自我整理行动	综合实践:教学生学会自理与参与劳动	用照片、绘画、文字等方式记录家人的劳动场景	一张照片或一幅小报;掌握基本生活技能
二年级	打造既健康有趣又有意义的"宅家"生活	语文:《阿德的心愿》《小熊三兄弟的家》《花婆婆》等读物,认识劳动的重要与美好	"今天我当家":和父母换岗一天,感受家庭劳动的不易	"今天我当家"劳动记录实践手册
三年级	结合疫情,学做数据分析,管理家庭一周生活开支;关爱家人	数学:收集、预估家庭一周所需要的生活物资及数量	科学合理搭配每日饮食套餐;给家人做一个菜	一份营养菜单;《今天我掌勺》小视频
四年级	垃圾分类,变废为宝	综合实践:学会垃圾合理分类、变废为宝有妙招	学会垃圾合理分类,设计分类垃圾桶,提升环保意识	垃圾分类星级评价单

续表

	活动内容	融合学科内容	活动方式建议	成果与呈现
五年级	我是学法小公民	道德与法治：了解劳动者的权益与义务	查找网络资源，结合劳动纠纷案例进行分析	小小公民养成计划
六年级	利用网络、书籍等，自主设计生活中可以用到的劳动创意技巧	创客工坊：探究科学与技术的奥秘，了解技术对生活的利弊影响	尝试自主设计劳动创意技巧，并推荐给身边的人	人工智能小创意

附件2

“学会劳动，学会生活”课程单

<table>
<tr><td>姓名</td><td></td><td>班级</td><td></td></tr>
<tr><td>劳动内容</td><td></td><td>日期</td><td></td></tr>
<tr><td colspan="3">劳动过程</td><td>劳动心得</td></tr>
<tr><td colspan="3"></td><td></td></tr>
<tr><td colspan="4">评价</td></tr>
<tr><td colspan="2">自我评价</td><td colspan="2">家长评价</td></tr>
<tr><td colspan="2"></td><td colspan="2"></td></tr>
</table>

二、家校共育活动指导

疫情防控将本已各自独立的家庭教育、学校教育、社会教育有机地结合在一起，实现了三者之间的无缝对接，将家校协同育人的内涵建设、体制机制建设推到了前台。广大中小学班主任在实践中创生了许多家校协同的方法与策略，这里将以活动方案的形式加以具体呈现。

疫情防控下的家校协同育人活动设计

（一）背景分析

1. 疫情防控期间家校协同育人工作的背景

（1）疫情防控期间学校教育和家庭教育的角色发生变化。学生居家学习期间，学校教育和家庭教育的角色从原先的家庭教育是学校教育的基础，学校教育是家庭教育的延伸和扩展，转变成为家庭教育与学校教育成了平等的合作者与管理者的关系，家长也成为孩子居家学习的管理者、指导者、评价者，是孩子居家学习的大伙伴。

（2）基于疫情期间学生居家学习生活问卷调查的反思。2020 年新冠病毒来袭，“加长版”的寒假带来学生居家学习中面临的家庭教育难题。针对学生居家学习情况，学校进行了调查，下面是部分问卷情况。

第一，疫情期间，居家学习陪伴的情况。

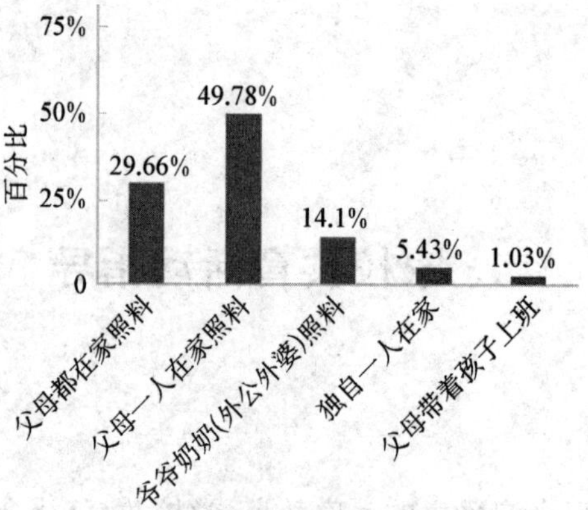

图1 学生居家学习的陪伴情况

第二，你认为在家听网课的效果如何？

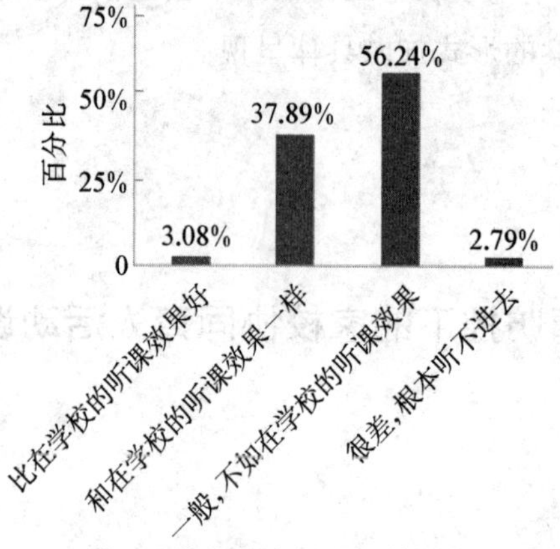

图2 学生居家听网课的效果

第三，你能及时完成“空中课堂”(任课教师)布置的作业并按时上传吗？

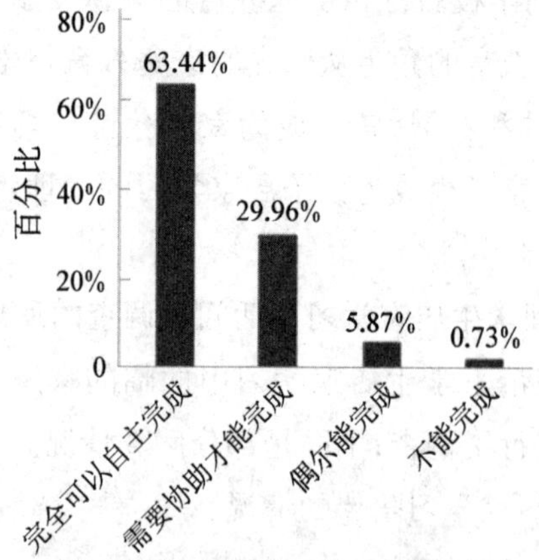

图3 学生完成网课作业的情况

第四，除了在线学习，你在电子产品上每天花费的时间大约有多少？

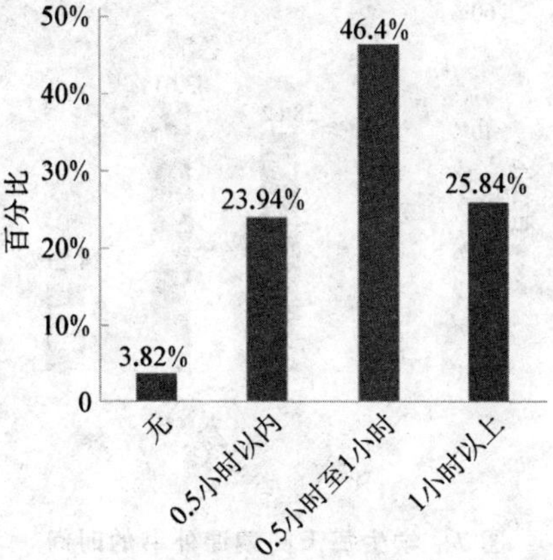

图 4　学生每天在电子产品上花费的时间

第五，你认为自己目前居家学习的效果如何？

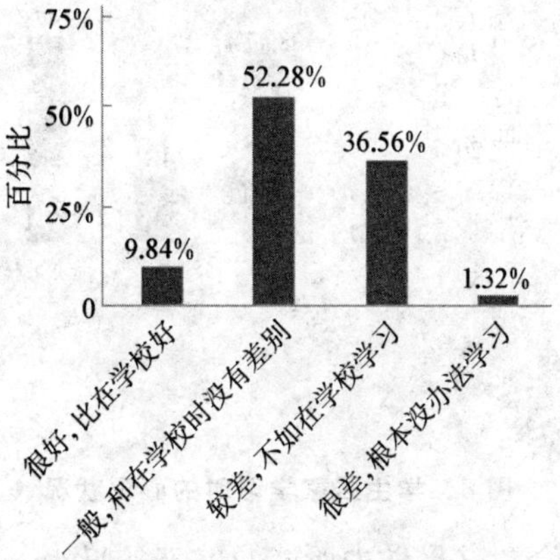

图 5　学生居家学习的效果

第六，你目前在家每天体育锻炼的时间大约多长？

图 6　学生居家体育锻炼的时间

第七，你每天读课外书的时间大约有多长？

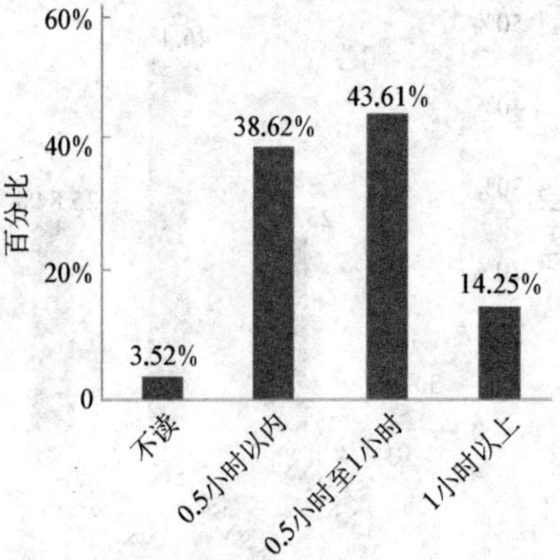

图7　学生每天阅读课外书的时间

第八，你最近居家学习时有无焦虑、烦躁，或者其他不适的情绪？

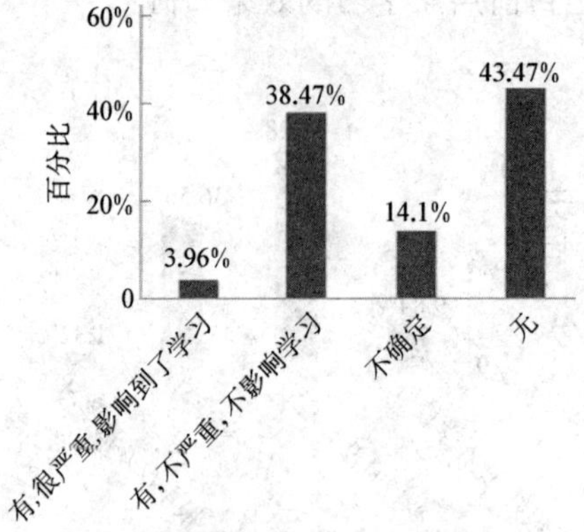

图8　学生居家学习时的心理状况

第九，在家里，你会帮父母做力所能及的家务吗？

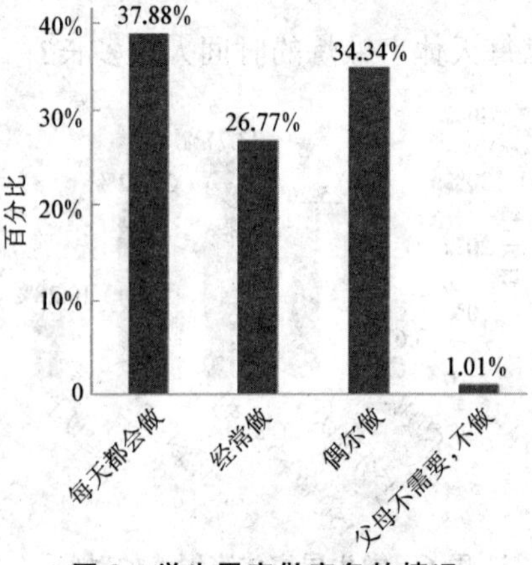

图9　学生居家做家务的情况

第十,父母会经常表扬你吗?

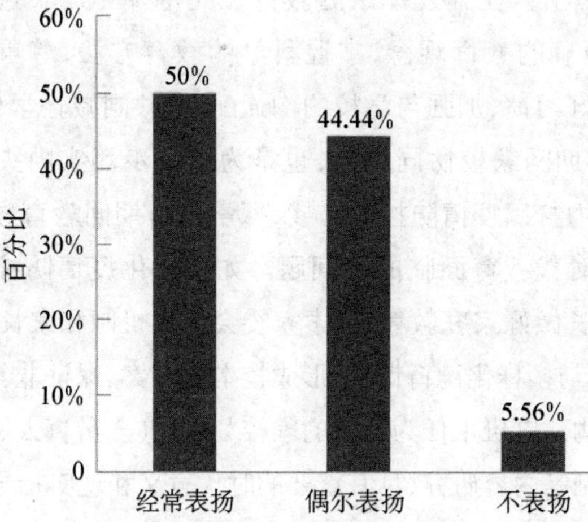

图 10　父母表扬孩子的情况

根据对全体学生居家学习和生活情况的调查,发放问卷 707 份,回收 681 份,回收率 96.32%。从上述图中的数据看,从居家学习的亲子陪伴、自律性、学习效果、体育锻炼、读书时长、心理状态、家务劳动、家长评价等方面来看,对家长参与教育教学活动和评价管理提出了更高的要求,学校要抢抓机遇,尽快补上家庭教育的短板。所以,聚焦学生居家学习生活中面临的家庭教育难题,教师的教育角色随之要发生相应变化,加强家校沟通协同育人,增强学生学习的自主性和积极性,提高家庭教育的质量和水平很重要。

(3) 在疫情防控期间,如何充分挖掘并合理配置家校协同育人的教育资源,创设一个课内外、校内外协调一致的育人环境,使教育由单一渠道、固定时空向多渠道、全方位、主体化转化,形成教育合力;如何搭建家校平等参与教育的平台,使学生处于优化的教育场作用之中,探索与实践“五育并举”的新方式新方法,共同构建防疫期间家校协同育人的“立交桥”,把学校教育工作的触角延伸到各个领域,提高学校教育和家庭教育的质量与效益,对于促进学生全面发展很重要。

2. 疫情防控期间家校协同育人工作开展的依据

(1) 探究疫情防控时期家校协同育人是时代发展的必然要求。《中共中央关于进一步加强和改进学校德育工作的若干意见》指出:“学校教育、家庭教育、社会教育紧密配合。学校要主动同家长及社会各方面密切合作,使三方面的教育互为补充，形成合力。"《国家中长期教育改革和发展规划纲要(2010—2020年)》第四章指出："充分发挥家庭教育在儿童少年成长过程中的重要作用。家长要树立正确的教育观念，掌握科学的教育方法，尊重子女的健康情趣，培养子女的良好习惯，加强与学校的沟通配合，共同减轻学生课业负担。"

(2) 疫情防控期间家校协同育人，也是为进一步落实中央和省委省政府疫情防控精神，助力打赢疫情防控阻击战，探索疫情期间教育领域的有效应对措施，解决后疫情时代教育面临的新问题。如何优化疫情防控期间家校协同育人环境，指导家长做好家庭教育、探索家委会工作机制和家长学校授课机制；如何整合课程资源与多样化德育课程，形成校本化方案，保证非常时期教学任务的顺利完成；如何构建以班主任为纽带的家校"三全"(全员育人、全过程育人、全方位育人)育人机制等内容研究，具有重要的时代意义和现实指导意义。

3. 家校协同育人是国家对教育的战略要求

2015年10月，教育部印发了《关于加强家庭教育工作的指导意见》，指导各地积极发挥家庭教育在少年儿童成长过程中的重要作用，提升对家庭教育工作的重视程度，提高家庭教育工作的水平，为每一个孩子打造适合健康成长和全面发展的家庭环境，构建学校教育、家庭教育和社会教育有机融合的现代教育体系。

学校立身之本在于立德树人，习近平总书记强调"培养什么人"是教育的首要问题。教育部陈宝生部长在《旗帜》上发表署名文章《深入学习贯彻习近平总书记关于教育的重要论述》，其中指出："要把立德树人的成效作为检验学校一切工作的根本标准，健全全员育人、全过程育人、全方位育人的机制体制，在坚定理想信念上下功夫、在厚植爱国主义情怀上下功夫、在加强品德修养上下功夫、在增长知识见识上下功夫、在培养奋斗精神上下功夫、在增强综合素质上下功夫，培养德智体美劳全面发展的社会主义建设者和接班人。"这一论述既明确了新形势下学校"培养什么人、怎样培养人、为谁培养人"的根本问题，也说明要实现全员育人、全过程育人、全方位育人的机制体制，家校协同育人提升育人品质至关重要。

4. 疫情防控期间家校协同育人工作的可行性

新冠肺炎疫情发生以来，教育部统筹整合国家、有关地方和学校相关资源，为学生提供丰富多样、可供选择、覆盖各地的优质网上教育资源，各地教育部门也为服务保障中小学校"停课不停教、停课不停学"做了大量工作。通过本项活动的开展，学校坚持“五育并举”，加强家校沟通，探索疫情防控期间家校协同育人的意义、途径、策略与效果，从而提高全员育人、全过程育人、全方位育人的质量，提升教育教学的质量，这也是落实立德树人根本任务的重要途径。

（二）疫情防控期间家校协同育人的内容

1. 疫情防控期间优化家校协同育人环境，指导家长做好家庭教育。

2. 疫情防控期间开展课程资源的整合与多样化德育课程校本化研究。

3. 疫情防控期间进行多渠道家校沟通，做好“停课不停教”工作，保证教学任务顺利完成。

4. 疫情防控期间推进以班主任为纽带的家校全员、全过程、全方位育人机制的研究。

（三）疫情防控期间家校协同育人的工作策略

1. 通过在线问卷调查，了解学生居家学习生活的情况，了解疫情防控期间家庭教育中存在的主要问题，并针对存在问题制定教育对策，发挥家校协同育人的作用。

2. 通过家校沟通工作，让教育更好地回归生活，将抗疫生活与学科知识相联系，引导学生通过主动探究体会到知识获得和生活教育的价值。

3. 班主任制订疫情防控期间家校沟通工作方案，通过每天“爱心连线”了解学生健康情况、宣传防疫知识，通过线上家长会、全员网络家访、主题班会、劳动教育、多元评价等形式，补齐家庭教育的短板。

4. 班主任通过书信架起家校教育的桥梁。班主任通过书信指导学生的居家学习和生活，学生通过书信反馈居家学习和生活的情况，家长撰写书信交流居家指导孩子学习生活的感悟，让书信成为家校、师生、亲子交流的彩虹桥。

5. 发挥社会“无字书”的育人作用，班主任做好学生学习的指导者、学生居家活动的设计者，开展丰富多彩的家校活动，发挥家庭教育的作用。

6. 加强以班主任为核心的全学科老师参与，多措并举保证学生“空中课堂”学习的效果，学科老师要做学习资源的供给者、学生学习活动的点拨者，组织学生进行线上交流互动，做好学生思维活动进阶的搭桥人，研究线上教学的可操作性和实效性。

（青岛市崂山区汉河小学，孙宁）

多元家校沟通，提升育人质量

一场突如其来的疫情让我们度过了一个“加长版”寒假，对于教师来说，这个假期承载着特殊而重要的教育使命。为应对新冠肺炎疫情带来的挑战，根据学校家校协同育人工作的安排，班主任应当加强疫情防控期间学生的居家和返校教育，努力提升学校对家庭教育的指导水平，更好地掌握学生动态，引导学生保持良好心态，消除焦虑恐慌，积极抗击疫情；同时，通过家校沟通，更好地指导学生安排好学习、锻炼时间，规律作息，确保假期学习“不断线”，学生充实而有收获。

（一）活动准备

1. 组建队伍

以班主任为核心，家委会为主要辅助力量，将全班同学根据居住地进行分组并任命组长，方便后续进行相关工作的分组开展。将离家到外地的人员单独建群，时刻跟踪监测相关情况。

2. 下载线上共育 APP

指导家长对“课后网”“无线宝”和“钉钉”等 APP(应用程序)进行安装和使用，保证后续工作的顺利开展。

（二）活动过程

1. “爱心连线每一天”——每天确定每位学生的所在地和健康状况

以接龙的形式，初步统计学生的所在地和健康状况，将外出人员单独建群，方便随时沟通并了解情况，进行返家情况统计。每天用填写在线文档的形式跟进学生的状态，要求返家后第一时间通知班主任，与社区做好对接，并从返家当天起居家隔离 14 天，每天填写体温数据。班主任把孩子的健康时刻挂在心上，每天均微信、电话询问居家隔离学生的健康情况，直到其解除隔离。另外，还要每天及时、如实填写并提交学校的“学生返家隔离监测记录”及“日报告、零报告”统计表。

刚开始的时候，很多家长在操作上存在困难，并且个别家长对于每天都要进行填写这一举措存在异议，觉得比较麻烦。作为班主任，我们非常理解家长心中的种种疑问，在微信群进行一一解答和解释。最终家长们认可了我们的工作，每天按时如实填写，非常配合。可见，出现问题及时沟通，用真诚和负责任的态度耐心沟通，家长们自然会支持和理解班级工作。

2.“传递力量的火炬”——积极宣传，向家长和孩子们普及防疫知识

我们精选防疫知识进行线上发布，开展疫情防控知识教育。一是及时转发学校推送的关于疫情防控信息的相关链接；二是精选宣传新冠肺炎疫情防控知识的微视频、图片以及疫情变化的形势等，及时向学生及家长推送疫情防控知识和注意事项，提醒学生及家长加强从权威渠道学习、了解有关疫情防控知识，科学做好防控。同时，也在班级微信群推送学校的活动，让家长了解学校所做的工作，增强对学校的理解和信任。班主任要指导学生合理安排假期生活，规律作息，保持良好的生活学习习惯，适度进行体育锻炼；提醒家长不要让孩子参加诸如社会实践、寒假补课、校外培训等聚集性活动。

在这一过程中，我们主要通过微信公众号的推送来进行宣传，并且公众号的素材也会用日常收集的孩子们的照片或者作品，当学生们看到自己出现在文章中时都非常高兴，这也激发了他们参与的积极性，提高了宣传效果。

3.“隔空不隔爱”——开展线上家访

我们借助视频聊天进行班级“线上家访”，了解学生的学习情况，提供加强亲子沟通、营造和谐家庭氛围的方法。对班主任来说，疫情期间的班级“线上德育管理”，是一种全新的体验。做好线上家访工作，与家长携手，共克时艰，可以为广大学生撑起身心健康成长的保护伞。班主任作为班级家访工作的第一责任人，要做好本班的具体安排，首先在群内对家长方便家访的时间段进行统计，按照时间段分组建群，协调好相关任课教师，合理进行分工，不扎堆、不过多增加家长负担，为学生成长提供适切帮助，重点关注风险地区家庭、省外务工人员子女家庭、残疾学生家庭以及学习困难、心理问题学生等特殊群体，要针对不同学生实施精准帮扶。主要内容有以下几点。

(1) 指导家长配合做好学生的“空中课堂”学习；

(2) 做好疫情防控知识宣传；

(3) 开展家庭教育和心理健康辅导；

(4) 教育引导学生养成良好的生活习惯；

(5) 向家长宣传学校疫情防控的主要工作，引导家庭树立战胜疫情的信心；

(6) 了解家长和学生的实际需要，及时解疑释惑，帮助解决实际困难；

(7) 指导家长做好学生开学前的准备工作，储备必要的防护物资；

(8) 征求家长对学校工作的意见和建议。

“许久未见，甚是想念。”知道要做线上家访，很多同学都非常期待和老师、同学们视频，有的家长说，还没到线上家访的时间，孩子就早早地捧着手机在家访界面上等待，这让我们非常感动。亲其师才能信其道，融洽的师生关系才能使教育效果最大化，良好的班级氛围会让学生更加爱自己的班级，更加快乐地成长。

4.“战‘疫’也是教材”——开展线上主题班会

延学期间，我们以“同心战‘疫’——共铸爱与责任的中国力量”为主题，广泛搜集各方面教育资源，精心设计方案，创新途径方法，通过开设网络班会课、线上专题思政课等形式，开展教育活动，落实教育内容，提高教育实效。具体有以下几个主题。

(1) 生命教育。包括新型冠状病毒的知识、预防以及相应卫生习惯、心理疏导等方面的教育。例如，戴好口罩，做好防护工作，在家要勤洗手，保持双手的清洁干净等防疫卫生知识；引导学生学会认知生命、尊重生命、敬畏自然，树立珍视和热爱生命的价值观。

(2) 责任教育、规则教育。引导学生养成自觉担当社会责任、敢讲真话，正确认识困难，养成坚韧不拔和勇于斗争的精神。学会遵守规则，分清是非，提升自身的规则意识和理性精神。

(3) 爱国主义教育、爱与感恩教育。引导学生了解祖国的过去、认识祖国的现在、展望祖国的未来，激发民族自豪感，组织学生寻找、学习、宣传基层一线抗击疫情的感人故事，引导学生身临其境地感受抗疫阻击战中各行各业、各个阶层“逆行者”英勇无畏、共克时艰的责任担当和家国情怀，深入学习他们恪尽职守、不畏艰险、无私奉献的抗疫精神，大力弘扬爱国主义精神，并通过本次疫情中的爱国事例，培养学生的爱国情怀，让他们懂得感恩与珍惜；引导学生将爱国落实到实际行动中，培养良好的行为习惯。

在线上直播开班会时，看到留言区有很多同学参与了互动，积极分享自己的所思所想，比如当班主任问道：“怎样度过这个特殊的假期，这场疫情让你明白了什么?”同学们纷纷说:“要安排好自己的学习生活。”“爸爸妈妈很辛苦,在家要多做家务。”“白衣天使很伟大。”等等。可以看出孩子们经历这场疫情后真的长大了许多,更加真切地懂得了很多书本中没有的道理。

5.“宅家也精彩”——开展劳动教育

组织开展丰富多彩的居家劳动教育活动,提升学生综合素养。引导学生明确:家务劳动我来做,家里的事情帮着做,每天坚持帮助做好家居卫生及其他家务劳动,如洗刷碗筷、帮爸爸妈妈盛饭、扫地等,或在家长的指导下进行家居消毒,简单参与烹饪、包饺子、制作菜肴等,养成良好的劳动习惯,以此也可以强化亲情教育、感恩教育,融洽亲子关系。家长可以和老师一起进行监督,随时记录劳动过程,并将照片或视频发到班级微信群进行分享。

举办各种家务劳动,我们最担心孩子们完不成任务,但是家长们反映,通过开展居家劳动活动后,孩子们真的比之前勤快了很多,并且开始享受劳动带来的乐趣,这不正是我们所期待的吗?相信“宅”在家里以及未来在家里,孩子们会学到更多新的技能。

6.“你我云端共分享”——借助微信群展示主题作业

以中小学生全面发展“十个一”项目为指导,根据学校工作要求,组织开展丰富多彩的居家教育活动,精心设计各项主题作业及必做作业并逐一落实。例如,每天必做 4 项作业,包括每天 30 分钟经典书籍阅读、20 分钟新闻时事了解、1 小时体育锻炼、1 次家务劳动。另外,每周学唱一首抗疫歌曲。将有关照片或者视频发送至微信群,由负责的老师进行检查。对于抗疫歌曲,可能对某些同学而言比较困难,可先指定擅长的同学做示范,鼓励其他同学积极参与。

我们在微信群里经常会看到孩子们认真读书、投入体育锻炼的照片,有的同学还单独与我们交流分享自己做了什么动作,有什么感受。就以学习抗疫歌曲来说,很多同学都非常努力地学唱和学习动作,短短时间内就能发视频上交,可见非常用心。因此,只要教师提前规划到位、提出要求,相信学生一定能参与并有收获。

(三)活动总结

学校工作的高效开展,孩子们的健康成长,离不开家长们的支持和理解。突发公共卫生事件期间,孩子居家自学,需要家长配合的工作也随之而来。在布置工作的过程中,很多家长都对老师的工作给予支持和理解,也随时将自己掌握的信息与大家分享。家庭是孩子的第一所学校,父母是孩子的第一任教师。家长对孩子的要求、期望也是多层次的,有些要求、期望和学生的实际以及我们的教育思想很可能不相符合。所以,我们必须和家长联系、沟通,以便相互了解和理解,从而在教育孩子的理念、标准、实际操作方面达成共识,形成教育的合力。在与家长沟通时,应当注意技巧和方法。

1. 多赞美,少批评

孩子都是父母心目中的宝贝,当家长感受到老师对孩子的肯定后,会自然而然地接受老师对孩子的批评,这样的效果正是我们想要的。在工作中,班主任要对学生的每一点努力和进步都及时给予肯定和表扬,形成一种发展性评价,这会更有利于学生的成长。

2. 发挥语言艺术的魅力,注意言辞和语调

首先,我们的态度要真诚、热情。教师和家长是共同为孩子发展而努力的合作者,因此我们要多倾听家长的意见和看法,不要有“以我为主”的想法。教师乐于倾听,家长就愿意交流。建议越多,我们的工作也就越有突破口。其次,文字沟通看不到对方的表情,摸不准对方的内心活动,因此沟通时尽量用语音或者面对面(视频)交流更好。

综上所述,做好家校沟通是学生更好发展、教育教学工作顺利开展的重要前提。特殊时期,作为班主任,我们更要注意加强家校沟通,让学生度过一个充实有意义的“假期”,适应线上学习与在校学习的有机转换,不断促进自身能力的提高。

(四)拓展延伸

三月是雷锋月,疫情当前,我们伟大的祖国涌现出无数的“雷锋”,“雷锋精神”正在壮大,为同心战“疫”助力。在这个特殊的雷锋月,我们可以怎样进行主题教育呢?

第一,“战‘疫’也是教材”——开展线上主题班会。

第二,“你我云端共分享”——借助微信群进行感悟分享,说说身边的“雷锋故事”。

第三,“宅家也精彩”——在家里可以怎样发扬“雷锋精神”?可以有机开展居家责任担当教育。

(青岛市崂山区汉河小学,李娜)

全民战"疫"期，全方位育人新探索

在疫情防控的特殊时期，家庭变成学生的主要活动场所和教育场所，大多数家长有了更多的陪伴孩子的时间。为做好学生居家的安全、教育和管理工作，帮助学生养成良好的生活、学习习惯以及劳动习惯等，作为班主任，我们尝试开展以下活动，以帮助学生进一步成长。

(一) 及时普及疫情防控知识，提高疫情防控意识

第一，通过线上家访活动、微信公众号、班级联系群等多种途径向家长和学生普及疫情防控、健康教育知识。适时推荐科学防疫电视节目，让同学们观看、学习。鼓励家长和孩子共同学习，提高自我保护意识和保护方法，共同提高战胜疫情的信心和决心。

第二，利用腾讯文档等线上形式，设立每日健康在线打卡活动和周安全报告制度，第一时间准确了解学生的健康实况。所有家长都可以对在线文档进行同时在线编辑，无须转发，具有省时高效的特点，特别适合学生信息的收集工作。

图 1　班级学生家长每日健康统计表

第三，对外出的同学实行电话或微信的单独联系，关心并及时了解学生在外地的生活和学习状态，并确保学生居家的健康和安全。建议返回本地的同学要与家人一起自觉在家隔离 14 天，每天测量体温，发热、咳嗽时要及时上报，及时就医，科学治疗。

第四,对于抗疫一线医护人员子女、进城务工人员子女、学业困难学生等特殊群体,首先进行电话或微信"一对一"的联系,有针对性地帮助他们解决疫情防控过程中遇到的实际困难,让孩子们切实感受到关爱和温暖。其次利用微信或钉钉建立同学们之间的互助学习组,进行一对一的帮扶学习。坚持学生自愿原则,为有需要的同学找到一对一的"小老师"进行帮助。

(二) 分社区、分时段开展网络视频家访活动

为进一步促进家校有效沟通,帮助、指导家长开展有效的家庭教育活动,更好地形成教育合力,应分社区、分时段开展网络视频家访活动。首先要提前发布通知,让所有家长知晓并做好准备,确保参与率。其次要分社区建好家长群(每个微信群中不超过 9 人,钉钉群中可支持 302 人的视频会议),分时间段开展活动;对于个别不能按时参会的家长,视频会后进行单独联系,切实保障实现家访率的百分之百,达到共同育人的目的。

家访活动内容主要围绕以下几方面展开。

(1) 指导家长配合做好学生的网上课堂学习,督促孩子按照下发的作息时间表安排好一天的学习,及时完成并在线提交各学科老师布置的作业,做到"停课不停学"。

建议家长营造良好的家庭"软环境",即父母双方要给孩子营造温馨、和谐、有爱的家庭氛围,给孩子更多的陪伴、支持、理解和包容。增加亲子聊天时间,倾听孩子的想法。"好的关系胜过好的教育",当孩子敞开了心扉,真正的教育也就开始了。

(2) 引导家长在家帮助学生养成良好的卫生、生活习惯。

学习方面:要根据空中课堂安排完成广播体操和眼保健操,参与适合居家的体育锻炼;除正常视频上课外,减少电子产品的使用时间。

卫生方面:饭前便后洗手,洗手要按照七步洗手的方法和步骤,让孩子知道良好的生活习惯对防止疫情的重要性;带头和孩子一起了解有关新型冠状病毒的相关知识,并以身作则,和孩子一次次地把这些习惯做到位:从公共场所回家以及饭前便后认真洗手,避免用手接触口鼻眼,打喷嚏或咳嗽时曲肘遮住口鼻,外出正确佩戴口罩等。

生活方面:改变作息制度。建议父母和孩子商量并制定一个合理的作息时间表。然后父母要以身作则、带头按制度执行,即父母在要求或督促孩子学

习的同时，自己也要认真学习、阅读。

(3) 引导家长做好疫情防控知识宣传，提醒家长及时关注学校及上级推送的防控知识，做好家庭防护。

在突发公共卫生事件面前，要和孩子一起保持积极乐观的心态，坚定战胜疫情的信心。建议家长和孩子们要“宅”在家中，不串门不聚集，非必要不外出，戴口罩勤洗手，讲卫生勤消毒，努力切断病毒传播途径。提高免疫力是预防疾病最好的办法，体育锻炼是增强体质的最佳途径，在不影响邻居休息的情况下，家长可以为孩子多安排一些室内体育锻炼。

(4) 引导家长用好疫情契机，开展丰富多样的家庭教育。

很多知识是无法通过教科书直接教给孩子的，这次突发的疫情是一次最真实的社会情境，给孩子们提供了上一堂“生活大课”的契机。家长可利用疫情让孩子在真实的情境中学到知识，培养良好的品格。

(三) 学习方式多样化，学生在家也乐学

1. 以多样化的学习方式，促进学生学会自主学习

首先，提高学生的自主学习能力，教会学生预习的方法，告诉学生预习知识所要达到的目标。然后运用网络直播功能，采用屏幕分享模式，实现在线的演示和操作，让学生学会预习的方法。接下来再布置作业，让学生进行线下的实际练习活动。

其次，选取优秀的学生作为“小老师”，以录制并分享小视频到学习群的方式，轮流向同学们展示自己预习的整个过程，示范预习的方法。其他同学作为“小评委”，评价该同学预习的整个过程。评价时，需要指出该同学有哪些值得我们学习的地方，又有哪些需要改正的地方，要委婉地在群里提出自己的建议。

最后，轮流让所有的同学都参与到这个学会预习并分享学习小视频的活动中。既帮助所有的学生学会真正的预习、提高自主学习能力，又让学生在交流中获得成长，在展示中获得学习的成就感，从而进一步激发学习的热情，把“要我学”变成“我要学”，实现从被动学习向主动学习的转变。

2. 以建立的社区为单位群，开展学习成果展示活动

鼓励学生在家进行知识的预习和复习活动。成果展示多样化，例如可以让学生将自己的学习成果拍摄成小视频上传、拍照分享学习笔记以及分享优秀语音等，也可以鼓励学生用思维导图、知识总结图、手抄报、PPT 课件等多种

方式展示自己的学习过程或成果，以此来提高同学们居家学习的兴趣和积极性。每周汇总优秀的学习成果，发表到学校的微信公众号中，再分享到整个班级群，用这种方式鼓励学生相互学习、共同提高。

3. 利用钉钉群的家校本，布置在线提交的作业

学生可以在线提交语音、视频、图片、文字作业等。家校本里上交的作业，教师都可以进行在线一对一地圈画批改；一对一批改的评语既可以是文字，也可以是语音点评。另外，该平台还提供了快捷评语。教师可以选择其中合适的评语进行评价，如果想要个性化的评语，还可以在自定义评语里添加自己喜欢的评语。家校本还有将作业打回，再次批改、再次评价作业，选出优秀作业并进行群内分享的功能。

钉钉的班级群还有每日打卡功能，不同学科的老师可以根据学科设置每日英语朗读打卡、每日健康锻炼打卡、每日语文阅读打卡等，教师每天都可以看到全班学生的打卡成果和排行榜，并进行一对一的点评、分享。

4. 教师布置的作业要分层

教师布置作业时，要照顾到不同水平的学生，主要分为必做和选做作业，学生可以根据自己的实际水平选择和完成作业，以真正做到面向全体，因材施教，让不同水平的学生在自己原有的基础上都能有所提高。

作业设计的形式要多样化，让学习过程充满趣味性。例如，英语作业可以围绕某个主题，让学生自己扮演多个角色，也可以和家长合作表演对话，然后上交表演的小视频等。

作业的主题要生活化，让学生有话可说、有话可写，更可以将学生所学的知识运用到实际的生活中去，只有这样才能真正实现学以致用的目的。

5. 实施有效的积分奖励机制

为落实学生们在家进行网课学习的效果，除了进行作业的布置批改和点评、优秀作业分享、直播答疑活动外，还可以实施有效的积分奖励机制，借此提高学生学习的积极性。例如，可以奖励上网课时及时签到，不迟到、不早退的同学；奖励上课期间专心学习、认真做笔记的同学；奖励认真完成作业的同学；奖励作业优秀的同学；奖励主动与老师进行互动的同学；奖励有进步的同学；奖励自主学习的同学；等等。每天上课前，可以进行相应学科积分的公布。

建议学科老师和学生一起学习网课，然后再针对网课内容的难易程度和重难点，结合学生日常所学的知识，有选择地对全班同学或多班同学进行在线

直播答疑。

6. 为学生提供免费的拓展性学习资源

教师可以上网搜索免费的高质量的学习资源，以优化学生的学习方法为主，拓展学生的所学内容。为确保学习内容符合学生所在年级的水平，推荐之前教师应先提前观看，一方面了解学习内容，另一方面了解视频中的讲课方法是否有趣、生动且注重学习方法和思维方法的教授。

例如，针对英语学科，我们主要推荐了三种学习资源。第一种是网课资源，比较适合基础偏弱的学生。网课老师会一对一批改作业并点评，会一对一答疑。第二种是网络上 Sam 老师的“超级拼读课”，其故事教学方法可以帮助同学们学会音标以及字母组合的规律，同时也让学生学会通过一个组合记忆上百个单词的方法。当然也有 5 秒背单词的方法，以及“秒懂”英语语法的讲解等。第三种是网络上孙老师的“魔法英语课”。课程里包括字母组合发音的学习，也包括单词记忆方法以及思维逻辑的训练，例如如何制作思维导图，以及对比中英文思维的差异，教学生如何进行句子的正确排序等。

（四）定期开展网络班会课，适时对学生进行品德教育

为落实立德树人根本任务，延学期间，建立以班级为单位的钉钉群，利用钉钉群的直播功能和视频会议开展在线的主题班会教育活动。为确保活动开展的实效性，每次活动结束，班主任都及时利用微信公众号进行学生学习心得的总结和活动的宣传，实现学习共享。

班会主题可围绕以下主题开展。

1. 疫情初期，开展心理健康教育主题班会

对学生进行心理疏导等方面的教育，可包括共同交流、音乐放松、静心阅读、积极运动、规律作息等方法。

2. 科普新冠肺炎知识和防护措施

引导学生了解新冠肺炎并学会如何预防，具体包括正确的卫生习惯、七步洗手方法、选口罩方法、戴口罩方法和居家消毒的方法等。

3. 感恩教育

我们要感谢疫情危急时挺身而出、迎难而上的“最美逆行者”，引导学生以他们为榜样，树立高尚品德，努力成长为有大爱、有远大志向的人。同时，要学会感恩父母无微不至的关爱，努力做一个充满爱、奉献爱、传播爱的人。

4. 责任教育

引导孩子认识到个人和国家是一个整体，没有人能离开社会和国家独自生活，家是最小国，国是千万家。因此，每个人都要对自己、家人、社会和国家负责，培养孩子的责任感。

5. 职业生涯教育

在这场战役中，医护人员、科研工作者、记者、公安干警、社区工作者、志愿者等，都做出了不同的贡献，可借此机会帮助孩子认识医疗、科研、媒体、社区等不同职业的不同作用，探索未来的职业方向，从而树立人生目标，增强学习动机和学习兴趣。

6. 生态环境教育

很多病毒的传播，是由野生动物引起的，这些都带给人类深刻、惨痛的教训，告诉我们不能猎捕、滥杀野生动物，更不能食用野生动物。保护生态环境、保护野生动物，也就是保护我们人类自己。通过生态环境教育，让孩子学会善待动物、善待生命，学会与大自然和谐相处。

7. 信息筛选能力教育

在“停课不停学”的状态下，网上学习资源浩瀚难穷，需要指导孩子有目的地进行选择，减少学习的盲目性，从而培养孩子的信息筛选能力，提高孩子对信息的判断能力和处理能力。这在信息时代亦是一项很重要的“数字化生存”能力。

8. 生命教育

引导学生学会认知生命、尊重生命、敬畏自然，树立珍视和热爱生命的价值观，提高科学素养，培养良好的文明行为习惯，从而在与自我、他人、自然建立和谐关系的过程中，促进生命的和谐发展。

9. 爱国主义教育

引导学生深切感受中国共产党的坚强领导和中国特色社会主义制度的显著优势，是我们战胜疫情的根本保证和强大力量，切实增强学生的爱国主义情感。

（五）开展居家劳动教育，提高生活能力

为进一步提高学生的动手实践能力和自理能力，培养科学健康的生活观，丰富同学们的居家生活，疫情期间可以引导学生精心设计劳动主题作业，开展居家劳动教育活动。可以以照片、小视频或写感受等方式，展示自己的劳动成果，与大家一同分享劳动带来的快乐。

劳动教育课可围绕以下内容开展。

(1) 日常家务劳动。主要包括居家整理劳动、家庭餐饮劳动、家庭服务劳动,如抗疫期间房间的通风透气、家居的日常消毒、地漏的检测与处理、家庭环境的优化整理,为家庭长辈、老人的端茶倒水与相关服务,家庭饮食的食材准备、清洗加工、烹饪、餐后收拾打扫,以及家庭装饰和用品维护等。

(2) 庭台绿植养护劳动。主要包括家庭景观植物日常养护、居家阳台植物种植管理、乡村家庭庭院生产劳动等。

(3) 居家手工创作劳动。主要包括利用家庭已有材料进行纸艺、布艺、木艺、家居装饰作品等的设计与制作,家庭用品的制作与改进,家庭废旧材料的处理和再利用等。

结合学生的年龄特点,可以分年级开展活动:低年级学生可进行扫地、叠被子、洗碗、浇花、为长辈端水等简单劳动;中年级可进行难度适中的卫生扫除、植物养护、通风换气、简单食材加工等;高年级可进行难度较高的烹饪、居家消毒、家居环境的优化处理、衣物清洗等。

(六) 拓展延伸

班主任联合班级各学科老师,精心设计主题作业,组织学生开展丰富多彩的居家教育活动,提升学生的综合素养。各学科老师组织学生寻找、学习基层一线抗击疫情的感人故事,开展征文、绘画、书法、微视频、研究性学习、创意作品等方面的制作,全面反映学生的所见所闻、所思所想和所感所悟。引导学生感受抗疫阻击战中各行各业、各个阶层最美"逆行者"英勇无畏、共克时艰的责任担当和家国情怀。学生的作品由各学科老师负责征集、评选和展示。

(青岛市崂山区汉河小学,祁丽娜)

书　信
——架起家校沟通的桥梁

(一) 疫情防控"宅"家日,家校沟通促成长

2020 年,新冠肺炎突然而至,来势汹汹,人们只能"宅"在家里,学生延迟开

学。小学生因为心智还没有完全发育成熟,容易因为疫情的影响而出现各种心理问题,如无聊、压抑、孤独、郁闷、情绪波动较大……他们在面临疫情的时候,更需要及时有效的心理防疫。在疫情防控的关键时刻,作为班主任,有义务与责任对孩子们进行适当的心理健康疏导,缓解他们的心理压力,借此机会对学生进行卫生、习惯、健康等教育;更应该以“疫情”为素材,以阻击疫情战中可歌可泣的人和事为例,把疫情防控中出现的正能量转化为教育资源,对学生进行生命教育、感恩教育、规则教育、公共卫生安全教育、社会责任感教育等。所以抗击疫情这一战,教师绝不能缺席,德育也绝不能缺位。

2020 年的寒假对家长的教育智慧也是一次考验。疫情带来的紧张担忧,长期居家的不自由感,以及延期开学的新情况,可能会让家长们感到压力。有些家长反映,假期延长,孩子作息不规律、玩手机或游戏到半夜,白天迟迟不醒,晨昏颠倒,一说孩子就情绪烦躁等。在这段特殊的时期,尤其是发生类似突发公共卫生事件时,同学们应该怎样做才能过得充实而有意义?家长们又应该如何陪伴孩子度过?如何将宝贵的时间利用起来,助推孩子的健康成长呢?

苏联著名教育家苏霍姆林斯基说过:“教育的效果取决于学校和家庭教育的一致性。如果没有这种一致性,那么学校的教学和教育过程就会像纸做的房子一样倒塌下来。”学生“宅”在家里的时期,家长的教育引导至关重要。作为班主任,应该及时和家长沟通联系,让家长认识到家校共育的重要意义。所以,抗击疫情这一战,家校沟通很重要。

(二)家校沟通有技巧,书信暖心又高效

抗疫防控期间,作为班主任,我们除了第一时间保护学生生命安全,教育学生待在家里不乱跑、测量体温汇报每日情况,通过电话家访一些家在外地、比较偏远的学生,及时跟进他们的情况外,还要每天利用微信家长群转发新型冠状病毒的相关知识、视频链接,让学生和家长都更多了解科学知识。同时,召开网络班会,为学生推荐精彩的文章、书目,号召学生进行居家锻炼、劳动实践,让每个学生理性地面对疫情,确保假期学习“不断线”,思想教育不松懈。此外,我们还通过微信群与家长沟通交流,请家长做好榜样、用心陪伴。

但是,仅仅通过这些方式,孩子们的心灵就真的平静了吗?我们的交流是否有温度?孩子们是否会有所收获?是否明白老师的良苦用心?发在群里的

消息家长是否认真看呢？

为此，班主任邵老师采用书信的方式，给学生和家长各写了一封信：发动家长、引导学生，行动起来，共抗疫情，充实而有意义地度过这段亲子时光。因为书信这一沟通形式更有针对性，而且表达更准确、更有说服力和感染力，所以自然成为家校沟通的一种重要形式。

（三）隔空不隔爱，书信传真情

亲爱的同学们：

好久不见，甚是想念。这几天看着你们发在班级群里的图片和视频，我倍感亲切。寒假前你们嚷嚷着终于要放假了、不用上学了，现在你们这群“小神兽”是不是特别渴望“出笼”啊？如果没有这场突然而至的新冠疫情，再过两天我们就要开学了。可是，眼下正是新冠疫情防控的关键时刻，你们还需要“闭关”一阵子。作为班主任的我，有很多话想和你们说，就让这封信带去我所有的心意，给最好的你们。

同学们，2020年的寒假注定会让大家永生难忘，这场来势汹汹的“新冠”疫情冲散了新年的热闹，打破了我们假期前的计划。待在家里，哪里也不能去，我们每天在关注疫情防控进展的同时，是否也在思考：这场疫情带给我们的除了损失和伤害，还有什么？我们又能做点什么？

还记得四年级下册我们学过的一篇课文《永远的白衣战士》，当时有很多同学对文中主人公叶欣的做法不以为然，对学到的一些词语“临危不惧、身先士卒、忠于职守”不甚理解。但是，在经历了这场没有硝烟的战争后，当我们看到医生护士们放弃了春节和家人团聚，丢下病重的父母，撇下嗷嗷待哺的孩子，毅然选择“逆向”而行奔赴前线；他们在临行前立下铮铮誓言：“坚决完成任务，平安归来”；他们在病房里和病魔斗争，和死神抢人。你们觉得他们还仅仅是白衣天使吗？对，他们是“白衣战士”！像叶欣一样的“白衣战士”！

当看到84岁高龄的钟南山爷爷、73岁的李兰娟奶奶那坚毅的眼神，他们虽已年迈却带头走向战场、走向病房、走近病魔，你们是否体会了“身先士卒”的精髓？

当看到身患渐冻症的武汉金银潭医院院长张定宇一瘸一拐地奔走在抗疫一线，他带领600多名医护人员连续奋战，坚守在急难险重的救治岗位上，你们是否理解了“忠于职守”的意义？

当看到全国各地的医护人员驰援湖北、驰援武汉；几千位工友们夜以继日辛苦开工，火神山医院十天就迅速完工；很多慈善机构和商业力量想方设法为前线筹集物资；全国各地捐赠的各类物资不停地运达武汉；基层的公务人员挨家挨户上门排查，做好宣传；绝大多数普通百姓待在家里，不外出添乱……你们是否感受到了“众志成城”的力量？

同学们，这场疫情中涌现出的一些人和事，就是我们学习的活教材，希望它们在你们以后的学习中不是仅仅停留在知识层面，而是伴随你们一生。他日待你们长大，肯定会从事各行各业。但无论你们在哪里，在做什么，当遇到困难和挫折时，都能像“白衣战士”一样勇敢顽强，努力拼搏；当国家和人民需要的时候，你们都能勇敢地站出来，有能力、有实力为人民遮风挡雨，为祖国保驾护航！

这场突然而至的疫情不仅致使全国停产、停业，本该开学的你们延迟开学，还给人民带来了死亡和伤害。同学们，看到那些在死亡线上挣扎的人们，此时此刻你们是否体会到了健康的重要性，你们还会把卫生习惯看作“个人小事”吗？还会在课间操和眼保健操上“偷工减料”吗？你们还会经常不吃早餐和挑食吗？你们还会熬夜玩手机或打游戏吗？疫情发生以来，病毒传播的种种渠道及其带来的致命伤害，更突显了健康习惯的重要性。同学们，再过两天我们的“空中课堂”就要开始了，希望大家调整好作息时间，继续保持良好的卫生习惯，用更加健康的体魄去迎接崭新方式的学习。

当疫情暴发、我们陷入恐慌的时候，钟南山院士挺身而出，就像给我们吃了一颗“定心丸”，让所有的民众都看到了希望！在疫情面前，他没有一丝害怕，他的信心和胆识来源于他的知识！当听到李兰娟院士提出的“四抗二平衡治疗法、李氏人工肝系统、达芦那韦、阿比朵尔”这些专业术语时，我们虽然不懂，但知道这些可以挽救人的性命。同学们，读书到底有没有用，我相信很多人已经有了答案！以前老师经常鼓励大家说，要好好读书学习，才能走出去，找到一份心仪的职业，才能有平静安稳的小生活。现在，我还要告诉你们，读书还可以为国为民，可以治病救人。

如今我们“宅”在家里，也是我们静心读书与学习的好时机，寒假里我们推荐阅读的两本书你们是否已经认真地读完了？如果读完了那就再选择一本，我们的电子书库里还有很多比较优秀的书目，大家都可以去读一读，毕竟课外阅读是我们的弱项。五年级一班是勇于拼搏的班集体，上学期我们通过自己的努力取得了很大的进步，希望同学们能够再接再厉，在寒假里积蓄力量，期待开学以后你们华丽地绽放。记住，假期是用来休息的，也是用来反超的。

可能有些同学会发牢骚，“宅”在家里除了学习还能干什么。这几天看到家长们发来的视频和图片，同学们在家里是油条也会炸了，凉皮也会洗了，面包也会烤了，个个都成了美食家。老师非常惊讶于你们的动手能力，也惊喜于你们的成长。同学们，这也是一种学习，学会了这些，在以后的作文中比如介绍一道美食，你还会发愁无话可说、无话可写吗？语文就是生活，只要你留心观察，在哪里都能学习。古人云，“纸上得来终觉浅，绝知此事要躬行”。一个人的成长既来源于书本知识，更来源于实践所得。

同学们，春天已经来了，疫情终将会过去。

希望你们好好闭关修炼，待到出关之时，就是王者归来，势不可当。

爱你们的邵老师

2020年2月15日

亲爱的家长朋友们：

你们好，庚子鼠年，一场突然而至的新冠肺炎疫情打乱了我们所有的计划，全国人民宅家抗“疫”，孩子们延迟开学，但“停课不停学”，孩子的学习生活需要家长正确地引导，这场战“疫”需要家长朋友们的积极配合。这个漫长的寒假，我们该怎样陪孩子度过呢？在此，我向家长朋友们提出几条建议。

1. 帮助孩子判断信息，做到不信谣、不传谣。家长可以引导孩子关注权威真实的新冠肺炎新闻和信息，也可以和孩子一起讨论，指导孩子学会对信息进行判断，做到不信谣、不传谣。

2. 多让孩子关注新闻联播，引导孩子关注那些奋战在一线的抗“疫”勇士和感人事迹，学习他们勇于担当、舍己为人的崇高精神，帮助孩子树立正确的价值观和崇高的理想信念。

3. 疫情期间，孩子需要持续待在家里，外出活动减少，不能和同伴在一起，他们的负面情绪也可能会持续累积和积压。请家长理解孩子的负面情绪，及时进行正面疏导和缓解，可以通过聊天、运动、音乐、阅读来帮助孩子减压，保持积极心态。

4. 协助孩子制定日常作息表，家长可以和孩子一起把一日的生活、休息、运动、学习、娱乐等安排做成一张时间表，并监督孩子实施。

5. 可以利用这段时间教孩子一些家务活，如制作美食、制作手工、打扫卫生等，培养孩子的劳动意识和动手能力，共度一段美好的亲子时光，使居家生活变得更充实。

6. 允许孩子适当使用手机等电子产品，但不可时间过长，也不能影响正常作息。可以与孩子确定每天使用手机和网络的时段、时长等，并监督孩子从每一天做起。同时，家长也要控制好自己使用手机和网络的时间，以身作则，为孩子做出示范和榜样。

7. 延期开学期间，家长要及时了解、掌握网上授课的有关要求，给孩子创设安静的学习环境，在孩子学习期间不做过多打扰。家长每天要抽出时间与孩子交流学习状况，及时给予积极反馈，提高孩子的学习兴趣。

8. 随着与孩子在家里共处的时间增多，亲子矛盾和冲突可能也会增加。家长要多一些商量和鼓励，少一些管制和唠叨。遇到争吵，可以按下“暂停键”，等到双方情绪稳定后再理性沟通，要学会换位思考。

最后希望全体家长安排好孩子的居家学习生活，保持良好平和的心态，全力配合学校做好疫情防控工作。我们期待抗疫胜利归来时，他们已经成长！

班主任：邵老师

2020 年 2 月 15 日

我的信发出后，得到了学生们的热烈回应，他们也拿起手中的笔给老师回信啦！

敬爱的邵老师：

您好，见字如面。

许久未见，甚是想念。原本以为，随着春天脚步的临近，假期就会过去，我们就可以回到校园一起愉快地上课，一起读书，一起跑步了。可这场突如其来的新冠肺炎疫情，让原本稀松平常的事情都变得奢侈起来……

前些日子收到了您给我们寄来的一封信，读完的那一刻，我的心头暖暖的：疫情当前，您不仅每天关注着我们的健康和平安，关心着我们的学习和生活，还教我们如何防控新冠肺炎疫情，呼吁我们要敢于担当，要时刻怀着感恩的心，要敬畏生命，敬畏知识……让我真正体会到了什么是“园丁精神”。捧着您的来信读了一遍又一遍，我的眼眶情不自禁地湿润了，心里有无法用言语形容的感动和亲切。

这个不寻常的寒假，疫情来势汹汹，我们在家里坚守阵地，共同与疫情做斗争。邵老师，您知道吗？一开始听说新冠肺炎疫情传播，我们只能乖乖地待在家里时，我还抱怨，每天关注着防控疫情，我的心情也随着确诊病例的增加而紧张、恐慌。您的来信抚平了我因待在家中倍感无聊和恐慌的心情，令我坚定了作为一名青少年的责任与使命：“抗击疫情，人人有责”；乖乖待在家，不信谣、不传谣，不给国家添乱。在家的日子，我也没有放松对自己的要求，制定了每天的作息表——练字、朗诵、预习、锻炼、看新闻一样不少。除了日常的学习，我还学会了新本领，像擀饺子皮、包饺子。当然，我也勤洗手、讲卫生，一天两次开窗通风，出门戴口罩，保护自己，不给防疫工作拖后腿。

当新闻里传来一批又一批白衣天使写下请战书，主动请缨前往一线时，我看到他们顾不上自己幼小的孩子，家中年迈的父母，放弃了春节的团聚，义无反顾地冲锋陷阵。在没有硝烟的战场上，他们面临的不单单是疫情的严峻，还有物资的紧缺。他们为了节省一套防护服而不敢多喝一口水，脸上被口罩、护目镜深深地印下一道道痕迹，我真正理解了“白衣战士”的内涵，他们是伟大的，是我们学习的榜样。当看到新闻里播报的一条又一条关于全国各地驰援武汉的各种物资，各地基层的公务人员、爱心志愿者在不同的岗位上默默地奉献时……我们看到了行动，听到了呐喊，感受到了温暖和团结的力量。我一定要好好学习，练就一身本领，像这些“战士们”一样为国家和人民贡献出自己的一份力量。

病毒虽然使开学的时间延迟了，但是学校开放的“停课不停学”网课，让我体会到了不一样的学习过程。虽然不能面对面，但是老师讲课的激情丝毫未减，我们的学习热情也丝毫未减。每天我都早早地起床、洗漱，早早地做好听课准备，“空中课堂”开始了，我认真地听着、记着，不懂就等到下午老师们来答疑，邵老师，特别感谢您和全体老师耐心地讲解、批改作业。

老师您的殷切鼓励，以及全体老师的辛勤付出，让我深知：无论此时此刻我们身处何地，都不能懈怠半分！万众一心，众志成城，相信我们很快便能战胜疫情，迎来曙光。

纸短情长，见面再续。素笺暖心，遥寄祝福。

此致

敬礼！

爱您的学生：许××

2020年2月22日

亲爱的邵老师：

您好，来信已收到，看了信以后，我倍受鼓舞，心里也有很多话想和您说。

2020年的寒假因为一场新冠肺炎疫情注定是难忘的。刚开始放假的时候，我每天睡到自然醒，写写老师布置的作业，读读课外书，这一天就过去了。可是忽然有一天电视上、手机上铺天盖地地出现了一些新闻，武汉暴发了新冠肺炎，而且随着时间的推移，确诊的感染者数目逐渐增加。每次听到爸爸妈妈议论疫情的时候，我就有点害怕，后来看到新闻上专家的报道，我的心才渐渐地安定下来。唉，待在家里，哪里也不能去，很多寒假的计划都泡汤了，我的心里充满了惆怅。

后来，每天在新闻里，看到在这场没有硝烟的战"疫"中，我们的医护人员主动冲在第一线，各地方有关机构、爱心人士也在源源不断地为他们送去助力，就连海外华人、外国友人也在尽自己的一份力。奔赴在前线的医务人员日夜不休，艰苦奋战；负责建设"小汤山"医院的建筑工人争分夺秒；来自社会各行各业的支援从未停歇……我突然明白了什么叫奉献，正是他们的浴血奋战才换来了我们的安宁。于是，我的心里充满了力量。

就像您说的那样，虽然身为学生的我们不能前往前线去"战斗"，但预防疫情人人有责。所以我也行动起来了：每天看电视，关注疫情的发展情况；我还学到了预防新型冠状病毒的方法，如勤洗手、多通风、勤消毒，少出门、出门戴口罩。在爸爸妈妈的带动下，我也为武汉进行了捐款，以己之力，做出一点小小的贡献。

虽然开学的日子遥遥无期，但我会充分利用好这个假期，制订好学习计划，坚持锻炼身体，学做美食和手工，认真准时地上好"空中课堂"，保质保量地完成老师布置的作业，精神饱满地去迎接新学期的到来。

我相信，在全国人民的团结奋战下，武汉一定会再现昔日的美好！

待到春暖花开时，就是我和您以及同学们在操场上相拥之时。

此致

敬礼！

您的学生：陈××

2020年2月24日

亲爱的邵老师：

您好！

您的来信收到了，好久不见，已经开始想您和班里的同学们了，想早点见到您和大家。这个春节因为新冠肺炎这个“怪兽”的肆虐，使得这个寒假格外漫长。

2020年，我们迎来了一场没有硝烟的战争，疫情面前，全国的医务工作者积极响应习近平总书记的号召，背起行囊告别家人向武汉出发，走向前线，冒着危险救治病人，日日夜夜的辛苦工作，脸上被口罩勒出了深深的印记，有的医护人员甚至因一天不吃不喝晕倒在一线……每当看到这些新闻，我的鼻子就酸酸的，心里充满了温暖，他们是真正的勇士，是我们学习的榜样。

因为疫情我只能待在家里，新年的计划也都泡汤了。但是在家里的这段时间我过得特别充实，也学到了很多书本上没有的知识。老师您说寒假是用来反超的，我牢牢地记住了这句话，并且制订了学习计划。每天下午写完作业后我都会抽出一段时间来看书，看了《西游记》原著后，我才感受到电视剧远没有作者描写得生动形象。另外，我还学会了做家务，现在炒菜、刷碗、打扫卫生样样都可以，并且学会了很多菜品，如拌凉粉、炸油条、土豆炖牛肉，成了家里的美食新星。尽管在家里只有一亩三分地，但我还是每天坚持锻炼身体，跳绳、踢毽子……对了，我还学会了打乒乓球。

自从延迟开学以后，我们每周都有“空中课堂”的学习，每次上课我都仔细地听、认真地记，作业也用心地去完成，就像您说的那样，改变自己就从现在做起，从此刻做起。

我相信，在中国人民团结一心、共抗灾难的努力下，疫情终将会过去，就像唐僧师徒四人历尽千辛万苦最终取得真经那样，让我们等待胜利的到来。

您的学生：荆××

2020年2月28日

亲爱的邵老师：

您好！

好长时间没见了，我想您了，想同学，想学校，想教室，想课堂。正如您说的，我们像关在笼里的“小神兽”，渴望快点出去尽情奔跑。可是当下的疫情容不得我们这么做，我就用这种特殊的方式跟您聊聊天吧。

一场来势汹汹的疫情冲散了我们愉快的假期，春节也不再热闹，一开始我还向父母抱怨，这个年对我来说很无聊。但是看到在一线奋战的医护人员，他们让我倍受感动。他们舍弃小家奔赴一线，争分夺秒，和死神抢人，却不顾自身安危，他们是最美的“逆行者”，最无畏的战士。我不再抱怨，也没有理由去抱怨。我在心里暗下决心，一定要好好学习，等我长大了，也能像这些“白衣战士”一样为国家出力。

老师，您知道吗？这几天我从网上看到一组视频，韩国与意大利超市货架空空如也，可中国的货架上却放满了生活用品、水果蔬菜等等。这让我感到了祖国的强大，让我为生在中国而骄傲，也让我坚信这次疫情中国必胜。

老师，我一定按照您说的在家好好闭关修炼，有意义地度过每一天。待到开学后，您一定会看到一个不一样的我。

此致

敬礼！

您的学生：胡××

2020年3月3日

一封封回信，暖心感动。从同学们的回信中，我看到了他们的自律与成长，看到了他们的关心与体贴，看到了他们对抗疫英雄的感动与敬意，也看到了同学们对祖国战胜疫情的坚定信心。我的信发出后，给了家长们不少启发和感受,也得到了家长的热烈回应。

今年春节,一场新冠肺炎疫情来得特别迅猛,为了控制疫情,保护孩子的安全,我们接到通知要延迟开学,继续“宅”在家。就这样,我和孩子又有了更多接触的时间,刚开始还能母慈子孝,过了一段时间之后,孩子有了负面情绪,我也烦躁起来,说不上几句火药味就上来了。正在这个时候,看到老师发来的几点建议,仔细地阅读之后让我有了方向,信心倍增。

老师建议我们要正确地引导孩子,不信谣、不传谣。是的,在疫情防控阶段,这对于孩子来说确实是非常重要的。有一天,孩子从手机里看到新冠肺炎疫情的一些消息,就说:“妈妈,这个病毒没有特效药,会不会控制不住?”从孩子的话里,我听出了害怕和惊恐。于是,我就和孩子一起看中央电视台白岩松主持的《新闻1+1》,和他一起分析新冠肺炎疫情的情况,告诉他疫情很快就会过去,要相信我们的国家和人民。并且告诉他一定要有正确的是非观,有自己的判断能力,谣言止于智者。

“宅”在家里,每天早晨七点我们全家都会看《朝闻天下》,新闻里有很多感人事迹,看到那些感人的画面时,儿子都会泪流满面。我知道,正是心底那种正义、善良和一颗爱国的心才会让他这样,于是我就趁机告诉他,只有现在好好学习,将来长大了才能像这些英雄们一样报效祖国。

因为疫情,这个寒假和孩子待在一起的时间长了,看到孩子刷手机、睡懒觉,难免会唠叨多一些,这时候儿子就不耐烦了,和我争得面红耳赤,双方僵持不下。看到老师给的建议后,我开始改变自己,遇到争吵的时候我就保持沉默,等到孩子情绪稳定之后再和他谈心,而且我也试着去理解孩子,适当地让他玩玩手机。渐渐地我发现,他越来越听话,能够遵守我们之间的约定了。

在这段特殊时期,当亲子时光给我们家长带来困扰的时候,感谢邵老师及时给出的这些建议,为我们家长和孩子想了那么多。作为家长,我会帮助孩子一起制订计划,陪着他锻炼、劳动、学习,让居家生活变得更充实。开学之后让老师见到一个更积极向上的孩子。

没有一个冬天不会过去,没有一个春天不会到来。

中国,我们爱你!武汉加油!

五年级1班　张××妈妈

疫情期间，老师发来的建议，给我们介绍的很多处理亲子关系的小妙招真的很实用，同时也让我觉得肩上的责任更重了。

疫情防控期间，对家长的教育也是一次智慧的考验。假期延长，长期居家，外出次数减少，孩子闹情绪，家长一提作业就鸡飞狗跳。记得第一周开始上网课期间，我家孩子因为迷恋上网打游戏，听网课老是注意力不集中，屡次说教不改。我没控制住动手打了他，打完也是心疼。好了没几天他又开始犯老毛病，怎么办？打骂都不管用。这次我听了邵老师的建议，不再发火，而是心平气和地跟他讲这样做的严重性："你喜欢看电视、喜欢吃东西、喜欢玩游戏，这不是坏事。每个人都喜欢。但是喜欢过了头，就变成了负能量，现在你身上就是负能量战胜了正能量，所以它总是引诱你去玩，使你身不由己。如果长时间这样下去，你想你会怎样？"他自然有分辨是非的能力，低着头承认了错误。于是我就趁机说："相信我，咱俩一起把这个坏习惯改掉好吗？"儿子很认真地点了点头。

怎么帮孩子改掉这个坏习惯呢？老师建议，这段时间可以让孩子从事一些劳动，培养他们动手的能力。于是，每当孩子想看电视或上网时，我就拉着他去我们家前面的蔬菜大棚，疫情期间不能出门，这里就是我们大显身手的地方。刨地、提水、浇菜，我俩配合种了一畦芸豆、一畦黄瓜。孩子高兴地说："太好玩了！"我就引导他把"这个好玩"记录下来。旁边还有很多樱桃树。课余时间我们就去樱桃树下挖荠菜，其间他会问各种问题，"妈妈，蝉的幼虫叫什么？"我告诉他叫"知了猴"。原来他在做一首诗：蝉蜕满树枝，骨朵满树是，待到三月时，花儿便满枝。我突然发觉，生活也是一种学习。渐渐地，孩子不迷恋手机了，听课也能专心了。我们的关系也越来越好了。

非常感谢老师的建议，让我们度过了一个充实的假期。

五年级 1 班　刘××妈妈

一场来势汹汹的新冠肺炎疫情打乱了我们春节的计划，从社区疫情防控工作开始到现在一个多月了，一直没有停歇。从一开始疫情带给我的焦虑不安，到现在的平和稳定，多亏了老师给的建议。1 月 29 日大数据反馈回来我发现，我负责的网格内的一位大学生所乘的航班上有一例发热者（1 月 27 日我刚去她家入户采集了信息，和她近距离接触过），那天晚上看到旁边两个熟睡的孩子，我开始焦虑起来："万一我和先生都感染了，俩孩子咋办？万一我俩都不幸死去,俩孩子咋办?”我不敢想下去,任眼泪哗哗地往下流。“不行,我不能把这种焦虑传染给孩子,我必须冷静。”等恢复了理智,我想了想,“那个大学生回来二十多天了,有问题也应该表现出来了,真是自己吓自己。”从那以后,我每天回来以后都会给孩子讲一讲疫情的最新进展,并且告诉孩子疫情很快就会过去的。

老师建议,父母要学会放手,适当地让孩子干点家务。于是我就利用这个寒假,从最基本的生存能力——做饭开始培养他。现在大宝游刃有余地就能做好早饭。每天中午我会把晚饭要做的东西摆在厨房,让他自己搭配做。晚上当我拖着疲惫的身体回到家时,在他爸的指点帮助下他已经能做好晚餐。现在一天三顿饭都不用说,而且还能将碗筷洗刷干净,摆放整齐。孩子从做饭中体会到了妈妈的不易,更加体贴我,也学会了站到别人的角度看事情,真的是一举多得。

多读书,孩子就不会因为不能出门而感到孤独。经常读书的人,也不会对网上的信息不加思考。作为父母,要以身作则。空闲时间,我经常拿着一本书,一页一页地翻看,内容虽没记住,但在俩孩子面前,妈妈是在安安静静地学习,是在津津有味地看书,大宝会乖乖地读书做笔记,二宝也会静下来拿起自己的绘本自编自导自念地看书。真的,有时候父母不用多说,默默地陪伴就是最好的教育。

相信疫情很快就会过去,我也会根据老师的建议,努力做一个合格、称职的家长。

五年级1班　胡××妈妈

(四)拓展训练

在全国上下万众一心共同战“疫”的非常时期,班主任邵老师用一封信架起了与孩子们之间心灵沟通的桥梁,在暂时无法相见的日子里,用文字传递牵挂与嘱托、传递温暖与力量,极大地和谐、融洽了家校关系,增进了教师和学生之间的感情,增进了孩子和父母之间的感情,增强了班集体的凝聚力,充分调动了学生学习的积极性,拉近了家校之间的共育距离。书信为学校和家庭之间搭起了一座沟通的桥梁,不失为家校沟通中一种有温度的、走心的方式。建议孩子们给父母也写封信,表达自己对父母的感恩与祝福,引导学生深情感悟父母的辛苦和对自己的爱,加强与父母之间的情感交流。

(青岛市崂山区汉河小学,邵娟)

培养自律、有责任、有担当的学生

一场突如其来的新冠肺炎疫情让全国人民“宅”在了家里,家长们不能出去工作,孩子们不能去学校上学。这种父母和孩子每天24小时都待在一起的情况,对家长和孩子来说都是一种考验。但从另一方面说,孩子们从3岁开始上幼儿园,然后是小学、初中直至大学,跟家长相处的时间越来越少,现在的疫情让我们大家都停止了往日的忙碌,更多了亲子之间的相互陪伴。

虽然疫情导致假期延长,但大中小学都开展了“空中课堂”,让“宅”在家中的孩子们不会因此荒废了学业。家长们除了负责孩子们的日常生活,又多了一份在家中监督辅导孩子们网上听课和课后作业的工作。

“空中课堂”的进行不仅解决了学生们的学习问题,而且学校通过网络签到也能及时了解学生们是否能够按时上课。通过网络签到,我们发现有一部分同学总是没能及时签到。了解情况才知道,由于疫情逐渐得到控制,家长们已经陆陆续续地复工,但是学生还没有开学,只能与家中老人一起学习,有些孩子自律性差加上由于父母上班而得不到很好的监督,导致不能及时学习网课。

笔者所带的班级就有这样的孩子。这个孩子在学校里成绩优异,一直是老师、同学眼中的优秀学生,但是在最近连续一个星期的“空中课堂”签到中,这个孩子的各科签到都没有签。经过与父母沟通,才知道孩子父母已经开始上班,孩子只能跟着姥姥在家,孩子姥姥不会操作网络课堂,只能由孩子自己学习,以致往往就忘记了上课时间从而上课迟到;孩子由于上课注意力不集中错过签到,就连老师布置的口算作业也不认真对待,有时甚至也不提交。可想而知,这个平时表现优秀的孩子是家长监督出来的,孩子对家长过于依赖,一旦离开了家长的监督,孩子对于自己的学习生活就缺乏了计划性和规律性。

作为父母、老师,我们应该如何培养出自律、有责任、有担当的学生呢?这值得我们深思!

是的，如果没有发生现在的疫情，相信很多父母都是过着自己白天上班，孩子上学，等到周末再陪孩子去户外运动的生活。孩子们习惯了家长的安排，但这场疫情的到来让我们看到了离开了家长的孩子们变得有些手忙脚乱、不知所措，也让我们看到了不少家庭中家庭教育的欠缺和偏差。部分家长平时每天忙于工作和监督孩子们的学习，关心的是孩子的学习成绩、课外兴趣班，而忽视了孩子品德的培养和良好品行的发展，导致一些孩子对国家、对社会缺少了基本的责任感与担当意识。

学生是国家的未来，培养一代具有责任意识的社会新人是构建和谐社会的基础，是造就责任公民的需要。只有借助科学的教育与培养，学生才能从“小我”走向担当社会责任的“大我”。作为父母，应该如何教育培养孩子呢？

（一）确立民主平等的亲子关系

父母要学会尊重孩子。爱孩子就要学会尊重孩子，孩子天真、单纯，其自尊心和人格需要在成人的正确教育和呵护下才能健康地发展。家长有时会受传统观念的影响，盲目自尊，无视孩子的人格，不容孩子有丝毫的质疑，孩子常常需要看家长的脸色，甚至只要做错了就会招致家长的不满和惩罚。因此，作为家长，我们应该摆脱传统观念的束缚，建立民主、平等的亲子关系，允许孩子有解释的权利，在讨论问题时允许孩子有争论的权利，做事情时允许他们有思考、选择的权利，家长在孩子的日常生活中不应该是设计者、领导者、监督者，而更应该是对话者、引导者和帮助者，给孩子多一丝微笑少一分严厉，多一层尊重少一点指责。

（二）唤醒学生的责任意识和担当精神

目前所发生的一切是鲜活的教材，那些奋战在一线的医生战士们便是我们学习的榜样，家长们正好可以利用在家的时间给孩子上一课。让保护野生动物，远离公共卫生危机，成为我们每个人都遵守的准则。

当人们感染了新型冠状病毒，如果不加以控制，后果将不堪设想。为了能尽快消灭这种病毒，让社会恢复正常，钟南山院士 84 岁了依然“逆行”前往武汉抗“疫”，有很多的医护人员为了消灭新型冠状病毒而牺牲了生命，这就是责任与担当。面对疫情，全国各地的人民竞相支援武汉，出钱、出力、出物资。这正是一方有难八方支援、国家有难匹夫有责的体现。作为新一代小学生,正需要培养这种责任与担当的意识。

(三) 鼓励孩子在犯错时勇于承担责任

孩子比较容易冲动,脑子一热就容易犯下这样或那样的错误,例如与同学发生矛盾,与老师发生争执,等等。孩子犯错本来无可厚非,如列宁小的时候打碎姑妈的花瓶写道歉信的故事、华盛顿幼年时砍了父亲心爱的樱桃树后主动认错的故事,都被写进了教科书,但是犯错之后采取什么态度对待就很关键了。孩子在犯错后能够勇于承认错误、承担责任,才会赢得别人的尊重。但在孩子认错时还要进行后续的教育,必须让孩子认识到自己的行为错在哪里,并为此承担必要的责任,接受相应的惩罚,挽回不良的影响。这里说的惩罚绝不等同于体罚,更不是伤害,而是以关爱之情和相应的纪律措施引导犯错的学生勇敢地承担责任。

(四) 培养学生的责任意识和担当精神

疫情期间,家长可以和孩子一起制定一个作息时间表,具体内容由家长和孩子一起商量并做到严格遵守。等疫情过后学生回到学校,对这一作息时间表再根据实际情况做适当的调整。只要家长和孩子坚持,坚持21天养成一个习惯,习惯就可以成自然。

表1 一周作息时间表

<table>
<tr><th>时间</th><th>项目</th><th>星期一</th><th>星期二</th><th>星期三</th><th>星期四</th><th>星期五</th><th>星期六</th><th>星期日</th></tr>
<tr><td rowspan="3">上午</td><td>起床</td><td></td><td></td><td></td><td></td><td></td><td rowspan="9">安排有意义的活动</td><td rowspan="9">安排有意义的活动</td></tr>
<tr><td>早餐</td><td></td><td></td><td></td><td></td><td></td></tr>
<tr><td>上网课</td><td></td><td></td><td></td><td></td><td></td></tr>
<tr><td>中午</td><td>休息、午餐</td><td></td><td></td><td></td><td></td><td></td></tr>
<tr><td rowspan="2">下午</td><td>答疑</td><td></td><td></td><td></td><td></td><td></td></tr>
<tr><td>看书、练字</td><td></td><td></td><td></td><td></td><td></td></tr>
<tr><td rowspan="2">晚上</td><td>晚餐</td><td></td><td></td><td></td><td></td><td></td></tr>
<tr><td>看新闻</td><td></td><td></td><td></td><td></td><td></td></tr>
</table>

作为教师,更应注重培养学生的责任意识和担当精神。培养学生的责任意识和担当精神不能仅靠说教,而是既要培养学生的责任意识,又要通过具体的活动调动每个学生的积极性,让学生从做中学,在实践中提高责任意识和担当精神。

1. 在班级管理中培养学生有关的"角色"意识

责任意识不是天生的,而是在实际活动中锻炼出来的。一般情况下,班干部比普通学生有责任感,这是因为老师给予了他们更多的信任与责任。因此,在班级管理中,教师要尽可能地创造机会,让每一位学生在班级中扮演一定的"角色",使他们都能有为同学服务的机会,在班级中做到"人人有事干、事事有人干、人人有责任"。通过让学生在班级活动中承担各项责任,可以让学生感受到自身价值,感受到自己的角色不可或缺,其责任意识就会逐渐增强。

参照下面的"班级岗位分工表",班主任可以根据需要,灵活添加岗位分工。

表 2　班级岗位分工表

职务名称	人员分配	工作内容
早读管理员		
电灯管理员		
领读员		
考勤、报餐员		
课前管理员		
纪律管理员		
仪容检查员		
学习组长		
讲台管理员		
垃圾清理员		
卫生工具管理员		
门窗管理员		
书桌管理员		
擦黑板		

2. 组织学生参加丰富多彩的活动

学生在学校组织的活动和竞赛中容易学会表现自己,也容易增强责任意识和担当精神。例如学校组织了社会实践活动“学习垃圾分类　争当环保小卫士”,通过精心组织活动,充分发挥学生的积极性,使他们在耳濡目染、潜移默化中强化了责任意识。

虽然小学生现在的首要任务是学习,但是我们也要通过劳动培养孩子的劳动技能和责任意识,比如自己起床、叠被子、收拾书包,自己的衣服自己洗,要学会对自己负责,也要多为他人、为集体服务,如在家里帮长辈做事、在班级里帮助有需要的同学等。

3. 在班会课和德育课程中渗透培养责任意识和担当精神

班会课是班主任进行班级管理的主要渠道,是学校进行学生德育工作的主阵地,也是班主任针对班级情况对学生进行教育的一种有效方式。班主任应结合本班学生的实际情况,运用班集体对学生进行思想品德教育,致力于培养学生的公民责任人格和社会担当精神。

4. 教师的指导与示范具有重要作用

教师是学生心目中学习的榜样,教师的一言一行都在学生最严格的监督之中,教师的世界观、道德情操、品行随时随地地都在影响着学生。因此,教师要求学生做到的,自己应先做到。“身教重于言行”,教师做出了好榜样,学生耳濡目染,自然会跟着学,并潜移默化地融入自己的思想和行为中。例如,在班级中,教师看到废纸主动捡起,同学们也会跟着模仿,座位下的纸屑自然就减少了;卫生大扫除,教师和学生一同打扫,只要教师以身作则,坚持不懈,持之以恒,就能培育出具有较强责任意识的学生。

(青岛市崂山区汉河小学,刘琳)

家校携手“空中课堂”

一场突如其来的“新冠”疫情打破了人们原本正常的生活,未曾想到,这场疫情会波及每一个人,开学时间被一再延迟,最平常不过的校园生活成了“奢望”,为保证疫情期间学生们的居家学习需求,“空中课堂”这种新的学习模式应运而生。

(一) 线上学习带来的问题

随着各地线上学习模式如火如荼地开展,在实现高效便捷授课方式的同时,线上学习也带来了诸多问题。

第一,无人监管的环境诱惑多,导致一些自制力差的学生注意力不集中。学校未开学,复工复产的家长们已踏上了工作岗位,电子产品玩得比大人都熟练的孩子们,有的上着网课的同时却在玩游戏。即便守在孩子身旁的家长,也阻止不了孩子身在电脑前,心却早已飞到九霄云外的事实。

第二,注意力不集中导致听课质量低、效率差。在参与全区统一组织的“空中课堂”线上学习过程中,我们发现,上午每节课的内容安排都在20分钟,授课的老师们也都精选了自己所教学科的精华进行分享,因为是网上直播授课,没有回播,这就对学生的注意力提出了很高的要求,但第一天的课后答疑交流过程中,学生却没有任何问题,而学生的没有问题恰恰是最大的问题!

第三,不可控因素导致学生未按时参与线上学习。在此过程中,一个更大的问题让我们甚是担忧:很多同学未接听线上交流视频电话,而这一部分同学的成绩又都处于中下游。于是,教师逐一给这些同学家长打电话,落实未上课的原因,除了极个别家长存在没有激活账号、对电子产品接触少的情况外,很多家长都说是因为工作没顾得上孩子的学习,而无论这中间是何原因,没有参与线上学习都让这几个孩子失去了宝贵的学习机会。

(二) 应对措施及有效方法

1. 听课记笔记,促进注意力集中

为了提高学生的听课质量,减少电子产品等诱惑对学生注意力的影响,班主任变“答疑者”为“提问者”,对自己之前上课所呈现的一些概念进行提问,又是一片鸦雀无声,班里极个别平时比较优异的同学在被点到名字后,凭借着记忆和之前的基础,回答出了三四个要点,教师心中的疑问得到了答案:对于大部分学生而言,“签到”结束就意味着课程结束,屏幕前的他们并没有专心听讲。而这一猜想在后续与家长的沟通中也得到了证实。

于是,结合学生并不合格的作业,教师将上午所教的内容又讲了一遍,课程结束时,对所有同学都提出了一个要求:用笔记下课堂上老师讲的重点内

容,如果有条件,建议对老师的授课进行录音,以便将未听明白或没有及时记录的笔记进行补充。

连续两天学习后,因为学生们还要参加班会课,做各科作业,为了减轻学生负担,也为了更好地对两个班的学生进行指导,班主任把侧重点放在检查每个同学的作业上,并把视频答疑时间集中到周四、周五两天,利用下午或晚上的闲暇时间段对两个班学生的学习进行交流答疑。

2. 提问有针对性,促进语文"真"学习

相比第一天的鸦雀无声,显然,周四、周五的交流变得甚是和谐,对于教师提出的问题,学生可谓"对答如流",他们的表现用"依葫芦画瓢"来评价显然再合适不过。但语文学习的"语用功能"是否真正得到了发挥,对文章的理解尤为关键。为此,教师的提问又换了新的方向——记在笔记上的知识,你真的理解吗?教师开始提问类似"怎样的诗词可以称得上是结构相似?能给我举个例子吗?"等问题,但在和学生交流过程中,发现除了一两个没有按照要求记笔记的同学对提问无从下手之外,大部分同学都能结合笔记说出上课的内容,但交流的内容质量却不尽人意——有的同学甚至在笔记上记老师的导入语,却抓不住所学内容的重点,对于自己一节课的学习任务更没有明确的指向性;能够准确抓住一节课当中老师讲的核心知识点的仅占班级总人数的三分之一不到。如果上课只是记条目,不结合所学深入思考语文学习内容的应用,其实就是死读书,照本宣科。隔着一台电脑,想象着这些孩子在家学习语文的模样,我们认为,语文学科的学习是和生活最密切相关的一个学科,如果课堂学完就结束,那么语文的学习效果将大打折扣。为了鼓励那些前期记笔记但在记笔记过程中不会抓重点的同学,我们对学生记笔记这种习惯以及认真的态度提出了表扬,鼓励他们学习班级中那些会记笔记的同学,争取下次交流也能学会抓学习内容的重点。

尽管无法即刻转变学生的语文学习观念,但至少要让学生尝试用语文,只有在语文学习中发现学习的乐趣,他们才会有主动坚持学习的动力。于是,结合我们所学的内容以及学生自己创作的诗词,教师逐一引导学生在理解方法的基础上,学会创作和评价自己的作品。

3. 小组合作,提高学生学习效率

连续两次的诗词创作作业给了学生很好的消化理解时间,为了让交流更有针对性,班主任老师对班级中的同学进行了分组,每组七个人左右,一人读自己创作的诗词时,其他同学要认真听、认真记,结合标准分别对这位同学的诗词做出评价。这一交流的过程对孩子们提出了很高的要求,除了要清楚评价标准,听的过程更有难度,学生必须全身心地结合评价标准对关键字眼进行信息提取,尤其是对于“二四押韵”这一要求,学生往往需要听两遍才会做出自己的判断。

4. 关注个别,分层管理

当然,在不断推进线上答疑、交流的过程中,仍然有同学抱着侥幸心理不记笔记,为此,在每次线上交流过程中,我们都特别留意那些不记笔记的同学,并提醒所有同学,每一次交流中没有参与的同学下一次还要继续交流。对于极个别听课质量不高又不喜欢记笔记的同学,注意单独沟通,以避免该学生在班级中产生心理压力。

5. 听取家长建议,提高课堂质量

在我们进行课后答疑交流过程中,很多家长在家听到了交流的过程,家长们在肯定老师做法的同时也提出了自己的建议——由于在班级群中进行交流的人数较多,不少孩子没有发言的机会,家长们也很想听听自己孩子创作的诗词存在的问题,而五年级的孩子开始有了自己的独立意识和想法,很多同学因为怕答错问题在同学面前出丑而羞于表达,这个时候就要老师推一把。家长的建议给了我们很大的启发。

因此,整个过程,家长们参与其中,我们通过调查问卷了解孩子在家的语文学习情况。我们综合学生在班级中的学习成绩及学习态度,分别对处于上、中、下三个大致位置的同学家长进行了有针对性的学习跟踪采访。这些跟踪采访对我们及时采取相应措施起到了至关重要的作用。

例如,刚开始进行线上学习时,因为学习方式新奇,小琳、小源、小耀三位同学都能按时积极认真听课,但在“空中课堂”进行一周以后,其中一位同学的妈妈向老师反映:孩子在上网课期间,往往切换上课和游戏模式,只要家长在就切换上课模式,家长不在就玩游戏。了解到这一情况后,下午线上答疑时间,教师的提问在很大程度上对孩子起到了警示作用,因为上课不认真听课,下午交流就回答不出老师提出的问题,回答不出问题就意味着第二天会被继续提问,在这种“被提问”的压力下,学生不得不认真听讲。

较长的假期让很多在外面参加各种特长班的孩子突然感觉无事可做了,这种现象的普遍存在让我们老师和家长开始思考新的策略。小恩的家长让孩子制定“作息时间表”，感觉效果不错，也得到了普遍的认可，即将孩子每天需要完成的任务具体化，虽然会有完成不了的情况，但效率明显高于没有任何计划的自由安排。

小耀同学的家长反映孩子上课质量很不理想，和其他孩子一样，孩子不会记笔记，也不愿意记笔记，上课从不举手，家长希望老师多提问。类似这样的现象，家长反映得也很普遍。这种情况就不能仅仅靠老师一个人提问几个问题就能解决根本问题，家长的跟进和监督、老师的提问和检查必须协同配合，让学生自己有主动学习的意识。小耀家长做得很好的一点就是对孩子的学习进行了及时的跟进和反馈，让教师能及时了解孩子的学习状态和学习进度。这一做法值得一些自制力较差的学生的家长借鉴。

通过调查问卷调查网课上课效果以及征求家长的意见建议，我们也看到了工作中有待改进的地方：由于上午“空中课堂”的老师是针对全区的学生进行，作业布置相对比较笼统，要求不是很明确，因此，结合自己所教学生的特点，我们在布置作业时，可以发布作业详单，提出具体的、可操作性的要求，对完成时间提出明确要求以提高效率，并及时反馈完成情况，督促未完成的同学按时完成作业；同时，将课堂笔记纳入作业检查范围，展示优秀课堂笔记来指导学生学会抓重点，而不仅仅是展示个人的听课笔记。同学间的互相影响往往胜过老师对学生的影响。

（三）效果与思考

在之后的课堂学习中，坚持参与线上交流的同学的听课质量向着越来越好的方向发展，之前不记笔记的同学在提问中也能结合所记笔记回答问题而得到了充分的表扬和肯定，这些都大大强化了学生主动学习、认真记笔记的习惯。

考虑到线上学习对学生视力的影响，现在每一节课程安排一般为 20 分钟，如何在较少的时间里达到较高的学习效率，在疫情这个特殊时期，如何在无人监督的条件下，提高学生主动学习的意识，这些都是值得我们进一步思考和探讨的问题。

（青岛市崂山区汉河小学，刘雅文）

三、“假期”学习生活指导

一场突如其来的疫情改变了广大学生的假期生活，也改变了学生在家的学习和生活方式。一些家长发现孩子在“超长寒假”中出现了作息不规律、学习缺乏兴趣、长时间玩手机或游戏、情绪烦躁等情况。为此，教育部中小学心理健康教育专家指导委员会针对疫情期间中小学生的居家学习生活，提出了具体指导建议，以帮助学生度过充实而有意义的假期生活。

为贯彻落实教育部有关新冠肺炎疫情防控期间“停课不停学”的通知精神，教育部中小学心理健康教育专家指导委员会提出的“指导建议”，学校结合对学生、家长的问卷调查，研究并制定了各年级假期生活、学习指导方案，并以主题实践活动的形式进行渗透和落实，调动学生参与的积极性，促进其自主学习和生活指导不断规范、细化，并在活动中提高学生对生活中突发事件的关注度和社会责任感，树立正确的人生观、价值观和世界观，从而彰显活动的多元育人功能。

本板块主要从“人与自我、人与他人、人与自然、人与社会”四个维度，开发小学“抗疫”主题实践活动课程。

“小学生居家学习时间管理指导”“小学生居家健康指导”“小学生居家兴趣培养”三个主题活动，从“人与自我”维度，以一系列活动为载体，引导学生学会合理规划，并在实践中参与体验，通过主题班会分享交流以及后续拓展训练，使学生的居家生活、学习更加有序、丰富，同时让自身的爱好特长有所发展，为家庭生活增添和谐生动的色彩，感受到自己在“超长寒假”的别样成长。

“居家悦读，共度战‘疫’时光”“父亲不缺席，陪伴共成长”“隔代互学亲情浓”三个主题活动，从“人与他人”的维度，以学生和家人在日常相处中开展互学互助活动为载体，创生出新的亲子(隔代)教育的新样态，进一步探讨有效的家庭教育方式方法，丰富突发公共卫生事件期间家庭教育的形式内容，提高亲子(隔代)陪伴、互学质量,融洽家庭成员关系,提升幸福感。

"敬畏自然,从我做起"主题活动,从"人与自然"维度进行设计,通过一系列亲近自然的活动,让学生感受到大自然和人类是和谐统一的,尊重自然、敬畏自然要从身边的小事做起,从而树立环保意识,形成系列环保活动计划。

"同心勠力抗疫情,责任担当在我心""关爱互助,共同成长""抗击疫情,小公民在行动"三个主题活动,从"人与社会"维度,通过形式多样、内容丰富的教育活动,引导学生初步形成正确的人生观、世界观和价值观,并在童心战"疫"系列活动中努力践行责任担当,进而在积极的自我认知过程中,培养学生更强烈的主人翁意识和社会责任感。

本板块主题活动设计体现了理念的整体性、内容的开放性、形式的多样性,分别面向小学各年级学生,为一线班主任提供了较好的课程资源。每一份主题活动方案还附有问卷、图表、故事、新闻报道、特制表扬信等多种资源形式,方便老师们查阅、借鉴和改造使用。让我们抓住"疫情中的假期"这一难得的教育契机,通过主题活动的形式,让每一个学生参与互动,成为"会休息的放假人""会玩中学的孩子""会承担的家庭人""会融入的社会人",享受到成长的幸福。

小学生居家学习时间管理指导

- **活动背景**

2020 年新冠肺炎疫情突如其来,学校延期开学、线上授课,学生居家学习。学生面对这样的新型学习方式既兴奋又迷茫。经过几天的居家学习,家长普遍反馈学生在居家学习过程中不同程度地存在学习资料准备不充分、疲于应付作业、容易受外界因素干扰、缺乏自制力、拖延症、与家长存在分歧等现象,很多同学没有时间管理意识。作为学校和教师,帮助和指导学生切实贯彻《中小学生守则》中提出的"自强自律健身心"的要求很有必要。作为班主任,要积极在线上开展时间管理指导活动,让学生认识到时间的宝贵,学会居家管理时间,学会合理制订学习计划,争做时间的小主人。这既是教育的责任所在,也是促进学生发展的现实需要。

- **活动目标**

1. 通过网络班会活动,认识时间管理的价值和意义,并学会科学合理地制订学习生活计划。

2. 通过执行计划,体会时间管理的重要性和必要性,邀请家长监督,发挥协同教育作用。

3. 通过交流反馈,进一步掌握时间管理的方法,并坚定继续执行的决心。

- **活动准备**

1. 教师准备:(1) 和班委会视频通话协商,共同制订活动方案。(2) 制作相关课件,准备时间安排调查问卷和相关故事。

2. 学生准备:(1) 完成一份《居家学习时间管理调查表》,并思考:你对目前自己的居家学习和生活有计划和安排吗?如果没有,想一想原因是什么。(2) 收集身边人管理时间的故事。(3) 回忆自己最近居家学习一天的时间安排,制作一份时间安排表。

- **活动过程**

1. 开展问卷调查,商定网络班会活动方案

中国有句古话:“凡事预则立,不预则废。”这句话强调不管做什么事都要事先有充分的准备和计划。而小学生又普遍存在自律性差,做事不计划不准备的特点,这就导致他们的假期学习生活往往没有规律性。由于疫情的影响,学生居家学习的时间比以往假期更长,针对这一状态,班主任可先在班级范围内做一次问卷调查(问卷调查内容见附件 1),根据问卷调查的结果再召集班委,围绕班级学生存在的问题共同商定网络班会的活动方案。

2. 召开网络班会,学会时间管理

召开一次“我是时间的小主人”网络主题班会。学生可以邀请父母一起参加网络班会。网络班会课由班长主持,可以分以下几部分进行。

(1) 读故事,明道理。分享名人时间管理的故事——《韦尔奇的时间分配》(故事内容见附件 2),让学生明白什么是时间管理。时间管理就是通过合

理安排事情次序,能够最充分地节约和利用时间,最充分地利用和开发资源,是合理安排、提高效率的一种方法。

(2) 说故事,表真情。讲故事:在时间管理上谁是你的榜样?说说他(她)的故事。并提问:为什么你觉得他(她)是你的榜样呢?

(3) 演小品,见行动。请学生观看录好的小品视频《我该怎么办》(小品内容见附件3),并提问:如果你是他,你会怎么做?请学生讨论并总结。

【设计意图】以案例引出问题,讨论纠正学生中存在的不会合理安排时间的典型问题,并引起学生的重视。

(4) 拟规划,比养成。在班级群中展示班里一位同学的日程安排表,并提问:你对自己目前的时间安排满意吗?如果让你重新安排,你会怎么做?请学生小组合作讨论后重新制订一份新的日程安排表,并交流展示。

班主任可以对学生制订学习计划提出以下建议:第一,要以每天学校的课程安排为依据;第二,要注意劳逸结合,计划不是制订得越满越好,而是要留出一定的时间读书、运动、帮助父母做一些力所能及的家务;第三,计划安排要本着有效且具有操作性的原则;第四,邀请父母、朋友对自己的计划执行进行监督,保证有效落实。

3. 确定时间安排,严格督促执行

鼓励学生将自己在网络班会课上制定的新的时间安排表贴在家里醒目的位置,并邀请爸爸妈妈监督执行。鼓励亲子共学,实现有效管理与陪伴。同时,班主任要及时与学生和家长保持联系,及时沟通学生时间安排表的执行情况;针对家长上班无人陪伴孩子学习的家庭、亲子关系紧张的家庭、陪伴质量不高的家庭、家长唠叨发火不管用的家庭等特殊群体,由教师建立档案,家委会与教师分工联系,为每户家庭配备"关爱导师",每天通过电话、微信、网络学习平台等方式,了解学生的学习情况、心理情况、家庭情况,实施跟踪服务,做好跟踪记录。班主任每周应在线和家长沟通分享好的教育方法,提高家庭的教育水平。

以下与家长分享几点居家督促建议:第一,积极进行自我调适,不向孩子传递负面情绪;第二,制定全家日常作息表,做到规律有序生活;第三,给予孩子一定的独处空间,多一些理解信任;第四,让孩子做学习和时间的小主人,提高自我学习管理能力;第五,分享抗击疫情感人事迹,传播社会正能量,激发孩子内生的学习动力,在以后的学习过程中更加自律,并让孩子树立正确的价值观和崇高的理想信念。

4. 交流反馈,引发改进思考

学生制订每日学习、生活规划,并对自己的执行情况进行打钩确认后由家长签字。在同学们认真执行时间安排表一段时间后,班主任有必要组织一次活动反馈,对学生一段时间的规划执行情况进行总结,表扬先进,提出问题并讨论计划执行过程中遇到的困难,进行合理指导,提出整改措施。对于学生而言,可以撰写一篇以“我是时间的小主人”为主题的文章,分享自己最近执行新的时间安排表后的学习生活感悟,上传到班级群,师生交流互评,引发思考,树立信心,让时间管理更趋于科学化。

【设计意图】学生通过参加本次活动能学会合理利用安排时间,并科学制订学习生活计划,自觉接受父母的监督;学生在居家学习生活中能找到学习与生活的平衡点,管理好自己的时间,拒绝拖延症。

- **拓展训练**

在以后的学习生活中还可以给学生介绍第二象限时间管理法(见附件4),引导学生更好地区分重要的事情与紧迫的事情。与传统时间管理法相比,第二象限时间管理法不是最先做最紧急的事情,而是能够首先考虑最重要的事情,其次再考虑事情的紧急程度,从而做事有条不紊,使学生的时间管理规划更加一目了然。

附件1

居家学习生活时间调查表

1. 居家学习中是不是经常一边学一边玩,觉得时间很多?

是□　　　　否□

2. 你平时是不是有做事磨蹭,想到哪做到哪的习惯?

是□　　　　否□

3. 你早上起床很少去想今天有哪几件事需要做。

是□　　　　否□

4. 假期作业是不是都是集中在几天完成,并没有按照计划执行?

是□　　　　否□

5. 你是不是觉得你一直处理不好学习与娱乐的时间?

是□　　　　否□

6. 有关寒假居家学习，你有学习计划吗？你每天学习多长时间？娱乐多长时间？

7. 你觉得应该怎样提高居家学习的效率？

8. 你每次会认真执行自己制订的计划吗？如果没有，你觉得最大的阻碍是什么？

9. 面对重要的事和紧急的事，你会先处理哪件事？为什么？

10. 你觉得时间管理和时间规划重要吗？为什么？

附件 2

故事《韦尔奇的时间分配》

杰克·韦尔奇是通用电气公司的前总裁，也是享誉世界的管理大师。他把自己的时间划分得清清楚楚，20%的时间与客户沟通，35%的时间在会议上，10%的时间在通电话上，5%的时间看公文。剩下来的时间，他花在一些和公司无直接关系，但间接对公司有利的活动上。当然，每天也留出一些空档时间来处理突发情况，例如接受新闻采访等。他每天清晨 6 点之前准时来到办公室，先是默读 15 分钟经营管理的书籍，然后便全神贯注地开始思考本年度内不同阶段中必须完成的重要工作，以及所需采取的措施和必要的制度，接着就是重点考虑一周的工作。他把本周内所要做的几件事情一一列在黑板上。大约在 8 点钟左右，他在餐厅与秘书共进咖啡时就把这些考虑好的事情一一做交代，由秘书具体去操办。韦尔奇的时间管理法极大地提高了个人和公司的工作效率，其他美国公司也纷纷效仿。

附件 3

小品《我该怎么办》

小李假期在家做作业磨蹭，又丢三落四，每天都很晚了作业还写不完，还会经常在 QQ 里问同学作业，因此妈妈对小李意见很大。最近小李又因为参加学校每天上午的网课学习，作业就完成得更晚了。为此，妈妈取消了小李的休闲娱乐活动，小李和妈妈闹得很不愉快。如果你是小李，你会怎么做？

附件 4

第二象限时间管理法

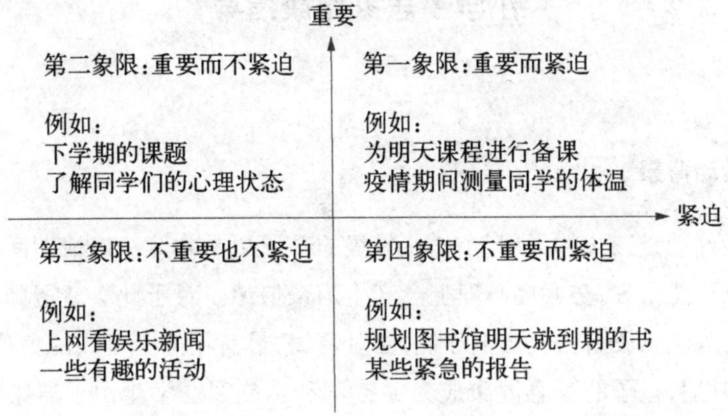

这是一个简单而实用的时间管理工具,按照紧迫性与重要性的高低,可以画出如上图中四个象限的图像。

第一象限,通常代表着最重要而最紧迫的事情,是我们需要立即去完成的事情。

第二象限,通常代表着我们的长远规划,需要我们早做准备,并且随着时间的推移,第二象限的内容会慢慢地向第一象限推移,慢慢地就会变得重要并且紧迫。

第三象限,通常代表着我们娱乐与放松的事情,它不是那么重要,也不是那么紧迫,但是代表着我们每天放松与调节心情的部分,也是必不可少的事情,不过一定要注意合理地分配时间。

第四象限,通常就是我们每天都需要去完成的琐事,也许不是那么重要,但是很多事情依然要去完成,在梳理自己第三象限的同时,也许可以看看有些事情自己是不是可以放弃。

——摘自朱永新、陶新华主编《面对疫情,教育何为?》,华东师范大学出版社 2020 年版

（南师附中江宁分校小学部,游佳）

小学生居家健康指导

• 活动背景

活泼好动是孩子的天性，小学低年级的孩子更是如此。疫情期间，孩子被闷在家里不能出去，势必在心理上会产生烦躁情绪。对于此次新冠肺炎疫情，上海华山医院感染科张文宏主任说，应对疫情，最有用的就是人的免疫力。因此，抗疫时期，孩子的身心健康成为关键词和主旋律。学生由于居家时间长，还要进行线上学习，静动需相宜，因此设计此项活动。

• 活动目标

本活动旨在缓解低年级孩子由于久不出门而带来的烦躁、焦虑心态，激活肌肉和神经系统，做到认知上“心动”、情感上“乐动”、肢体上“行动”，提升人的“精气神”，从而培养学生爱运动的习惯，养成良好的卫生习惯，形成健康的生活方式。

• 活动准备

1. 整合和开发家庭物质资源。各类健身器材和活动工具，可以作为学生在家庭中运动的器材。例如跳绳、呼啦圈、小型球类（乒乓球、羽毛球）、瑜伽垫等。有的家庭还把椅子、旅行箱也作为运动器材，真是别出心裁。

2. 整合和开发多种运动方式。除了传统的运动方式，如跳绳、转呼啦圈、打球以外，体育老师还可以根据居家条件（不扰民），安排一系列“宅”家体育锻炼内容，简单易学、科学实用，以供家长和学生参考选做，如学做广播体操、武术操、体操、开合跳、靠墙蹲、平板支撑等。

3. 整合与开发家庭人力资源。疫情期间，有的家长也是教师，有的家长复工较迟，有的本来就是全职母亲，因此有一部分家长是和孩子一起待在家里的，他们可以和孩子一起运动，既锻炼了身体，又增进了亲情。同时，孩子在卫生健康与公共卫生安全方面的知识，还需要父母的进一步指导。

- **活动过程**

1. 召开网络班会,提高健康意识

这次疫情,让我们认识到良好的生活习惯有多么重要。我们召开网络班会,引导学生围绕这次疫情展开讨论,讨论内容包括:(1) 这场疫情让我们学到了什么?(2) 小学生如何居家抗疫?(3) 讨论结果的呈现方式是在 QQ 群里用语音或者文字发表观点。

在学生充分讨论发言后,教师进行总结:疫情期间,我们要学会自我防护,首先要爱护野生动物,保护生态环境。其次要养成良好的个人卫生习惯,在家里要经常开窗多通风,尽量少出门,更不能去人群密集的地方;出门必须戴口罩,不要用手掏鼻孔、揉眼睛、摸嘴巴,在外也不要触碰公共区域的物体表面(尤其是电梯按钮等频繁碰触的表面);要勤洗手,用酒精进行合理的消毒。这样才能避免病毒的传播。

【设计意图】学生是活动主体,要让他们自觉地认识到抗击疫情只有从"我"做起,每个人都有了健康的意识,才可以避免疫情发生,也会减少病毒的传播。

2. 学习卫生技能,做好切实防护

因为低年级的孩子年龄小,爱模仿,所以我们通过播放视频,家长在旁边示范,在班级中倡议互学"七步洗手法""如何佩戴口罩"以及共同学习"如何在公共场所保持好公共卫生"等,教会孩子从公共场所返回、咳嗽手捂之后、饭前便后、摘脱口罩后,要用肥皂和流动水彻底清洗双手至少 20 秒或者使用含酒精成分的免洗洗手液;避免用未清洗的手触碰口鼻眼;打喷嚏或咳嗽时用手肘或衣服遮住口鼻等卫生技能。引导孩子学会这些技能,真正成为"会生活的家庭人"。

【设计意图】学生年龄小,活泼好动,喜欢乱摸,有的孩子甚至会把手指放进嘴里,戴上口罩可能会觉得不舒服,如果单单靠说教,效果不明显。只有教会他们如何将手洗干净,如何戴口罩,怎样尽量减少接触公共场所的公共物品和身体部位等技能,才能促使他们真正做到保护好自己。

3. 加强体育锻炼,增强自身免疫

居家体育运动,从人员上来说,可以是亲子运动,也可以是孩子的独立运动;从空间位置上来说,可以在客厅,也可以在自家院子里;从运动的项目来说，可以是自己感兴趣的个性化项目，同时也要按照学校的安排，在规定的时间段完成足够量的运动。学校将体育锻炼纳入线上教学的课表里，每天到体育锻炼时间段，都有体育老师布置并督促孩子们按照要求进行锻炼。（见附件）

为了激发孩子的运动热情，使运动达到预期的效果，学校安排了交流展示，主要是以学号和姓名命名每周上传运动照片（7—10 张）、视频（2—3 个），统一放在 QQ 群相册里进行展示和交流，也体现了同学间的互相促进。

【设计意图】孩子都有表现欲望，在班级群里进行图片或视频展示，让孩子很有成就感。根据学校的安排，由体育老师督促并进行专业的指导，孩子每天进行有规律的科学的锻炼，既强健了体魄，又养成了良好的运动习惯。

- **拓展训练**

为了增强趣味性，孩子们可以在家长帮助下，将学会的“七步洗手法”“如何戴口罩”“居家亲子运动”“居家锻炼”等内容通过抖音等传播方式发到网络上，让更多的人养成积极健康的生活方式，也为社会贡献自己的一份力量。

附件：一、二年级居家锻炼指导

一年级居家锻炼指导

星期	学习运动内容 第 1 周	学习运动内容 第 2 周	学习运动内容 第 3 周
一	1. 广播操 2. 开合跳 30 次 2 组 3. 仰卧起坐 50 次	1. 广播操 2. 纸团传递游戏 3. 仰卧起坐 50 次 4. 全身放松拉伸	1. 广播操 2. 1 分钟跳绳 4 组 3. 1 分钟仰卧起坐 4. 全身放松拉伸
二	1. 武术操 2. 收腹跳 20 次 3 组 3. 仰卧举腿 40 次	1. 武术操 2. 多种形式跳 3. 仰卧举腿 40 次 4. 立卧撑 20 次 3 组	1. 武术操 2. 仰卧举腿 40 次 3. 立卧撑 20 次 3 组 4. 弓形压腿 3 分钟
三	1. 广播操 2. 折返跑（5 米左右）10 次 3. 坐位体前屈保持 1 分钟 3 次	1. 广播操 2. 单脚循环跳 3. 坐位体前屈保持 1 分钟 3 次 4. 全身放松拉伸	1. 广播操 2. 靠墙蹲 2 分钟 3. 开合跳 30 次 3 组 4. 坐位体前屈保持 1 分钟 3 次

续表

星期	学习运动内容 第1周	学习运动内容 第2周	学习运动内容 第3周
四	1. 武术操 2. 立卧撑15次3组 3. 1分钟跳绳4组	1. 武术操 2. 分腿连续跳 3. 1分钟跳绳4组 4. 弓步压腿3分钟	1. 武术操 2. 跳绳20次3组 3. 仰卧撑30次 4. 收腹跳20次3组
五	1. 广播操 2. 双手抱头蹲起20次3组 3. 弓步压缩3分钟	1. 广播操 2. 低姿行走 3. 弓步压腿3分钟 4. 靠墙蹲2分钟	1. 广播操 2. 对墙投掷纸球30次4组 3. 单脚跳40次4组 4. 全身放松拉伸

二年级居家锻炼指导

星期	学习运动内容 第1周	学习运动内容 第2周	学习运动内容 第3周
一	1. 广播操 2. 1分钟跳绳2组 3. 仰卧举腿30个2组 4. 1分钟坐位体前屈2组	1. 广播操 2. 1分钟跳绳2组 3. 仰卧夹球举腿30次2组 4. 蜘蛛爬往返5米2组	1. 广播操 2. 1分钟跳绳2组 3. 仰卧夹球举腿30次2组 4. 靠墙半蹲30秒2组
二	1. 武术操 2. 半蹲跳20次2组 3. 抱头背起20次2组 4. 持矿泉水瓶侧举20次2组	1. 武术操 2. 开合跳30次2组 3. 绳梯脚步练习5分钟2组 4. 1分钟坐位体前屈2组	1. 武术操 2. 开合跳30次2组 3. 抱头背起30次2组 4. 1分钟坐位体前屈2组
三	1. 广播操 2. 1分钟跳绳2组 3. 1分钟坐位体前屈2组 4. 抱头背起20次2组	1. 广播操 2. 1分钟跳绳2组 3. 手脚配合5分钟2组 4. 抱头背起30次2组	1. 广播操 2. 1分钟跳绳2组 3. 手脚配合5分钟2组 4. 持矿泉水瓶侧举30次2组
四	1. 武术操 2. 立卧撑跳20次2组 3. 持矿泉水瓶侧举20次2组 4. 1分钟坐位体前屈2组	1. 武术操 2. 开合跳30次2组 3. 仰卧夹球举腿30次2组 4. 1分钟坐位体前屈2组	1. 武术操 2. 开合跳30次2组 3. 靠墙半蹲30秒2组 4. 1分钟坐位体前屈2组

续表

星期	学习运动内容 第1周	学习运动内容 第2周	学习运动内容 第3周
五	1. 广播操 2. 持矿泉水瓶侧举20次2组 3. 立卧撑跳20次2组 4. 亲子运动	1. 广播操 2. 蜘蛛爬往返5米2组 3. 绳梯脚步练习5分钟2组 4. 亲子运动:单脚平衡接纸团	1. 广播操 2. 开合跳40次2组 3. 绳梯脚步练习5分钟2组 4. 亲子运动:平板撑

(南师附中江宁分校小学部,张燕)

小学生居家兴趣培养

- 活动背景

从教育的角度来说,根据孩子的不同特点发展兴趣爱好,为素质教育提供另一种可能,亦是为创新型人才培养打好基础。从心理学的角度来看,一个人的需要是多方面的,而且是有个别差异的。居家生活可以给孩子提供适当的空间,让孩子按照自己的兴趣发展爱好与特长,去寻求适合自己的休闲方式,与学校生活形成有机互补。据笔者所在学校统计,92%的孩子都有课外兴趣班,其中艺术类的占34%,体育类的占32%,还有各种技能类别,这充分说明了发展孩子个体的兴趣爱好,是社会的呼唤、时代的需求。

2020年的春节以一种特殊的、前所未有的方式开启。因为疫情,所有学生都必须居家学习,也因此拥有了大量闲暇时间。除了日常的学习、劳动以外,这些安静的时光可以用来做一些平时没时间做的、自己喜欢做的事情。现代的闲暇观认为,积极的休闲能使人产生喜悦、兴奋、愉快等积极的情感特征,有助于个体发现自我的价值,从而增强积极的自我形象,产生自我满足感与悦纳感,这对促进个体成长、增进心理健康具有重要的意义。

- **活动准备**

兴趣培养系列活动应该是在放假之前就进入学生的假期生活策划中。班主任可根据学校对各年级的假期生活指导手册框架,提前设计调查问卷(见附件1),了解学生的兴趣和特长,在此基础上确定班级寒假活动,设计假期生活方案。

班主任需要组织召开家长会,与家长们共同探讨兴趣培养活动的意义,争取家长的支持,征求家长对活动的建议,以全力配合活动正常开展;在班级内举行活动的启动仪式,激发学生对活动的兴趣;将所有学生按照兴趣爱好的种类分为4个小组,选出小组长,以小组形式在假期里开展各种活动和比赛;各小组分别召开小组讨论会,商讨假期合作学习的方式和方案,并汇报总结后交给老师等。

- **活动过程**

1. 填写调查问卷,确定兴趣项目

通过填写问卷表,提前了解学生参加的兴趣班情况。根据笔者对所在学校的调查,56%的学生在课余时间有3个以上学科以外的兴趣班。家长们的初衷都是好的,为了培养孩子的综合素质,为了让孩子有一技之长,为了以后升学多一个选择。但是,从理性角度来说,从孩子自身考虑,孩子真的喜欢吗?通过学生和家长双方的调查问卷表(见附件1),再进行深层次沟通,结合双方的意见和实际情况,可以帮助学生确定一个兴趣爱好并着重发展,为本次活动做好铺垫工作。

【设计意图】每个孩子都是单独的个体,具有不同的个性特点,喜欢和擅长的事情也不一样。只有自己擅长的事情才会喜欢做,才能找到愉悦感和成就感,适合的才是最好的。通过调查问卷,确定活动期间的兴趣项目,为接下来的活动开展做好准备。

2. 探索多种方式,保证活动开展

(1) 亲子共商,列出时间表。罗曼·罗兰说过:“意志在于磨炼,成功在于坚持。”如果想将兴趣转化为自己的本领,一定要付出精力和时间。合理分配时间是学生自主安排学习生活的重要技能之一。在这段时间,学生根据自身情况,与父母共同商议,列出自己的兴趣培养时间表,可以每天安排一到两个时间段,进行强化练习,以保证活动的有效和有益。

(2) 多种方式,探索学习路。现代科技的发展为学习提供了很多种方式和可能性。居家学习期间,可以在网上搜索适合自己的学习资料,如视频、论文、经验总结、电视节目等,发挥网络时代的长处,为自己所用,利自己所长;疫情期间,各种在线免费培训也在热烈开展,同学们可以选择适合自己的形式开展在线学习;另外,各小组根据自己订立的计划表,可以每周安排两次互相切磋的学习分享会,合作探究,互助成长。

(3) 定下目标,分阶段打卡。一个人努力奋斗的目标越高,他的才智和能力就发展得越快。在活动开展初期,引导学生根据自身情况和所选项目特点,每天用目标打卡表(见附件 2)进行打卡,记录每天项目训练的内容和完成的时间,以保证活动良好开展。同时每周进行一次小结,反思分析,促进下一阶段的进步。

【设计意图】活动能持续正常开展,必须有过程性的监督方式和实施手段。例如,制定时间表,保证训练时间;探究有效的学习方式,创造性地开展学习;使用打卡表,保证活动的良性循环。坚持,才能让兴趣成为特长,应努力使用各种督促教育手段,引导学生把项目落实到位。

3. 拓展活动方式,兴趣乐趣共享

(1) “天伦之乐”家庭分享会。家庭是居家生活的唯一场所,家庭成员之间,除了每天按部就班的生活之外,学生的兴趣爱好可以为日常的家庭生活增添生趣,沟通家人之间的情感,让家庭氛围更融洽美好,共享天伦之乐。请学生与家人商量,安排一个所有人都在家的时间段,举行一个“家庭分享会”,每个人都提前准备好自己的节目,学生自己可以表演一段由兴趣培养所得的训练成果,展示自己的特长,与家人分享成果,在快乐幸福的氛围中体验成功的快乐。

(2) “妙趣横生”小组展示会。合作学习是一种结构化的、系统的学习策略,学生在合作学习中既能互相帮助、共同提高,也能增进同学间的感情交流,改善人际关系。现在的孩子,大多数都是独生子女,假期生活中多了同学的陪伴,生活显得更加生趣盎然。按照假期前基于兴趣类别分好的小组,小组长组织组员们开会,确定时间,每周开展一次“网上展示会”。组员们在认真准备的过程中,确定自己要展示的节目,取好节目名称。组长安排节目顺序,写好串词,分配好主持人,说明活动秩序。展示会以网络视频会议的方式呈现,可邀请父母和老师共同参与,增强合作学习的有效性和创造性。

(3)"其乐融融"班级"趣"荟萃。由于受突发公共卫生事件的影响,学生不能到校上课,集体性的学习受到限制,但这同时又给班级活动提供了很多空间和可能。在线晚会这种创新形式的活动,新奇好玩,别有风趣,本身就充满了浓浓的趣味性;同时,这也是学生张扬自信的主场,是绽放独特光彩的舞台,是展示学生阶段性活动成果的舞台。

晚会由班委会发出号召,提前列好节目单,选拔主持人,写好主持人串词。晚会通过 QQ 视频的方式召开,可邀请父母参加,每个有节目的学生打开自己的视频,展示自己的节目。晚会后,可在班级群里进行"我们来点赞"的活动,增强活动的完整性。

【设计意图】学生作为活动主体,家庭是活动的主要场所,家人、同学和老师是活动的参与者,利用各种互动、比赛、展示的方式增加活动的趣味性,彰显活动的主体性,以保证活动深入开展,充实假期生活,促进学生的发展。

- **拓展训练**

"宅"在家里的假期生活,使得培养兴趣爱好成为一种教育的新形态。通过实践和调查反思,我们深刻感受到兴趣给学生带来的益处,它不仅发掘了每个人的长处,也给家庭生活带来了无穷的欢乐,同学之间有了更多共同话题,班级氛围更融洽了。在此活动基础上,我们对后续活动进行了初步谋划和展望。

首先,开学以后进行班会总结和推动,让活动有个完美的结束。即以多元评价的形式来展现对活动中表现出色学生的肯定,以经验介绍的方式来分享促进彼此的成长,以小组合作学习的方式让活动具有延续性。在此系列活动的基础上,运用填写问卷的方式(见附件 3),对活动进行反馈,进而总结、反思。其次,根据学生和家长对活动过程的反馈和实际需要继续优化活动方案,增强活动的可行性,为活动提供更好的期待与展望。例如,在六一儿童节、元旦等特别的节日,可以选择一些活动开展较好的小组和个人展现自己的节目。再次,引导学生积极参加自己擅长的兴趣项目的比赛或者评级,发挥自己的长项,肯定自己的进步。总之,让兴趣爱好能更好地为学生服务,不仅丰富他们的居家生活,而且为培养兴趣爱好保驾护航,为素质教育的落实添砖加瓦,更助力学生的生命成长。

附件 1

兴趣爱好调查问卷

学生卷

1. 你参加了几个课外兴趣班？
2. 你最感兴趣的项目是什么？为什么喜欢？
3. 你的兴趣班是自己选择的还是父母帮忙选择的？
4. 你觉得有必要发展兴趣爱好吗？说说你的理由。
5. 你对假期兴趣培养活动的开展还有什么期待和建议？

家长卷

1. 您的职业

○工人 ○农民 ○知识分子 ○个体劳动者或自由职业者 ○其他

2. 您给孩子报了几个兴趣班？
3. 您给孩子报兴趣班的目的是什么？
4. 孩子的兴趣班，是自己选的还是家长代劳的？
5. 您觉得您的孩子喜欢他（她）的兴趣班吗？
6. 假期间，我们准备开展一个有关兴趣培养的活动，您有什么建议？

附件 2

目标打卡表

我的目标				姓名	
日期	月 号 星期	月 号 星期	月 号 星期	月 号 星期	月 号 星期
完成的项目内容					
完成项目的时间					
每周小结					

附件 3

活动反馈调查问卷

学生卷

1. 假期里,你做了哪些有意义的事情?

2. 这次假期活动里,你的兴趣特长有哪些进步或突破?

3. 你学会了哪些自主学习发展特长的知识或本领?

4. 你对你假期时间的安排满意吗? 为什么?

5. 还有什么方式可以发展你的兴趣特长?

6. 你对这次的假期活动有什么好的想法或建议?

家长卷

1. 假期里,您的孩子是否按照时间表保证了正常的活动开展?

2. 这次假期活动里,您的孩子的兴趣特长有哪些进步或突破?

3. 您的孩子通过什么方式,学会了哪些自主学习发展特长的知识或本领?

4. 您知道还可以通过哪些方式来培养发展孩子的兴趣特长?

5. 后期,您的孩子对兴趣发展有什么计划或安排?

6. 您对这次假期活动有什么好的想法或建议?

(南师附中江宁分校小学部,王培培)

居家悦读,共度战"疫"时光

- **活动背景**

一场突如其来的疫情缩小了孩子们的活动半径,却释放了孩子们的心灵空间。孩子们有足够的时间潜心阅读,去聆听古人的谆谆教导,去感悟生命的珍贵,去体会人性的光辉,去体悟中国的力量。然而,没有教师的指导,孩子如何有效阅读?如何在各种诱惑下保持阅读的兴趣?当虚拟网络已成为假期生活常态时,让孩子拒"网"于千里之外已不再现实,我们是否能利用好这一资源激起孩子的阅读兴趣？这是我们要着力探索的内容。

• 活动目标

1. 通过活动,激发学生的读书兴趣,使阅读真正成为自觉行动和生活需要,养成热爱书籍、博览群书的好习惯。

2. 通过活动,促进学生"潜"入文本,在读书实践中树立理想、陶冶情操、获取真知,从而促进学生个性和谐发展,提高学生的综合素养。

3. 通过活动,使学生在社会这一本"大书"中明晓自己的责任,培养学生的公民意识。

• 活动准备

1. 挑选书籍,尽可能地覆盖不同学生的需求。

2. 创设电子图书馆,开设电子书籍超市。

3. 创设多层面的阅读交流平台。

• 活动过程

一场突如其来的疫情缩小了孩子们的活动半径,却释放了孩子们的心灵空间,孩子们可在夜深人静时,在晨曦暖照时,在独立书房时,给自己的心灵一次远行,或畅游书海,邂逅醉人的风光,聆听古人的谆谆教导,携一首诗随口吟诵;或俯拾时事动态,感悟生命的珍贵,体会人性的光辉,体悟中国的力量。同时,疫情也催生了教师对新的课外阅读教育形式的探索。

分析目前课外阅读教育存在的主要困惑有:(1) 书籍的选择比较单一;(2) 阅读形式比较单一;(3) 学生应付式阅读;(4) 评价耗时、互动有限。所有的困惑都指向学生阅读兴趣的保持和阅读能力的培养。尤其是在居家阅读期间,学生同时面对着电子游戏,如何保持孩子的阅读兴趣,引导孩子潜下心来阅读,成为教师必须思考和探索的课题。

1. 自主选择,共享阅读计划

小学生年龄小、阅历浅,选择读物时往往带有盲目性、跟风性和随意性,不同层次的学生对阅读书籍的需求不同。因此,在倡导博览群书的同时,教师要引导学生对读物进行选择,要设计丰富多彩的阅读套餐供孩子选择。套餐里有什么？怎样搭配才最营养,最能促进每个阶段孩子的成长？这是我们每个教师需要思考的课题。

(1) 成立电子图书馆，开设电子书籍超市。电子图书馆犹如班级的图书角、家里的书房。成立电子图书馆为孩子的阅读营造了一个良好的阅读交流空间，让孩子在里面尽情地选书，进行充分的阅读交流。提到选书，著名作家鲁迅说过，只看一个人的著作，结果是不大好的，你就得不到多方面的优点，必须如蜜蜂一样，采过许多花，这才能酿出蜜来。倘若叮在一处，所得就非常有限，枯燥了。教师可以从儿童文学、人文百科、图画书、报纸杂志、佳片有约五个角度选择书籍，从而照顾不同孩子的兴趣爱好，引导孩子相约经典，在阅读体验中陶冶情操、获取真知、树立理想。为了更好地推广书籍，让孩子在品悟经典的同时选择自己感兴趣的书籍，我们在列出推荐书目的同时还需要写出推荐的理由，或展示精彩片断。(见附件 1)

(2) 自动分组。书读“杂”了，可以领略到不同地方的不同风情。不过，或自读，或共读，也能收获不一样的情趣。尤其是共读一本书，产生的是一种群体效应，可以激发孩子的阅读兴趣，也可以长期保持孩子的阅读热情。长久的阅读热情是居家阅读急需的动力。因此，我们利用电子图书馆里提供的书籍目录，邀请老师、家长、学生共同参与阅读书籍的选择并自动生成分组信息。这是真正意义上的兴趣小组。这样的分组可以达到师生共读一本书、亲子共读一本书、生生共读一本书的群体阅读效应。

(3) 制订阅读计划。俗话说“凡事预则立，不预则废”。学生置身于一个五彩缤纷的社会，学会选择是学习与生活的必备能力，而学会规划，更是让选择落到实处，更能彰显选择的合理性。每个学生都可以结合个人实际，选择阅读书目，制定读书成长规划和读书目标，当然也可以参考电子图书馆中设定的几种阅读计划。

阅读计划的具体格式，可让学生根据自己的喜好来设计、装饰，使其生动活泼、各具特色，其中要有读书的内容、目标、措施、实现时间等。建议学生分时段设计晨读、午读和晚读的内容，保证总阅读时间不少于 2 个小时，并在组群里展示自己的阅读计划，这样有利于借助群体效应来调整阅读进度、完善阅读计划。

2. 优化体例，培养阅读习惯

叶圣陶说过：阅读程度不够的原因，阅读太少是一个，阅读不得法尤其是重要的一个。多读固然重要，但尤其重要的是怎样读。不同的读物，我们使用的方法也不一样。对大部分浅显易懂的报纸杂志,可采取速读浏览法,大致了解其主要内容,借助标题、目录、内容提要等,快速捕获有价值的信息;若为了达到某个特定的目的或寻求某个问题的答案,专门搜集某方面的知识,就要求“一目十行”进行碎片化阅读,截取关键信息即可;对名篇名著和其他文质兼美的优秀作品,需要精读,体会立意构思,揣摩布局谋篇,欣赏妙词佳句。

精读从某种程度上来说是课内向课外的延伸。中高年级的学生在学校已经习得了一定的精读方法,我们需要从每个年级选择一篇课文编成一个精读的体例,也可以按文体编排体例,巩固读书的符号和批注方式,供孩子们借鉴模仿。

指导学生以圈点的形式勾画出主要信息,在旁边空白处品评遣词造句的精妙。品析时尽量提供多种形式的呈现方式和多种角度的思维形式,例如在整体感知文本的方面,可以以绘制思维导图的方法理清文章的情节发展,或编写提纲感知文脉,列出小标题尽数精彩画面等。(见附件 2)在品析文本时,我们还要关注文体和思维角度,感悟时可以关注自己的生活,也可以呈现质疑问难对话框。通过概括内容、复述原文、体会思想感情、理清文章条理等多种形式的专项训练,引导学生在形成良好阅读习惯的同时,逐步掌握分析、概括、比较、综合、联想等思维方法,达到以读促思、以读促写的境界。为了加强积累,我们在体例中还可以进行相应的摘抄提醒,或制作成书签,或编辑成名言册等。

有了体例这一抓手,我们还要“扶”学生一程,用丰富课外网络阅读指导课的形式落实体例。

(1) 上好课外阅读导读课,如文学导读、名著导读、报刊导读、电影导读等,为学生寻找阅读的突破口与方向。

(2) 上好课外阅读交流课,在质疑解难、争论辩论中把学生的阅读向纵深引进,提高阅读的质量。

(3) 上好课外阅读分享课,引导学生在班内展示课外阅读的成果,与同伴分享,相互借鉴、提高。

3. 创设平台,交流阅读心得

居家阅读交流平台的创设很重要。QQ 群、微信是我们的主阵地,学生拍照上传、教师批阅是主要的交流形式。这一形式保证了交流的质量,但是时间长了会演化为一种应付,降低了学生的阅读热情。因此,有必要创设多样化的交流平台。

(1) 文本交流平台。顾名思义,文本交流平台是在第一阶段自主分组的基础上，创设以文本为单位的共读网络交流平台。交流平台上有阅览的文章，有对应章节的交流框，还有相应的评价设施。交流框里可以留言、可以语音、可以上传图片，甚至可以上传自己制作的视频。这样的交流打破了单一的师生回答式的交流，对同一章节的点评可以形成讨论话题，组内成员之间共享、互评、补充。同时，设置好友的赏析提醒，激励孩子持续地参与阅读、参与评价。这种没有时空限制的交流打破了课堂的瞬时效应，有利于利用群体的力量和评价的力量保持学生的阅读兴趣。

(2) 话题交流平台。文本交流平台的人数有限，为了拓宽学生的交流平台，我们可以创设话题交流平台，可以是时事话题，可以是作者解读，也可以是某一系列文本的交流等。例如我们身处疫情时期，可以设置生命、信念、关爱等话题，学生可以在讨论区里谈论相关话题的时事新闻，可以交流文本中与话题相关的细节，从而促进文本内外的融通。

4. 开展活动，分享阅读收获

活动是展示，也是激励。即使是居家阅读，也很有必要。

(1) 我的“读书角”，我来装扮。可以以学校或班级为单位创设网络读书角。这个“读书角”不仅可以表扬每日的“读书小明星”，还可以展示每周的优秀读书笔记等成果。

(2) 推荐一本书活动。各班级举办“读书博览会”，向同学们介绍看过的新书、好书。推荐形式不限，可以是自制的视频，可以是绘本，也可以是课件等。

(3) 一分钟演讲活动。班级可以利用网络课堂上课前演讲自己的阅读收获，以“名人名言”“书海拾贝”“我最喜欢的________”“好书推荐”“新闻小主播”等板块，分享精彩片段、介绍作者、交流阅读感悟、介绍一条标题性新闻等，也可以讲一个故事、出一则谜语、背诵一首诗等。

(4) 赠送书签活动。在小组交流中，学生一定认识了不少笔友，我们可以节选文中精彩的语句与笔友共勉，也可以摘录笔友精彩的点评和“我的感悟”与笔友分享记忆等。书签力求设计新颖，富有创意，装饰精美。

(5) 读书征文活动。主要是中高年级参加此项活动，在每人至少读一篇好书的基础上，写一篇读后感。

(6) 我是“小专家”。有小专长、小偏爱的同学，可选择自己感兴趣的话题，搜集资料，筛选、整理成一篇专题小论文。

• 拓展训练

假期宅家，为孩子们提供了充足的阅读时间，我们也利用网络创生出新的教育样态。这样的阅读热情需要坚持，需要延伸到校内学习。返校后，可以召开校级的故事会，以书会友。这样的研究，我们还需要深入，如由一本书的研读带动一类书的研读等。

附件 1

推荐阅读图书

	书名	作者	推荐理由
儿童文学	《呼兰河传》	萧红	东北小城呼兰，有绚丽的火烧云，有祖父的园子，还有萧红童年生活百味，若想品尝其中的味道，那就走进这本书吧！
	《青铜葵花》	曹文轩	每一个时代，有每一个时代的苦难。当我们遭遇困难时，请静心读读这本书吧，也许你也会在日后的生活中"挺成一棵树"。
	《西游记》	吴承恩	喜欢神魔小说的同学看过来，唐僧、孙悟空、猪八戒、沙和尚师徒四人一路降妖除魔，历经九九八十一难取得真经。
人文百科	《森林报》	维·比安基	采用电报的形式，按 12 个月的顺序，有类别地报道森林中的新闻。
	《概率和方程的故事》	张远南	一个个数学故事，让你在不知不觉中感受到数学的魅力。
图画书	《父与子》	埃·奥·卜劳恩	一幅幅漫画在无声的语言中讲述着父与子之间的幽默与温情。
	《最想做的事》	玛莉·布雷比	最想做什么？这个问题与我们的梦想、我们的生活方向有关。也许我们会在主人公的感染下，爱上阅读。

续表

	书名	作者	推荐理由
报刊、新闻	《儿童文学》		名家云集，精品荟萃，总有一款适合你。
	《中国少年报》或看新闻联播		关注时事，关注与同时代同龄人一起成长的报纸。
佳片有约	《千与千寻》	宫崎骏执导	该片讲述了少女千寻意外来到神灵异世界后，为了救爸爸妈妈，经历了很多磨难的故事。
	《大鱼海棠》	梁旋、张春执导	《大鱼海棠》蕴含着丰富的中国元素，剧中的任何一幅画面都十分唯美。

附件 2

1.《鲁滨逊漂流记》是一部情节跌宕起伏、惊险刺激的探险小说。相信大家读完之后，一定会对鲁滨逊的漂流经历了如指掌，请完成下面的鲁滨逊漂流图。

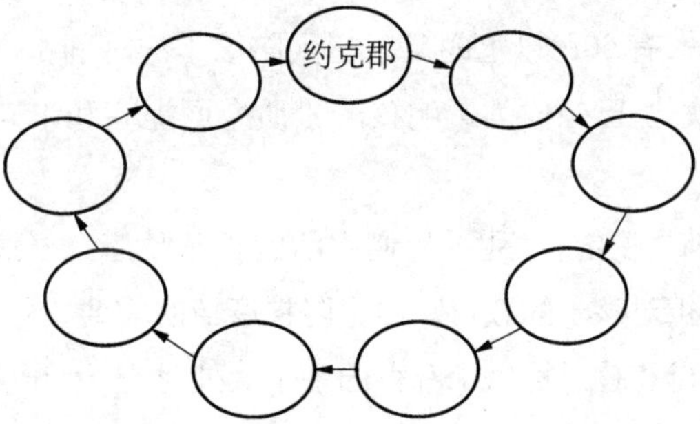

2. 当我们读《鲁滨逊漂流记》时，会不由自主地被书中的一些扣人心弦的故事情节所深深地吸引，同鲁滨逊一起紧张、恐惧。请你读一读鲁滨逊救星期五这一情节并填写下面这张曲线图。

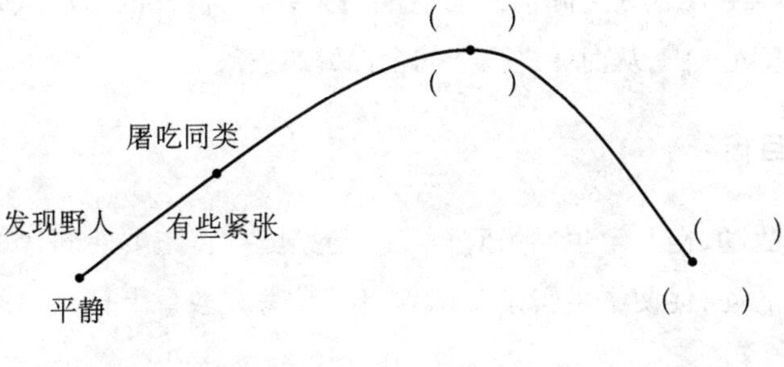

3. 从鲁滨逊列出的“不幸”和“幸运”中，你能看出他是一个怎样的人？请你从书中找出类似对你有启发的语句，抄录下来。

（南师附中江宁分校小学部，唐朝晖）

父亲不缺席，陪伴共成长

• 活动背景

家庭教育是一切教育的基础，父亲和母亲在家庭教育中均有着不可替代的重要作用。父亲身上“坚韧、担当、独立、果敢”的男性独有特征，对孩子的性格发展、个性品质的形成、智力身心的成长起到不可或缺的作用。然而，在现实生活中，不少父亲往往以工作繁忙抽不出时间为理由，将更多的精力放在自己的事业发展上，在孩子的家庭教育上投入的精力很少。从笔者对所在学校的调查问卷反馈的情况看，有 60%以上的父亲每天陪孩子的时间都在 6 小时以下。父亲在家庭教育的缺位，已经成为影响孩子素质全面提高和未来发展的一个重要因素。

突发的新冠肺炎疫情，扰乱了我们生活的正常秩序。疫情期间停工、停业、停课，但却不能停止对孩子的教育。由于防控疫情的需要，不少家庭都开启了居家生活，为很多父母和孩子提供了难得的亲子共处时光，为开展父亲与子女的互动互学创造了条件。但是通过调研来看，疫情的发生让父子(女)相处的时间普遍增加了，但相处的质量却并没有得到有效的提高，父亲参与家庭教育的效果并不明显，因此，班主任有意识地通过线上加线下开展“父亲不缺席，陪伴共成长”的主题活动，架起两代人之间情感沟通的桥梁，探讨愉悦的亲子共处方式，形成其乐融融的家庭氛围，从而促进孩子的全面健康发展。

• 活动目标

1. 通过活动，提升学生父亲对自己参与家庭教育重要性的认识。
2. 通过活动，促使学生父亲意识到自己在家庭教育上存在的问题或不足，探讨有效参与家庭教育的方式方法。

3. 丰富疫情防控期间家庭教育的形式内容,为认识和应对突发公共卫生事件危机奠定基础。

• 活动准备

1. 根据学校对各年级的假期生活指导手册框架,针对学生在疫情防控期间父亲参与家庭教育的情况,修改放假前设计的学生和家长关于父子(女)沟通(共同生活、共同学习)状态的调查问卷(见附件 1)。

2. 统计调查问卷数据,梳理本班父亲在参与家庭教育中存在的问题,了解本班学生和家长参与此项主题活动的期望指数,感兴趣的居家亲子活动项目,学生对父亲陪伴的心理需求等。

3. 根据调查问卷统计结果,有针对性地确定主题活动的形式和内容,设计实施方案。

4. 召开线上家长代表和学生代表会议,与家长们共同探讨"父亲不缺席,陪伴共成长"主题活动的意义,争取家长力量,全力配合活动正常开展,同时征求家长和学生对活动的建议,一起商议活动方案的可行性,提出修改意见,强化细节,制定后续活动中的评价表(见附件 3)。

• 活动过程

(一) 卡片传心声,书信发号召

由于疫情控制的要求,活动的发起无法通过线下会议的形式开展,因此我们采取了网上动员的形式。首先通过班级 QQ 群发动每一个孩子精心制作一张"父亲不缺席,陪伴共成长"主题活动的愿望小卡片,并给全班父亲写一封信。学生以一张张小小的卡片表达对父亲陪伴的心声和共同完成此次活动的渴望,发出对父亲参与本班"父亲不缺席,陪伴共成长"主题活动的真诚邀请。班主任则在信中阐述学生的渴望以及开展此次主题活动的意义,希望父亲们能够积极参与此次主题活动中,做一个家庭教育场域中的在"场"老爸。

【设计意图】学生、学生的父亲是本次活动的主体,在活动初始阶段,通过卡片、书信这种无声的沟通方式营造氛围,暖心的话语、温暖的行为为后续活动做好铺垫,更好地推动了下一阶段活动的开展。

（二）全家总动员，制订计划表

首先，活动动员完毕后，即要求每个家庭在父亲的主持下，根据学校自主寒假作业清单，结合各自的家庭背景、个人的兴趣特长，制定亲子一日“3＋X”互动互学活动套餐(见附件2)。各家纷纷在父亲的主持下召开家庭会议，学生及其爸爸妈妈、祖父母参与讨论，共同商议。根据前期问卷调查结果显示，学科知识探究、亲子阅读体验、体育运动锻炼等是孩子喜欢和爸爸一起做的事情，因此在计划表中列入这3项必选活动。其次，父亲发挥自身的特长，孩子依据自己的兴趣，齐心协力设计“X”个自选活动。最后，设计“点赞区”一栏，记下一天中亲子活动有意思的情景，为对方点赞。

除了设计活动套餐表，还要明确家庭成员参与亲子活动的要求，以保证活动的正常进行。学生和学生父亲要按照表格中的内容执行，彼此互相监督、提醒，在相处过程中孩子要尊重父亲，父亲要有充分的耐心陪伴孩子。母亲适当放权，给父亲支持与帮助，当好记录员，把父子(女)相处的精彩情景及时拍照留存。

【设计意图】学生及其父亲是本次活动的主体，父亲更应成为本次活动的主导者、引领者。由父亲主持家庭活动计划的讨论、设计，有利于提高其参与活动的积极性，帮助其在制订计划的过程中了解自己的孩子，增强其参与家庭教育的主动性。计划表的制订使活动有了规则，增强了双方的责任意识，提高了参与活动的自觉性。

（三）线下忙活动，亲子乐融融

马克思说过：“一步实际行动比一打纲领更重要。”各家在制订好亲子活动计划表后，立即在线下按照自己制订的计划展开本次“父亲不缺席，陪伴共成长”主题活动。每个爸爸都竭力展现自己在陪伴教育孩子方面的“新本领”，使孩子真切地感受到父亲的关爱，营造了温馨和睦的家庭氛围。在3个必选活动中，亲子通过共读一本书，互相交流感悟，营造浓浓的阅读氛围；共同做一项体育锻炼，增进了情感，磨炼了意志；在学科探讨中，父亲引领孩子探究知识的真理，孩子学会了不同的思维方式。“X”的自选活动更是精彩纷呈，父子(女)齐做家务，让许多不擅长做家务的老爸出现了意想不到的小状况，带来了家庭的幽默瞬间；亲子玩游戏、下棋带来了无数的欢笑；疫情当下，亲子一起看新闻讨论时政，引发了大家对生命的思考，对公民道德的理解；在做科学实验、制作电脑动画、栽培植物等活动中，父亲和孩子互相学习，共同进步。每天固定的时间，在班级 QQ 群通过视频、照片、“美篇”等形式共享“大手拉小手”的小幸福，大家互相点赞，互相学习。

为了提升本次活动的趣味性和挑战性，我们在活动开展数日后升级了活动方案，仿照中央电视台《挑战不可能》节目，设计了一个“亲子挑战达人大比拼”活动，鼓励大家玩出新样式，尝试不可能，将“父亲不缺席，陪伴共成长”主题活动推向高潮。大家各自选择一个对自身有难度、有挑战的，可以居家完成的项目，分为亲子组、个人组两种形式进行。每一个家庭设计的挑战项目丰富多彩，有受《中国诗词大会》启发，进行亲子唐诗飞花令接龙；有亲子三分钟花样跳绳；有共同开发有益玩具；有学会一种方言的常用语；还有限时玩转魔方；等等。

分解目标，使目标具体化，是实现目标的黄金法则。为了保证活动能顺利进行，每一个家庭还制作了一棵目标树，把挑战终极目标当成树木主干，分解的小目标是枝干，完成一个小目标即贴上一片绿叶。有趣的激励方式让大家始终保持兴趣，克服困难，完美地完成了挑战任务。

【设计意图】充分发挥学生、家长的主体作用，自主设计“3＋X”活动套餐，营造了愉悦的家庭氛围。有效的亲子陪伴活动促使父亲对自己在家庭教育中的重要地位产生了新的认知，形成正确的参与家庭教育的身份定位。通过增加亲子活动的难度，在挑战攻关中，大家为完成目标而共同努力，加深了双方的亲情体验。

（四）线上开竞赛，成为挑战王

经过线下各种亲子活动的开展，学生与父亲在积极的互动互学中融洽了亲子关系，掌握了新本领。因受疫情影响，不能在校园展示活动成果，于是班主任组织召开了一次网络主题班会，学生邀请祖辈、父母亲共同参加。本次班会以学生为主体展示自己与父亲完成的挑战任务，可以用播放视频、“美篇”，展示最终成果等方式，分成两个组别进行展播。同学、家长、老师参与评价，根据制定好的每个组别的评价细则选出“最佳挑战王”若干名，“最佳亲子组合”若干名，“最炫挑战达人”若干名。特别精彩的挑战项目，由班主任向学校推荐，参加全校师生“你好，寒假”展示活动。

【设计意图】通过评比竞赛的形式鼓励学生和家长参与活动，可以强化父亲在参与家庭教育中的获得感和成就感，提升其今后参与家庭教育的积极性和能动性。孩子们在参与过程中提升了能力，获得了自信，加深了父爱陪伴成长的情感体验。

(五) 活动后反馈，引发深度思考

在每一个家庭充分开展“父亲不缺席，陪伴共成长”主题活动之后，组织父母、孩子对本次活动进行思考总结。父亲分享参加主题活动之后对父爱陪伴教育的新感受、新期望、新思考；学生则表达了对父亲这一段时间用心陪伴自己成长的感激，以及自己从父亲的身上学到了什么；母亲则从旁观者的角度，谈谈主题活动开展之后家庭发生的改变。最后，将分享、讨论上传到班级群空间，大家再次研读，互相学习。班主任提取相关信息，在总结思考本次主题活动的基础上明确今后活动的新方向。

【设计意图】对这一段居家亲子互动互学活动进行总结提升，再次加深情感体验，探寻亲子相处的新模式，促进父子(女)的共同成长，为后续活动延伸提供了方向。

- **拓展训练**

在突发公共卫生事件下父爱陪伴的亲子教育主题活动中，我们发现孩子们非常喜欢自己父亲积极又有质量地陪伴，许多孩子未被发掘的潜能被激发，家庭成员参与活动的热情高涨，家庭内部的人际关系变得较以往和谐，家庭氛围也发生了悄然的变化。与此同时，引发家长特别是父亲对今后参与家庭教育的方法，如何建立亲疏有度、宽严有序的家庭关系等问题的深入思考。为巩固活动成果，需要在此主题活动结束之后，积极开发班级亲子教育活动班本课程。该课程以家长、学生为活动主体，形式不拘泥于家庭，综合开发学校、社会资源以丰富活动内容。在课程目标确定上，可聘请校内外教育专家给予必要的指导，而后班主任牵头组织家长志愿者设计每日、每周、每月、一学期的活动课程方案并组织开展活动，及时总结、展示和汇报。通过定期开展亲子教育班本课程活动，为父爱不缺席的家庭亲子教育开发新的教育样本。

附件 1

“父亲不缺席，陪伴共成长”主题活动调查问卷

学生卷

1. 你的性别是

○男　○女

2. 你每天和父亲相处的时间多吗？

○很多　○比较多　○一般　○很少　○没有

3. 相较于疫情之前，你和爸爸相处的时间有增加吗？

○有　○ 没有　○减少

4. 防疫居家期间，有的父子亦师亦友，有的如猫和老鼠……你和爸爸的相处方式是怎样的呢？

○亦师亦友　○猫和老鼠　○相互尊重，相互理解　○各自为营，相安无事

○监督与被监督　○兄弟加朋友

5. 防疫居家期间，你和爸爸一起做了些什么？

○运动　○阅读　○做家务　○玩游戏　○学科学习辅导　○谈心

○做科学实验　○种植植物　○其他

6. 你认为班级有必要开展亲子主题活动吗？

○很有必要　○一般　○没有必要

7. 你愿意参加班级组织的亲子主题活动吗？

○非常愿意　○一般　○不愿意

家长卷(父亲填写)

1. 您的文化程度

○大学　○高中　○初中　○小学　○没上过学

2. 您的职业

○专业技术人员(教师、医生、军人、编辑、工程师等)　○工人

○公务员或事业单位人员　○个体劳动者或自由职业者　○其他

3. 您认同“父亲的主要职责是赚钱养家，抚育孩子由母亲承担更合适”吗？

○认同　○比较认同　○不认同

4. 您平时工作状态怎样？

○忙　○一般　○不忙

5. 您每天会和孩子一起玩吗？

○经常　○偶尔　○很少　○没有

6. 相较于疫情发生之前，您和孩子相处的时间有增加吗？

○有　○没有　○减少

7. 防疫居家期间，有的父子亦师亦友，有的如猫和老鼠……您和孩子的相处方式是怎样的呢？

○亦师亦友　○猫和老鼠　○相互尊重，相互理解　○各自为营，相安无事　○监督与被监督　○兄弟加朋友

8. 防疫居家期间，您和孩子一起做了些什么？

○运动　○阅读　○做家务　○玩游戏　○学科学习辅导　○谈心　○做科学实验　○种植植物　○其他

9. 您觉得班级开展亲子活动有没有意义？

○有意义　○没意义

10. 您愿意参加班级组织的亲子活动吗？

○非常愿意　○比较愿意　○不愿意

11. 您对班级“父亲不缺席，陪伴共成长”主题活动的开展有什么好的建议？

附件 2

亲子一日互动互学“3＋X”活动套餐计划表

活动项目	活动名称	活动方式	活动内容	点赞区
1(必选)	知识探究	研读课本、课外知识进行交流，开展竞赛活动	学科知识、百科知识、时政要闻、英文读物等	
2(必选)	亲子共读	自选书目与父母共读，开展家庭读书交流会	推荐书目：四大名著、名人名家散文选、各类时事杂志等，也可以自选其他书目	
3(必选)	亲子运动	一起进行或者拜师，开展竞赛活动	俯卧撑、仰卧起坐、瑜伽、跳绳、接纸球、“小蝌蚪找妈妈”等	

续表

活动项目	活动名称	活动方式	活动内容	点赞区
亲子自选活动				
4(自选)	亲子动手做家务	分工合作共参与或者父亲主导,孩子当帮手	整理房间、打扫卫生、清洗衣物、居家每日消毒等	
5(自选)	亲子游戏	共参与,开展竞赛活动	下棋、贴豆画、纸模型、说反话、打扑克等	
6(自选)	看新闻讨论聊天	共同观看,交流讨论	通过网络、电视关注当下的疫情情况及其他时政要闻等	
7(自选)	做实验手工、电脑作品	一起参与、制作	筷子搭建筑、吹正方体泡泡、用醋发电、布贴画、蔬果拼贴、电脑动画、表格制作	
8(自选)	种植植物	一起参与、研究	种大蒜、发豆芽、打理家中植物等	

附件3

班级"挑战不可能"评价表

组别	挑战项目	挑战难度	挑战项目创新性	父子(女)合作默契度	学生讲述挑战过程时是否清晰、生动	现场展示效果	总星数
亲子组							
个人组							

续表

<table>
<tr><th>组别</th><th>挑战项目</th><th>挑战难度</th><th>挑战项目创新性</th><th>父子(女)合作默契度</th><th>学生讲述挑战过程时是否清晰、生动</th><th>现场展示效果</th><th>总星数</th></tr>
<tr><td colspan="8">一、评价细则
挑战难度:依据难度的高低打星,难度高,有挑战性打5星,依次往下。
项目创新性:此项目有新意,让人耳目一新,有自己的构想,最高打5星,依次往下。
合作默契度:亲子之间的配合度高,在挑战过程中能互帮互助、齐心协力。最高打5星,依次往下。
学生讲述:学生讲述时语言清晰,内容详尽,表达生动。打5星,依次往下。
现场展示效果:成果展示清楚,效果好,能引起大家共鸣。打5星,依次往下。
二、评价方式
班主任评价和家庭评价两者相结合。
三、奖项设置
亲子组依据得星数高低评出“最佳挑战王”。
个人组依据得星数高低评出“最炫挑战达人”。
亲子组依据合作默契度一项得星数高低评出“最佳亲子组合”。</td></tr>
</table>

(南师附中江宁分校小学部,庞芳)

隔代互学亲情浓

- **活动背景**

学生除了在校学习之外,还有假期生活。小学生的假期生活在传统意义上通常定位为休息娱乐,以调节紧张的学习生活。然而由于形势的发展,现在小学生的假期生活出现了许多变化,如书面作业多、补习培训多,或因无规划无安排而自由过度,无规律的生活反而影响了学生的健康发展。作为学校和教师,切实贯彻党中央“立德树人”的教育使命,引领学生自主、科学地规划自己的假期生活,成为“会休息的放假人”“会生活的家庭人”“会融入的社会人”,既是教育的责任所在,也是促进学生发展的现实需要。

隔代互学就是学生假期生活的内容之一。所谓隔代互学，是指孙辈和祖辈(爷爷奶奶)之间互学本领，相互滋养。春节正是一家团圆的时刻。据笔者所在的学校调查，93%左右的家庭，过春节时学生都会随父母亲一起回到老家，与爷爷奶奶或者外公外婆共度春节，这就为隔代互学提供了可能性。2020年春节，因为一场突如其来的新冠肺炎，让所有家庭“宅”在家里的时间相比以往更长，为隔代互学活动的深入开展创造了有利条件。班主任可以在线指导学生开展隔代互学活动，架起两代人之间情感沟通的桥梁，形成共学共乐的新愿景。

- **活动准备**

隔代互学活动一般应该在放假之前就要进入学生的假期生活策划中。班主任根据学校对各年级的假期生活指导手册框架，提前设计调查问卷(见附件1)，了解学生和家长感兴趣的假期生活项目；在此基础上确定班级寒假活动，设计“规定动作+自选动作”的假期生活方案(见附件2)。

班主任首先要组织召开班级家长会，专题研讨隔代互学的意义，取得家长对隔代互学的价值认同和行动支持，确保活动能在假期中顺利开展。其次要召开主题班会，指导学生如何主持召开家庭会议，邀请爸爸妈妈负责做记录，促使隔代互学成为可能。再次是和学生商定寒假生活评价标准，设置班级奖项(见附件3)。

- **活动过程**

1. 召开家庭会议，签订互学协议

在假期中，学生随父母回到老家与祖辈团聚后，即可召开家庭会议。由学生主持讨论，爸爸妈妈做好记录。讨论内容包括三个方面。(1) 祖孙互学的内容：祖父母教孩子们生活技能、传统工艺、家乡美食、地域文化等；孩子们教祖父母科学抗击新冠病毒，使用智能手机和电脑、网上购物以及普通话、英语口语等。(2)互学要求：学生必须学会5项本领，祖辈学会3项即可；双方在教学过程中要有耐心，态度要温和。(3) 学习效果的呈现方式：可以用照片、视频、“美篇”等形式呈现。最后拟订一份互学协议书。协议双方要求对互学项目、互学时间、互学要求和互学成果做出郑重承诺并签字，爸爸妈妈作为见证人也要签字。

【设计意图】学生作为活动主体，参与策划并推动互学活动的开展，以“约法三章”增强责任感，保证活动的有效落实，创生隔代互学成果。

2. 开展互学活动，记录成长脚印

心动即行动，家庭方案定下来后就按照方案实施。由于签订了互学协议书，祖孙两代人增强了责任担当意识，自觉开始行动。祖辈们教孩子们做传统的美食，玩传统的游戏，学习生活技能、地方方言等，潜移默化地传承传统文化。孩子们教祖辈使用微信、制作视频、微信支付、用手机导航等，让祖辈跟上时代步伐，也给他们的生活带来很大的便利。父母在一旁加油、鼓劲、指导，“互学共长”以其独特的方式增进了一家三代人之间的感情，为家庭创造了别样的幸福年味。学生在体验的基础上，整理爸爸妈妈拍的照片、视频，撰写心得体会文字，编辑成视频或“美篇”等，上传到班级群里共享，从而让分享交流促成家庭与家庭之间、学生与学生之间、学生与祖辈之间等多方位、多代人之间的相互学习。

【设计意图】充分挖掘祖辈和孙辈潜能，培养学生的自信心、自豪感，同时引导学生懂得祖辈身上潜藏着许多本领，他们吃苦耐劳的精神和勤俭节约的品质值得学习，从而在学习过程中感受亲情、学会感恩。

3. 召开网络班会，交流成果收获

由于受疫情的影响，不能正常开展校园展示活动，可以变线下为线上展评，召开一次“隔代互学长本领”网络主题班会。学生可以邀请祖辈和自己一起“出镜”，展示新学会的本领，发表感言。还可以选择自己学得最棒的一项本领拍视频发到班级群中，让同学、家长、老师来进行评价，并对照班级评价标准申报“互学奖”。其中的优秀作品可以向校园电视台推荐展示，同时发到学校网站上，作为永久资料保存。同时，鼓励学生把从祖辈那里学来的地方游戏“加工改造”，变成适合开学后“玩转午间”的课间游戏活动，还可以录制视频上传学校网站，方便同学们模仿学习，评选“我最喜欢的游戏”。

【设计意图】认识自我、发现自我是人的成长需求。为学生搭建展示交流的平台，旨在引导学生发现自己的潜能，体验学习的乐趣，感受成功的快乐，启发学生对新学期生活的新思考。

4. 搜集活动反馈，引发改进思考

在同学们积极开展隔代互学、进行网上成果分享的基础上，班主任有必要组织一次祖孙双方的活动反馈，搜集意见以完善新的假期活动方案，让隔代互学活动向着更深、更广的方向延展,促进学生的生命成长。对于学生而言,可以撰写一篇以"在隔代互学中学会了什么""教会了爷爷奶奶什么""有什么感受和收获"为主题的文章,分享自己的互学感悟,并上传到班级微博空间,师生交流互评。家长方面,则发放一份调查问卷(见附件4),倾听家长的心声,教师从中提取信息,引发改进思考,明确后续活动方向。

- **拓展训练**

假期孩子们"宅"在家里进行隔代互学,创生了互学共长的教育新样态。通过实践和调查反思,我们深刻感受到隔代互学的重要性和必要性,并对后续活动进行了初步谋划和展望。首先是"常式"和"变式"相结合。"常式"是指祖辈和孙辈之间的"隔代互学","变式"是指平时学生和其他老人之间的互相学习。其次是线上和线下相结合。这是关于展评方式的构思,不能来参加现场展评的祖辈,可以通过网络视频的方式进行展评。后续教师可以联系周边老年大学、社区学院、区关工委等部门,开展别样的"隔代互学"活动,让隔代互学活动走向日常,并填写"隔代互学长本领"研学记录(见附件5)。

附件1

寒假生活调查问卷

学生卷

1. 今年寒假,你在哪里过年?请说明是在哪个省哪个地方过年。

2. 今年寒假,你最想做的事情有哪些?请选出最想做的5件事。(可以多选)

○班级兴趣小组活动　○跟同伴(同班同学、邻居亲戚、弟弟妹妹)玩

○去图书馆看书　○玩电子产品　○跟爷爷奶奶或外公外婆学本领

○打篮球　○做家务　○踢足球　○练字　○爬山

○完成老师布置的作业　○其他(自己补充)____________________

3. 你认为寒假里可以组织开展哪些有意义的活动?(从以下选项中选出你感兴趣的活动)(可以多选)

○读书交流会　○帮清洁工扫地,争做环保小卫士　○写字比赛

○亲子野餐活动　○足球比赛　○一起下地劳动　○猜歌名

○家庭诗词大会　○一起去敬老院　○剪窗花活动　○猜歌名

○其他(自己补充)____________________

4. 今年寒假，你最想和父母一起做的事情有哪些？（从以下选项中选择你感兴趣的事）（可以多选）

○一起外出郊游　○一起看书　○一起做游戏　○一起爬山

○一起买年货　○拍全家福　○一起拜年　○其他（自己补充）________

5. 寒假里，你愿意和爷爷奶奶或者外公外婆互学本领吗？

○愿意　○不太愿意　○不愿意

6. 如果可能，你希望从爷爷奶奶或者外公外婆那里学到哪些本领？（可以多选）

○做家乡美食　○学做农活　○剪窗花等手艺　○地方戏曲　○家乡话

○传统游戏　○节气知识　○农家谚语　○其他（自己补充）________

7. 如果可能，你愿意教爷爷奶奶或者外公外婆哪些本领？（可以多选）

○说普通话、英语及唱英文歌等

○弹吉他、跳舞、书法等

○使用智能手机，进行微信支付、视频通话等

○做现代美食，如比萨、南瓜饼、蔬菜果子等

○现代游戏，如拼乐高、扑克算27点、玩魔方等

○垃圾分类知识

○如何正确戴口罩、正确洗手等

○其他（自己补充）____________

8. 你对寒假活动的开展还有什么期待和建议？

家长卷（爷爷奶奶填写）

1. 您的文化程度

○大学　○高中　○初中　○小学　○没上过学

2. 您的职业

○工人　○农民　○知识分子　○个体劳动者或自由职业者　○其他

3. 您觉得班级开展“隔代互学”活动有没有意义？

○有意义　○没意义

4. 你对开展“隔代互学”的态度怎样？

○很赞同，认为很有必要

○没意见，无所谓

○不赞同，认为没必要折腾

5. 您愿意参加隔代互学活动吗?

○非常愿意　○比较愿意　○不愿意

6. 如果可能,您希望教给孙子(孙女)哪些本领?(可以多选)

○做家乡美食　○学做农活　○剪窗花等手艺　○地方戏曲　○家乡话

○传统游戏　○节气知识　○农家谚语　○其他(自己补充)＿＿＿＿＿＿

7. 如果可能,您希望从孙子(孙女)那里学会哪些本领?(可以多选)

○说普通话、英语及唱英文歌等

○弹吉他、跳舞、书法等

○使用智能手机,进行微信支付、视频通话等

○做现代美食,如比萨、南瓜饼、蔬菜果子等

○现代游戏,如拼乐高、扑克算 27 点、玩魔方等

○垃圾分类知识

○如何正确戴口罩、正确洗手等

○其他(自己补充)＿＿＿＿＿＿＿＿＿＿

8. 对于寒假隔代互学活动的开展,您有什么好的建议?

附件 2

学生假期生活"3＋X"自主寒假作业单

活动项目	活动名称	活动目的	活动方式	活动内容
1(必选)	亲情在心间	感受祖辈的技艺和精神,进一步融洽亲情,互学共长	与父母一起回老家开展隔代互学活动	1. 向祖辈学习传统文化和技艺 2. 教会祖辈现代技术和本领
2(必选)	体艺展风采	帮助学生提升内在与外在形象,内外兼修,增强自信	自选体艺活动,向父母拜师或者开展竞赛活动	1. 运动:篮球、足球、乒乓球、羽毛球、骑行、踢毽子、跳绳等 2. 艺术:弹琴、唱歌、跳舞、绘画、手工、插花、朗诵等
3(必选)	好书伴我行	根据学生年龄特点,与"经典"对话	自选书目与父母、长辈共读,开展家庭读书会	自选两本:《窗边的小豆豆》《淘气包马小跳》《西游记》《草房子》

续表

活动项目	活动名称	活动目的	活动方式	活动内容
4(自选)	电影唤飞翔	从推荐的多部涵盖人文、科普、动画等不同主题和类型的电影中,感受不一样的人生	根据喜好,自选3部以上电影与父母、长辈共同观看	自选3部电影: 1. 人格独立电影,如《男孩和世界》《当幸福来敲门》 2. 地理纪录片,如《美丽中国》《海洋》《太阳系奇观》《宇宙的奇迹》 3. 生物纪录片,如《我们诞生在中国》《人体的奥秘》 4. 动画电影,如《疯狂原始人》《海底总动员》
5(自选)	公益伴我行	学会乐善好施,提升生命质量	与父母一起做一件善事	1. 做一次义工 2. 参与社区活动 3. 捐赠物品 4. 探访一次敬老院

附件3

“你好,寒假”学生活动评价表

活动名称	评价标准	评价内容	学生自评(10分)	同学互评(10分)	家长评价(10分)	教师评价(10分)
隔代互学	1. 从祖辈那里学会了5项本领 2. 教会了祖辈至少3项本领	互学达人				
体育运动	1. 坚持每天运动打卡 2. 体育技能有提升	运动达人				
阅读活动	1. 寒假期间读完3本以上课外书 2. 认真撰写读书笔记8篇以上	阅读达人				
艺术活动	1. 学会了2项以上艺术技能 2. 完成了手工灯笼的制作	特长达人				

续表

活动名称	评价标准	评价内容	学生自评（10分）	同学互评（10分）	家长评价（10分）	教师评价（10分）
公益活动	1. 参与不少于2次社区公益活动 2. 发起并组织不少于1次公益行动	公益达人				
实践活动	1. 主动发起实践活动1次，并成功组织 2. 完成组织活动的"美篇"报道	组织达人				

附件4

"隔代互学"活动反馈家长问卷

1. 在"隔代互学"活动中孩子的状态怎么样？

○很乐意，很积极地完成　○任务观点，被动地完成　○觉得很烦，没有完成

2. "互学"中的本领孩子真正学会了吗？他（她）是否明白学了这些本领有什么用途？

○学会了，明白了

○学会了，不明白

○不熟练，但明白

○不熟练，不明白

3. 通过"隔代互学"活动，您觉得孩子有何收获？（可以多选）

○走进了爷爷奶奶的生活世界，发现了他们身上的真功夫，对他们心生敬佩，增进了和爷爷奶奶之间的感情

○通过当"小老师"，体会了老师的不容易，理解了老师工作的辛苦和烦恼

○通过学习，掌握了新技能，增长了新知识

○教会了爷爷奶奶新技能，让他们跟上时代的步伐，很有成就感

4. 爷爷奶奶在这项活动中的态度怎么样？

○很乐意、很积极

○教孩子很乐意，孩子教他（她）有点不好意思学

○被迫教、被迫学

5. 您在这项活动过程中的表现怎样?

○积极地督促、陪伴、指导,帮忙拍照、录像,记录过程性资料

○光督促,不陪伴,不指导

○不督促,不指导

6. 您在这次"隔代互学"活动中有何遗憾?

○认识不足,没有让孩子参加,下次一定认真参加

○互学的过程中没有对孩子尽到督促、陪伴和指导的责任,孩子有任务观点,完成质量不高,收获不大

○这次互学的内容比较简单、随意,下次要好好策划、好好学,保证学习的质量

7. 爷爷奶奶对本次活动的评价怎么样?(可以多选)

○感觉很有意义,增进了一家人的感情

○自己学到了现代信息技术,学会了使用智能手机,感受到了时代的发展变化之大,跟上了时代的步伐,为老年生活增添了乐趣

○感谢学校先进的教育理念,让自己有机会能和孙儿(孙女)相互学习,共同成长

8. 对于班级开展的本次"隔代互学"活动,您还有什么好的建议?爷爷奶奶有什么建议?

附件 5

"隔代互学长本领"研学记录

时间	姓名	学习对象	学习内容	教授内容	学习感受(收获)	备注
过程性记录						

注意:过程性记录可以图片、照片等形式呈现。

(南师附中江宁分校小学部,何明涛)

敬畏自然,从我做起

• 活动背景

寒假之初,许多家长许诺要带孩子去拜访亲朋好友、去海边度假、到北方看雪……然而这一切都被后来的宅家抗疫生活所代替。生活模式的骤变引发了孩子们一连串的疑问:"为什么不能出门?""为什么会有这么讨厌的病毒?""怎样才能打败病毒?"作为家长、作为教师,在抗击疫情的同时,应把握契机,引导孩子们了解这场重大社会事件的本源——人与自然紧密又脆弱的关系,从而产生敬畏自然的意识。敬畏自然、敬畏生命、保护环境的教育迫在眉睫、刻不容缓。作为学生,不仅要了解人与自然和谐统一的道理,还要懂得"怎样敬重自然",又该做些什么来保护生态环境。在自然面前,在现实面前,每一位学生应该知晓做哪些事情、有哪些担当,从而增进对自然的认识,树立环保意识。

• 活动准备

1. 敬畏自然,敬畏生命,保护环境,践行生态文明从我做起,在各年级的假期生活指导手册中都有所体现,各班级应提前设计调查问卷的内容,形成年级组调查问卷。

2. 了解学生和家长感兴趣的假期生活项目以及亲近自然、走进自然的感想,在此基础上确定班级实践活动方案,设计"敬畏自然,从我做起"假期生活方案(见附件 2)。

3. 班主任需要组织召开班级主题班会,让学生了解自然、感受自然、敬畏自然,从而产生保护自然主动从自身做起的意识。班主任要确保活动能在假期顺利开展,并指导学生如何从"我"做起,从身边的小事做起,同时通过活动记录单、手抄报、读后感、小习作的方式展现活动的效果和设想。

- **活动过程**

1. 召开班主任会议，明确活动的现实意义和呈现方式

会议讨论内容包括：(1)“敬畏自然，从我做起”的活动背景要立足当前的热点话题，讲述防护疫情如何从“我”做起，人与自然如何和谐共处；(2)活动要求每个班级选择一项活动内容，说说自己的活动设想和活动需求，完善活动方案；(3)学习效果可以用照片、视频、“美篇”等形式呈现；(4)拟订一份班级活动汇报。

【设计意图】班主任作为活动的设计者和指导者，必须先从思想上重视和认同活动的意义，然后根据教师自身的资源、业务能力和学生的特点选择合适的活动方式，从而让活动有可操作性，同时让活动的呈现方式多样而有效。

2. 设计调查问卷，了解学生对自然的知识

(1) 各班级老师根据自己的设计方案设计调查问卷，也可以参考给出的年级调查问卷进行修改或者补充(见附件1)。通过调查问卷，了解学生对这一活动的需要和原有的知识储备，从而形成有针对性和实效性的活动方案。

(2) 对调查问卷进行汇总，形成调查报告，并提出对寒假生活的指导性建议。

【设计意图】每个教师对活动的理解和设计不同，应有不同的调查问卷；每个班级的学生对活动的需求也有所不同，应通过分析调查问卷，形成行之有效的寒假活动方案。

3. 召开网络班会，交流成果收获

班主任根据学生假期生活“3＋X”自主活动单(见附件2)，进行一次网络上的作业在线反馈及交流，并填写“敬畏自然，从我做起”学生活动评价表(见附件3)。

由于受疫情的影响，校外的实践活动不能正常开展，可以变线下为线上展评，召开一次“敬畏自然，从我做起”网络主题班会。学生可以根据自己的居家小实验或者小书画、小习作来发表感言；也可以选择自己认为最棒的一项活动，将其成果拍成视频发到班级群中，让同学、家长、老师来进行评价，对于优秀作品可以向校园电视台推荐展示，同时发到学校网站上，作为永久资料保存并展示。同时，鼓励学生将活动的具体方案和同学们分享。

【设计意图】从身边的小实验做起，从身边的小事情想起，让学生在活动单的引导下，产生活动的意识和理解活动的意义，引导学生发现自己的潜能，感受活动的快乐，启发学生对敬畏自然、保护环境的新思考。

4. 搜集活动反馈,引发改进思考

在学生积极开展活动、进行网上成果分享的基础上,班主任有必要组织一次年级间的活动反馈,搜集反馈建议或经验以便完善新的假期活动方案,让活动向着更深、更广的方向延展,促进学生的全面成长。对于学生而言,可以撰写以"大自然教会了我什么""敬畏自然,保护环境我该怎么做""活动中的感受和收获"等为主线的文章,分享自己的感悟,上传到班级 QQ 空间,师生交流互评。教师从中提取信息,引发改进思考,更加明确活动方向。

- **拓展训练**

特殊时期的特殊经历让孩子们有了一次特殊的体验,要通过"敬畏自然,从我做起"的活动实践和调查反思,引导他们真正体会活动的重要性和必要性,并让这一活动系列化,同时进行后续活动的初步谋划和展望。首先,引导学生将"认识"和"行动"相结合。"认识"是指认识我们赖以生存的大自然和大自然的朋友,"行动"是指平时学生应该怎样从自身做起、从小事做起呵护自然、适应自然,学会和自然相处。具体而言,即如何在日常生活中通过具体行动表达对自然的敬畏与呵护,比如节约能源,形成健康节俭的生活方式,不浪费食物;践行垃圾分类,减少使用一次性用品;爱护花草树木,爱护一切动物……请以《呵护自然,从点滴做起》或《敬畏自然,从我做起》为题,写一写你的思考和行动设计。其次,教师可以联系社区、学校或者其他资源,开展更多的亲近自然的活动,让学生真正融入自然,成为大自然的好朋友,并填写"敬畏自然,从我做起"校外实践活动记录卡(见附件 4)。

附件 1

敬畏自然问卷调查

1. 你生活在

○城市　　　○农村

2. 你喜欢户外运动吗?

○有　　　○没有

3. 户外的环境怎样?

4. 你读过关于敬畏自然的图书或者绘本吗? 请给同学介绍几本。

5. 你生存的自然环境怎样?

6. 你为改善自然环境做了什么?

7. 你从电视新闻或者报纸上了解最近发生了哪些自然灾害?

8. 你认为人类与大自然应该怎样相处?

9. 你认为当下最应该做好的事情是什么?

附件 2

"敬畏自然,从我做起"活动单

活动项目	活动名称	活动目的	活动方式	活动内容
1(必选)	我的盆栽	亲近自然,从身边开始	观察家里的植物	1. 观察植物的生长变化(比如水浇多了的绿萝是不是有些发蔫,妈妈厨房里的大蒜没有土也可以发芽长大等) 2. 记录植物生长的过程(可以拍照、录制视频或者撰写观察日记等)
2(必选)	户外活动	和家人一起去户外游玩或者锻炼	户外运动	可以进行爬山、逛公园、参观植物园等户外活动
3(必选)	读一本关于大自然的书籍	根据学生年龄特点,选择一本关于自然环境的图书	自选书目与父母共读,开展家庭读书会	各年级、各班级可以集体阅读1本,然后可以通过讲故事或者写读后感的形式在班级群里分享
4(自选)	我的朋友	了解一种动物,能介绍它的习性	可以是自家的宠物,也可以是自己感兴趣的动物	可以通过观察了解,也可以通过查阅资料来了解
5(自选)	电影唤情感	选择一部关于敬畏自然的科普或者科幻电影,从另一方面感受自然的力量	根据喜好,自选两部以上电影与父母共同观看	自选3部电影: 1. 地理纪录片,如《美丽中国》《海洋》《太阳系奇观》《宇宙的奇迹》 2. 生物纪录片,如《我们诞生在中国》《人体的奥秘》 3. 动画电影,如《疯狂原始人》《海底总动员》
6(自选)	公益伴我行	学会乐善好施,提升生命质量	与父母一起做一件爱护环境的善事	1. 做一次义工 2. 积极参与社区活动 3. 进行一次"敬畏自然,从我做起"的科普知识讲解

附件 3

“敬畏自然,从我做起”学生活动评价表

活动名称	评价标准	评价内容	学生自评（10 分）	同学互评（10 分）	家长评价（10 分）	教师评价（10 分）
我的盆栽	1. 你了解哪些植物的习性 2. 展示你的记录方式	观察达人				
户外活动	1. 有几次户外运动 2. 户外运动有什么启发	运动达人				
读一本关于大自然的书籍	1. 寒假期间读完 3 本以上课外书 2. 认真撰写读书笔记或者编制读书小报 4 篇以上	阅读达人				
电影唤情感	1. 观看 2 部电影 2. 至少有 1 篇观后感	评影达人				
公益伴我行	1. 参与不少于 2 次的社区公益活动 2. 发起并组织不少于 1 次的公益行动	公益达人				

附件 4

“敬畏自然,从我做起”实践活动记录卡

班级	姓名	我的思考	我的行动预设	我的实施方案
过程性记录				

注:过程性记录可以图片、视频等形式呈现。

（南师附中江宁分校小学部,王春红）

同心勠力抗疫情，责任担当在我心

• 活动背景

李兰娟院士说过："作为教育工作者，必须把立德树人、教育引领年轻一代形成正确的价值导向、做有担当精神的追梦人当作培育新时代接班人的责任和使命！"

2020 年寒假，全体师生居家抗疫，度过了一个特殊的假期，作为班主任，要紧密联系家长，以"当人类面对疫情，我们小学生应做什么"为主题，开展形式多样、内容丰富的教育活动，着重引导学生思考为何学、学什么、向谁学、如何学等问题，思考在新时代立什么志向、担什么责任、落实什么行动，启发学生自觉增强责任意识、风险意识、担当意识和家国情怀，坚决打赢疫情防控阻击战，用实际行动深入践行社会主义核心价值观，成长为担当民族复兴大任的时代新人。要充分发挥学生的主动性和创造性，真正将思想教育落到实处，在学生灵魂深处烙下深刻的印迹。

• 活动目标

1. 认识此次疫情的危害性，增强卫生防范意识，培养健康的生活习惯。
2. 了解抗击疫情中的感人事迹和英雄人物，培养学生的感恩意识。
3. 学会珍爱生命，热爱生活，热爱祖国，坚定信念，树立责任意识。

• 活动准备

1. 了解科学防控。在线开设"掌握防疫知识，争做防疫小达人"防疫知识宣传课，引导学生在家收看时事新闻、阅读相关书刊，全面了解新冠病毒的成因、特点、传播途径和社会危害。通过不同的形式和渠道，让学生学会掌握科学防疫知识，制作健康防护小贴士，培养健康的生活习惯，掌握科学防控的方式方法。

2. 明白责任担当。引导学生在家长的带领下，通过新闻、图片、视频、电话访谈等多种途径，充分认识科学家、医护人员、军人、警察、社区管理人员、教师、工人、农民、司机、保安、保洁员等不同人群在疫情防控工作中的责任担当。

3. 致敬“逆行”英雄。引导学生在家通过网络了解全国，尤其是江苏，在驰援湖北、协同战“疫”过程中，医护人员、疾控人员、军人和科学家等“疫”线“最美逆行者”的感人事迹，学习他们作为“逆行者”的志愿精神、可贵品质和无疆大爱。指导学生通过制作小报或写作文，表达对“最美逆行者”的敬意。

- **活动过程**

1. 召开班会，激发担当意识

此次新冠肺炎疫情致使寒假延长，学生第一次面对这一突发公共卫生事件会有很多追问和思索。因此，我们召开网络主题班会，让孩子们围绕这次疫情展开讨论，讨论内容包括：(1) 面对疫情，我们小学生应该做什么？(2) 在和平年代、平凡世界背景下，谁才是真正的英雄？(3) 小学生应该承担哪些责任？(4) 居家抗疫期间，我们如何践行责任？

在学生充分讨论发言后，教师总结：疫情当前，学习当然很重要，不能耽误。但是在这个特殊的时候，我们该学习的，不仅仅在于课本，更在于社会这个大课堂带给我们的反思。无数的医生、战士、普通人在为这场战役拼尽全力时，我们不能无所事事地做个安逸的“宅人”。我们要明白自己身上承担的责任：(1) 合理安排学习是一种责任；(2) 少出门，出门戴口罩是一种责任；(3) 关爱他人，奉献社会是一种责任；(4) 保护野生动物是一种责任；(5) 坚持锻炼身体是一种责任；(6) 做力所能及的家务是一种责任……让我们做一个有责任、有担当的时代好少年。

【设计意图】围绕班会话题，引导学生思考、讨论，要让他们自觉地认识到抗击疫情人人有责，并能够联系实际生活，认识时代英雄，致敬每一个平凡的中国人，从而形成正确的人生观、世界观和价值观，进行积极的自我认知和生涯规划，努力成长为有担当、能负责、在国家和民族危难之际显身手的人。

2. 童心战“疫”，践行责任担当

(1) 争当防疫小卫士。指导学生制定合理的居家作息时间表，坚持每天测体温，及时上报自己的动态，做到勤洗手、多通风、少出门，出门一定戴口罩，不聚集、多运动，自觉进行网上学习，帮助家长做好家务劳动。积极学习防疫知识和防护方法，用实际行动践行防疫小卫士的誓言，自觉做到“停课不停学”，用积极向上的态度配合老师做好疫情防控。

(2) 争当小主播。利用每周的“道德与法治”在线课时间，开展“童心战‘疫’”故事会活动。故事会包括“我的防疫妙招”“讲述防疫感人故事”“感受祖国暖心力量”三部分内容。每次课安排5名学生做小主播，通过童心话防疫、童心讲故事的形式，让学生在居家防疫时，认识防疫英雄，感受动人的瞬间与暖心的故事，致敬身边的英雄。

(3) 今天我当家。学生“宅”在家里，做力所能及的家务也是一种责任。除了常规的打扫卫生、洗衣服之外，还可以指导学生通过请教家长或者上网自学做菜的过程，亲手为下班归来的家人做道家常小菜，来温暖父母的心灵，回报父母的养育之恩。努力做到在防疫的关键时刻，在家不添乱，满满亲情战疫情！

(4) 争做“小雷锋”。在3月5日“学雷锋主题日”来临之际，班主任通过班会课向班级学生发出“抗击疫情学雷锋”倡议，学生自主讨论学雷锋活动的方式方法，列出学习雷锋清单，每人在雷锋月期间完成5至10件学雷锋行动。可以指导学生和家长一起搜集、整理抗疫期间的“雷锋”故事，制作“抗疫雷锋榜”，并为心目中的“抗疫雷锋”画像；也可以将听到或看到的抗击疫情中的感人事迹写下来，将对英雄的崇敬之情诉诸笔端，写一篇“抗击疫情活雷锋”征文稿；还可以身体力行，如用自己的零花钱进行捐款，和大人一起用消毒液为电梯消毒，向小区的安保人员捐献物资等，以实际行动让自己成为“抗疫小雷锋”。

【设计意图】童心战“疫”，不仅是一个口号，也不仅仅是一堂班会课、一些活动，而是要贯穿学生主动发展和健康成长的全过程。要引导学生通过自主查阅资料、讲英雄故事、制作手抄报、为家人做一道菜、为他人奉献一份自己的力量等形式多样的体验活动，激发学生的责任感，从而自觉地履行自身责任。

3. 坚定信念，肩负使命共成长

新冠肺炎疫情发生以来，全国动员、强力应对，采取了严格的防控举措，打响了疫情防控的全民保卫战。作为保卫战中的一员，在这个特殊的时期里，自己有哪些新的体验和思考，明确自己责任在肩后，应该如何落实到今后的学习和生活中去？指导学生以“特殊的假期，我成长了”为主题，用笔写出自己的心声。

【设计意图】抓住“特殊的假期”这一教育契机，引导学生用实际行动深入践行社会主义核心价值观，将责任担当内化于心，努力成长为担当民族复兴大任的时代新人。

- **拓展训练**

在引导学生明确责任、践行自己的担当和使命之后，班主任还可以结合3月12日植树节，指导学生以制作与植树节主题相关的小报，参与网络“云种植”等方式，培养学生珍惜大自然、保护大自然的意识，懂得和谐共生、自然相伴的道理。还可以引导学生了解本次疫情扩散引发的全球反应，帮助学生拓展视野，初步理解“人类命运共同体”的含义，理解当今全球化的时代，任何一个国际社会成员都不可能置身于全球公共卫生危机之外，在危机面前必须团结协作、共同担当。

附件

“我为家人做道菜，满满亲情战疫情”活动记录表

<table>
<tr><td>菜名</td><td colspan="3"></td></tr>
<tr><td>准备食材</td><td colspan="3"></td></tr>
<tr><td>做菜步骤</td><td colspan="3"></td></tr>
<tr><td>制作过程</td><td>我的大菜</td><td>做菜感受</td><td>家长点评</td></tr>
<tr><td>（粘贴图片）</td><td>（粘贴图片）</td><td></td><td></td></tr>
</table>

【写作示例】

薯条“诞生”记

受到新冠病毒的影响，这学期我们延期开学了，周末的时候老师布置了“给爸爸妈妈做饭”的作业。

到底给爸爸妈妈做些什么好呢？我还没有做过饭，也不会做饭，能做什么菜既简单又能让爸爸妈妈满意呢？

夜里睡觉的时候，我脑袋中灵光一闪，我最喜欢吃的就是薯条，不如就给爸爸妈妈炸一次薯条吧！于是我请求妈妈教我炸薯条。

中午到了，好容易等到我大显身手的时间了。我挑选了一个大大的土豆，在妈妈的指导下把土豆切成宽宽的条状，放到水里煮熟，捞起来过一遍凉水之后再沥干水分，然后裹上一层玉米粉，放到冰箱里冷冻两到三个小时。

冷冻时间一到，我就迫不及待且小心翼翼地捧出已经冷冻好的土豆条，往锅里倒入适量的食用油。待油温热了，再把土豆条放入锅中，看起来简单，做起来却不容易，土豆条刚下锅的时候，因为有水分，油一个劲地往外蹦，蹦到身上疼到不行，我是又害怕又兴奋，还得用筷子不停地搅拌，因为怕它们黏在一起。就这样大概四五分钟后，土豆条被炸得四面金黄，薯条终于“诞生”了。

我把薯条端给爸爸妈妈品尝，他们吃过以后，对我竖起了大拇指。我心里感到美滋滋的。同时，我也明白了这看起来简单的炸薯条，做起来也是很不容易的，妈妈每天做饭真辛苦！

（南师附中江宁分校小学部，马小微）

关爱互助，共同成长

• 活动背景

2020 年初，一场突如其来的新冠肺炎疫情让中国人经历了一个不一样的春节。一方有难，八方支援。2020 年 2 月 7 日，在国务院联防联控机制新闻发布会上，国家卫健委宣布建立 16 个省以“一省包一市”的方式，全力支持湖北。江苏医疗队组织有力、保障得力，迅速行动驰援黄石。江苏也被网友亲切地称作“苏大强”。

习近平总书记说：“中国人民是具有伟大团结精神的人民。”这种精神不仅体现在成年人身上，也体现在少先队员的身上。1993 年，全国少先队员用自己的零花钱捐建了第一所“手拉手希望小学”；2008 年，汶川地震，全国少先队员发扬"一方有难,八方支援"的传统美德,帮助灾区人民渡过难关……2020 年 2 月中旬,共青团中央、江苏省少工委发起了"红领巾送温暖,战'疫'手拉手"活动的倡议,南京一所学校与黄石一所小学响应省少工委的倡议和号召,积极参与"苏鄂红领巾手拉手"活动,成功结对。两校组建成手拉手、心连心的温暖大家庭,为苏鄂战"疫"增添一份助力、一份温情。两校的少先队员关爱互助,共同成长,成为抗击疫情中有力的一分子。

- 活动准备

隔山隔水不隔爱。如何把这场手拉手活动开展得有声有色,让少先队员们真正地手牵手、心连心,相互关爱、共同成长?南京、黄石两校的辅导员建立了 QQ 群,多次进行网络连线,了解两校学生的基本情况,在此基础上确定结对活动,设计结对活动方案。

辅导员组织召开线上家长会,与家长们共同探讨结对活动的意义,争取家长的支持,征求家长对活动的建议,鼓励家长和孩子共同参与,全力配合活动的正常开展;在中队群、小干部群内举行活动的启动仪式,激发少先队员对活动参与的热情;各中队根据学生的性格特点、个性特长分小组,选出小组长,以小组形式开展手拉手活动的交流与探讨。

辅导员老师根据各中队、小组队员的参与情况,选择希望给予他人帮助、需要他人给自己帮助的少先队员加入结对群,开展一对一结对行动。

在一对一结对群基础上,辅导员老师指导少先队员们进一步开展一对一结对活动。

- 活动过程

1. 电话沟通交流,确定活动内容

两校辅导员通过电话沟通交流,了解了两校少先队员的情况:黄石市的这所小学是一所农村小学,7 个教学班,全校少先队员共 200 余人,3 名家长被确诊为新冠肺炎。几乎所有孩子家中都没有口罩、防护压力大,开学后更是困难重重!大多数家长对孩子的关注度不高,在线网课还没有进行,学生在家无法与外界沟通交流,很容易产生心理问题。由于家长文化程度参差不齐,也很难对孩子进行疫情期间的心理疏导。多数学生希望有不一样的方式和外面的小伙伴进行交流和互动。

南京市的这所学校有比较科学的居家学习规划，大部分学生安心居家，井然有序地上网课，坚持课外阅读，做力所能及的家务，积极参加体育锻炼，潜心修炼自己的才艺。在学校少工委的引领下，少先队员们积极参加了许多有意义的少先队活动，用行动抗击疫情。例如，“居家自护更自强，争当抗‘疫’小先锋”主题活动；“见证收获与成长”主题班会；“学习雷锋，为抗击疫情助力”主题活动；“从小学先锋，长大做先锋”主题队会；录制抗“疫”歌曲、小视频；等等。当大队部提出要开展“关爱互助，共同成长”童心行动时，很多少先队员都表示非常支持，特别愿意加入进来，用实际行动帮助黄石的结对学校渡过难关。

【设计意图】通过电话沟通了解双方学校学生的居家学习、生活以及心理情况，为两校开展“关爱互助，共同成长”手拉手结对活动做准备。

2. 采用多种方式，助力活动开展

活动方案基本确定后，南京和黄石两校大队部联合发布“关爱互助，共同成长”牵手海报、“童”心抗“疫”倡议书，少先队员们积极参与进来，用自己的行动为抗“疫”增添一份助力。

(1) 同上一节课。苏格拉底说过：“身体的健康因静止不动而破坏，因运动练习而长期保持。”武术是中华民族的一项宝贵文化遗产，深植于中华大地，两校少先队员同上一节体育课“中华武术操”，在强身健体的同时了解中华武术精神，用行动加油锻炼，增强免疫力，战胜病毒。

(2) 绘画树信心。对于孩子来讲，绘画是一种非常形象的语言，更是孩子游戏、放松的一种方式。特殊的抗“疫”期间，通过形象的绘画，可以相互鼓励，树立信心。新型冠状病毒虽然可怕，但只要众志成城，携手同行，共同抗疫，必定胜利！通过绘画，队员们表达自己战“疫”必胜的信心。

(3) 书信传真情。写信是交流感情、学习心得的绝佳方式，特别对于处在武汉的孩子来讲，面临疫情的困扰，如果收到远方小伙伴的一封信，一定能得到莫大的鼓舞和安慰。两校的少先队员通过写信、QQ、微信等方式向远方的小伙伴介绍自己的学校、家乡，交流学习心得、抗疫体会，送上衷心的问候和祝福。

(4) 影音送祝福。总有一些故事温暖这个春天，总有一种力量鼓舞人们前行，两地少先队员通过语音、视频的方式给远方的小伙伴送去最诚挚的祝福，温暖彼此的内心，鼓舞对方加油向前。

(5) 帮扶献爱心。了解到黄石市的这所小学已有 3 名家长被确诊为新冠肺炎,后续开学防疫压力大,严重缺少口罩、消毒液等防疫物资,南京学校的辅导员老师第一时间倡议,鼓励有条件的少先队员、家长朋友给予黄石结对学校一定的物资帮扶。

【设计意图】通过开展同上一节课、绘画树信心、书信传真情、影音送祝福、帮扶献爱心等结对活动,两校少先队员相互鼓励、相互帮助,不仅使"宅"在家中的队员们不再孤独,而且也让他们相信有爱就有温暖,有爱就有希望,有爱就是力量。

3. 线上升旗仪式,推动关爱行动

(1) 升旗共表爱国情。一场突如其来的新冠肺炎疫情,让队员们经历了一个特殊的寒假,也让全世界看到了万众一心、众志成城的中国力量。由于新冠肺炎疫情的影响,队员们不能如期相聚在学校一起学习、一起活动。在特殊的日子里,南京和黄石两校的少先队员共同集结于线上,视频中的五星红旗高高飘扬,爱国情深深根植于每一个少先队员的心中。队员们通过升国旗、唱国歌、敬队礼的方式致敬亲爱的祖国,致敬有爱的人民,致敬伟大的时代!

(2) 关爱互助共抗疫。南京与黄石的这两所学校友好结对,南京学校的校领导在升旗仪式上对两校的结对活动进行演讲,通过鲜活的结对事例总结了两校结对以来开展的同上一节课、绘画树信心、书信传真情、影音送祝福、帮扶献爱心等各项活动(见附件 1),鼓励少先队员们在活动中学会关爱、学会珍惜、学会担当、共同成长。

(3) 摄像头前诉牵挂(见附件 2、附件 3)。两校虽相隔千里,却阻隔不了少先队员们想要认识彼此的热情,在辅导员老师的牵线联系下,队员们非常激动,纷纷用手中的笔,写下了一封封牵挂的信,南京、黄石两地少先队员代表在镜头前读信,诉说对远方朋友的关爱与祝福。

(4) 歌颂祖国表决心。世界很大,少先队员相隔千山万水;世界也很小,彼此关爱互助,共同成长。两校少先队员共同演唱《我和我的祖国》,表达同一个愿景:春暖花开,山河无恙! 待长成参天大树,一定报效祖国!

【设计意图】国旗是一个国家的荣誉象征,升旗仪式可以增加少先队员强烈的爱国情感,通过"关爱互助,共同成长"主题升旗仪式让学生充满仪式感,更深地体会同在祖国母亲的怀抱中守望相助的温暖。

4. 发表活动感言,升华活动成果

异地相隔千里远,爱心无私两地牵。同上一节课、绘画树信心、书信传真情、影音送祝福、帮扶献爱心等活动的开展，让素未谋面的少先队员感受到了浓浓的爱国、爱校、爱人、爱学习的关爱氛围。参与这些活动后，少先队员们谈了各自的感受。

少先队员小崔说："隔山不隔情，我们和黄石的同学们心连心；停课不停学，我们和黄石的同学们肩并肩。此次活动，让我们明白，我们是一个大家庭，有困难时要伸出援手，互相帮助，我们就一定能战胜困难。"

三年级的少先队员忻忻说："参与此次活动，和黄石小学共唱国歌、共同升旗、共行少先队礼，让我内心澎湃，一种集体自豪感油然而生；看到老师、同学和热心的家长齐心协力筹备物资，帮助武汉的同学，让我想到一滴滴水汇成大海。大家用真情和友爱奏出美妙的乐章，使我记住了团结就是力量。让这种'关爱互助，共同成长'的精神遍及祖国的每一个角落。在和平的年代、和谐的环境下，让我们一起茁壮成长为参天大树，报效祖国！"

5. 继续跟进活动，巩固结对效果

虽远隔千里，结对的情分一直都在，结对学校将继续交流、帮扶互助，也希望后续的联系能让两地少先队员的心联系得更加紧密。

队员们将继续用炽热的书信传达浓浓的情感，用手中的画笔描绘美好的明天，让处在两地的孩子心相连、手相牵。辅导员、少先队员们也相互约定，不远的将来，南京的朋友到黄石走走，黄石的朋友来南京看看。辅导员们一起探讨教育心得、教学理念，少先队员们相互介绍家乡的美景和故事……结对的伙伴相互关爱，共同成长！

习近平总书记说："中华民族历史上经历过很多磨难，但从来没有被压垮过，而是愈挫愈勇，不断在磨难中成长、从磨难中奋起。"少先队员在这次疫情中了解到党中央的坚强领导、全国各族人民的团结奋斗，了解到团结奋进的中华民族是压不垮的，通过手拉手活动，少先队员们学会了关爱、学会了珍惜、学会了担当，互帮互助，共同成长。

手拉手心连心，苏鄂战"疫"添助力；手拉手心连心，风雨同舟向前行。两校少先队员在活动中关爱互助、共同成长，成为抗击疫情中有力的一分子。每一个寒冬的煎熬，都是春天的序曲，春天已来，抗击疫情胜利的号角已经吹响！

- **拓展训练**

习近平总书记说："人类是一个命运共同体，战胜关乎各国人民安危的疫病,团结合作是最有力的武器。""国际社会必须树立人类命运共同体意识,守望相助,携手应对风险挑战,共建美好地球家园。"因此,在"关爱互助,共同成长"活动的基础上,引导学生继续开展"构建人类命运共同体,我们在行动!"主题活动,让孩子们进一步树立和塑造正确的世界观、人生观、价值观,涵养团结互助、责任担当的家国情怀和人类关怀。

第一,学生志愿者活动。例如,普及推广公共安全卫生常识,包括正确使用口罩、正确洗手,正确进行公共场合的人际互动等;宣传抗击疫情的中国经验,体现国家责任和担当,强化家国情怀和人类命运共同体意识。

第二,学校帮扶活动。可以组织学生对口支援相关国家学校的同学,提供必要的人力物资等方面援助,携手抗疫,共克时艰。

附件 1

国旗下讲话——《关爱互助,共同成长》

尊敬的各位老师、亲爱的同学们:

大家上午好!我今天国旗下讲话的题目是《关爱互助,共同成长》。

一场特殊的战"疫",把江苏和黄石紧紧联系在一起。2020 年,举国上下全力抗击新冠病毒。在危难之际,江苏医疗队驰援黄石;同时,在江苏省少工委的带领下,我们两校积极参与"苏鄂红领巾手拉手"活动,成功结对,组建成了一个手拉手、心连心的温暖大家庭,为苏鄂战"疫"增添了一份助力、一份温情,愿每一位同学都能在同一片蓝天下相互关爱,共同成长!

新冠肺炎疫情打乱了我们正常的学习生活。面对"疫情",作为一名学生,"居家学习,成长自己"已经成为一种责任。我校的×××同学就为自己制定了一份"延长寒假"居家作息时间表。他的这份居家作息时间表荣登过校园网站,把"居家"学习和课堂学习一视同仁对待:每天早晨 7:45 分开始朗读;上网课期间,做到课前认真预习,课上全神贯注;积极参与老师们的各种互动,遇到不懂的问题第一时间与老师在线交流;及时提交作业。希望所有居家学习的同学们,都要养成自律的好习惯,好习惯会让人受益一生,等复课后,定能少走很多"弯路"。×××同学不仅在学习上能够做到自律,他还有一颗爱祖国、懂关爱、乐创造的心,他积极给远在黄石的小伙伴们写信,通过绘画的方式表达抗"疫"必胜的信心。×××同学在参加南京市少工委举办的"云植树"活动中的留言感动了很多观众,让我们跟随镜头听听×××同学的留言。

在这场没有硝烟的战场上，南京和黄石肩并肩、心连心，共克困难。了解到黄石×××小学已有家长确诊，后续开学防疫压力大，缺少口罩、消毒液、体温枪等物资的情况后，大队辅导员在小干部、媒体团的群里第一时间发布倡议，两天时间便募集了口罩 4 210 只、手套 2 500 副、体温枪 7 把、酒精 63 500 ml、消毒片 1 200 片、洗手液 35 瓶、消毒水 10 瓶；中队辅导员××老师主动打电话了解黄石学校当前防疫情况，表示需要什么一定全力支持，一下午的时间就带领全班少先队员募集到 1 300 只口罩；小干部们在网上不断找可以发货的卖家；二年级的小媒体人更是跟我们说要把家里不多的医用口罩、酒精片、消毒湿巾等寄给更需要它们的黄石小伙伴们；还有×××家长多方联系口罩厂家，努力帮黄石的孩子们联系到儿童口罩 1 560 只……当我们传达黄石结对学校校长的谢意时，大家不约而同地说“应该的”，我们只是尽了一份微薄之力。

万水千山总是情，咫尺天涯心连心。两校少先队员们还在一周的时间里陆陆续续开展同上一节课、绘画树信心、书信传真情、影音送祝福、帮扶献爱心等结对活动。一封封暖心的信、一张张鼓劲的画、一段段温情问候的视频，让“宅”在家中的小伙伴摆脱了孤独的阴影，小伙伴们更加相信有爱就有温暖，有爱就有希望，有爱就是力量。

苏鄂结对手拉手活动不仅仅体现在物资的帮扶上，还重点关注抗击疫情中困难的同学，我们已经建立了一对一帮扶群，也欢迎黄石的少先队员们继续加入进来！让我们共同抗击疫情，一起成长！

习近平总书记说：“中华民族历史上经历过很多磨难，但从来没有被压垮过，而是愈挫愈勇，不断在磨难中成长、从磨难中奋起。”是的，抗疫的胜利离不开党中央的坚强领导和全国各族人民的团结奋斗。当然我也希望你们在这次疫情中，学会关爱、学会珍惜、学会担当、共同成长。

请相信每一个寒冬的煎熬，都是春天的序曲，让我们手拉手、心连心，风雨同舟向前走。春天已来，我们必将迎来抗击疫情的最终胜利！谢谢大家！

附件 2

致黄石市小伙伴的一封信

亲爱的湖北省黄石的小伙伴们：

你们好！

我是来自南京的一名少先队员，2020 年春节，一场突如其来的疫情，一扫原来欢乐祥和的气氛，让每一个人都紧张不安起来。而你们，更是身处与病毒战斗最激烈的地方，一定要注意做好防护，保护好自己。

我们有幸能够成为手拉手的结对学校，这是难得的情分。我也因此有幸了解了美丽的黄石。虽然我们相隔千里、未曾见面，但这一场共同对抗病毒的战斗，让我们手拉手、心连心。

远方的朋友们，你们过得怎么样呢？你们和各自的家人也都平安吧？我相信你们都是很乐观坚强的。就算偶尔有焦虑害怕，也请一定记得：这不是一个人在战斗，我们永远并肩在一起！面对疫情，每一个中国人在尽最大的努力：有奋不顾身全力冲在一线的医护人员，也有努力生产急需物资的工人们……每一个人，都在坚守自己的岗位，相信全国人民的力量汇聚在一起，一定能够战胜这场疫情！黄石桥头公园的梅花已经绽放枝头，而你们那革命老区的万亩梨花也快要漫遍山野了吧？就像那歌里唱的那样："心手相牵，书写出最动人的诗篇，众志成城的信念，让我们一起站在胜利的山巅……"

在这特殊时期，我们少先队员同样肩负重任。首先，少外出、勤洗手，出门记得戴口罩，一定要保护好自己，我们都是与病毒作战的小勇士。另外，我们只有更好地认识了这个世界，掌握更多的规律，才能像那些在抗疫一线的英雄们一样，成为人类的守护者。

等到疫情过去，我一定要去你们的家乡看看，也欢迎大家来南京走走，这里美极了，有波光粼粼的玄武湖，也有各种各样、精致美味的南京小吃。希望这个梦想能够早点实现！

祝平安喜乐！

你们远方的朋友

2020年3月12日

附件3

致南京小伙伴的一封信

亲爱的南京的小伙伴们：

你们好！

我是黄石的少先队员×××，在这抗击疫情的紧张时期，收到远方朋友鼓舞人心的来信，收到你们寄来的防护物资，我们的校群沸腾了。你们同样被病毒困扰，但你们却还心系灾区贫穷山村的学弟学妹，我们万分感动，感激之情无以言表，我代表全体少先队员谢谢你们！

你们现在能坐在明亮的教室里上课了吗？你们可以和老师同学一起玩游戏，一起荡游秦淮河了吗？我们响应政府的号召，足不出户已经近两个月了，听大人们说外面已经春暖花开，好想出去走走，好想回到我们那春雨中青翠欲滴的校园，听老师给我们讲那小英雄雨来的故事，读梁启超少年强则中国强的警示名言。

在这个平静而又不平静的寒假，在瘟疫面前我们深感生命的脆弱，虽心有惊恐，但你们的关心和帮助也让我们深感温暖，我们相隔千里，但情同手足。我骄傲，我是中国人！在这次疫情中，医务人员、警察、环卫工人……挡在疫情之前，用他们的血肉之躯筑起护佑人民健康的坚固长城，所幸的是我们在他们的护佑下已经连续16天零增加了，胜利的曙光就在眼前。相信用不了多久，我们也可以回到那魂牵梦绕的校园了。亲爱的小伙伴们，有你们的关心和鼓舞，为了走出大山，为了中华之崛起，请相信我们的读书声会更加洪亮。

远方的朋友，非常有幸与你们在手拉手活动中成为结对学校。疫情无情人有情，温情处处暖人间，让我们手拉手、心连心，一起抗疫，勤奋学习。

待到疫情结束时，欢迎朋友们来我的家乡作客，我们一起欣赏漫山遍野的映山红，游览秀丽无比的仙岛湖，聆听乡土气息浓郁的采茶戏……

祝愿我们早日战胜疫情，祝愿我们的祖国更加繁荣昌盛！

你们远方的朋友
2020年3月13日
（南师附中江宁分校小学部，刘云）

抗击疫情，小公民在行动

- **活动背景**

这次寒假中突发的新冠肺炎疫情是一场重大的公共事件，它不仅影响社会上的各行各业，也影响千家万户的生活。在这个特殊的时期里，引导学生通过对疫情期间发生的国内外事件进行观察、体验和思考，尤其是年龄较小的小学生，引发他们对社会的关注，使之意识到自己是社会的一分子，从而培养学生的公民意识，使他们从小树立起公民的权利与义务相统一的意识，促使他们在未来能成为一名合格、称职的公民。

- **活动目标**

1. 认识到作为一个公民，应心系国家，在享受国家的服务和保护时，也要履行义务和承担责任。

2. 感受到作为一个公民，在时代大事件中的参与感和为公众做贡献时的自豪感。

3. 学会力所能及地以自己的方式关注和参与公众大事件，时时关心社会上的时事热点。

- **活动准备**

1. 教师准备：(1) 召开班委会，了解学生当前的状态，商讨活动的具体事宜；(2) 制作调查问卷；(3) 搜集相关预防新冠病毒的科学知识，给学生介绍一些权威的、专业的科普公众号。

2. 学生准备：(1) 了解"公民"的含义，作为公民有哪些义务和责任；(2) 通过权威的科普公众号，了解疫情防护常识；(3) 了解和搜集关于医护人员的故事；(4) 观察和了解自己身边的生活变化并做记录。

- **活动过程**

1. 网络班会巧动员，小小公民就是我

(1) 先利用调查问卷进行调查了解。在调查时，首先着重了解学生对新冠肺炎的认知程度，以便后续的资料搜集更有针对性；其次摸查学生对这场突发疫情的关注和参与意愿，以便后续引导能有的放矢。

(2) 在调查了解清楚学生对新冠肺炎的认知和态度后，利用网络平台召开一次主题为"我是小公民"的班会。在班会上引导学生主要围绕"小学生为什么也要关心疫情发展""小学生应怎样来关心疫情发展"这两个问题进行辩论。通过学生的辩论，让学生明白小学生年龄虽小，但也是社会的一分子，是与社会分不开的。随后教师进行总结，帮助学生理解公民的定义，明确公民是权利与义务的统一体，明白国家是属于我们的，我们也是属于国家的，我们在享受国家的服务与保护时，同样要履行我们的义务和责任。公民的"公"，是要把自身置身于国家政治生活、社会生活的背景下去确认自己的主人翁意识，把对国家的责任感、使命感以及权利和义务融为一体。小学生要有积极参与公共事务的意识，做力所能及的事。

【设计意图】在充分掌握学生情况的基础上，先帮助学生了解公民的定义，掌握公民与国家、公民与社会的关系，为后续的活动奠定理论认识上的基础。

2. 防护知识多了解，公德法规我遵守

作为公民，具有一定的公德意识是最基本的素养。在这个特殊时期，戴口罩、不聚集、不随意外出、保护好自己、不影响他人就是最基本的公德。至于为什么要遵守公德，这就要引导学生通过了解一定的新冠肺炎防护知识来加以理解。

可以给学生推荐一些权威的科普公众号，通过开展一场"新冠肺炎防护知识竞赛"活动来推动学生自主学习新冠肺炎防护知识。在学生自主学习期间，可以让每个学生轮流担任班级里的健康知识小播报员角色，每天在班级群里定时给同学们播报最新的疫情动态和新冠肺炎防护知识。等学生掌握了一定程度的防护知识后，就可以进行知识竞赛活动(知识竞赛题见附件 1)。最后评出优胜的同学，教师通过表扬信的方式对他们进行表彰鼓励。

【设计意图】公德意识是公民必须具备的素养。我们的一言一行都会影响到他人，因此遵守公德很重要。而在疫情期间，通过新冠肺炎防护知识的学习，学生可以更加体会到戴好口罩、不聚集、保护好自己、不给国家添麻烦、不给医护人员增压力就是最重要的公德，从而明白社会公德其实就体现在我们的日常生活中。

3. 观察记录与思考，公共事务我关心

作为一名公民，观察生活，思考社会，记录时代里的大事件，关心公共事务，就是一个公民的公民意识的体现。关于这点，许多仁人志士做出了榜样。我们可以选取武汉医护人员或当地百姓微博日记的一些片段，引导学生看一看、想一想：我们能不能也像他们那样来记录我自己的生活呢？

班主任紧接着发起一个名为"晒晒我的宅家日记"的分享活动，教师自己以身作则，带头分享，然后鼓励学生尝试用文字和图片的形式记录自己在疫情

期间“宅”在家里的生活，并表达自己对这段时间生活的思考。（学生日记示例见附件2）

【设计意图】“公民”一词，意味着我们每个人与社会、国家是不可分割的，关心公共事务是一个公民应有的意识和行为，同时也是一种责任。关心公共事务最常见的体现就是关注社会新闻、关心时事热点，并养成在观察中思考的习惯。对小学生来说，观察自己和家人的生活在这次疫情中所发生的变化，并在观察中进行思考，就是很好的公民意识的体现。

4. 战“疫”英雄群像传，公众英雄我崇敬

其实，观察、记录和思考，不仅仅局限于自己身边发生的事情，也包括社会上正在发生的各种事情。我们还可以通过开展一场“战‘疫’英雄故事我来讲”的网络故事会，发动学生先搜集那些在疫情中做出巨大贡献的人，给自己了解到的战“疫”英雄制作一份小报。然后让学生拿着自己的小报，录制一段讲述战“疫”英雄的故事视频进行分享。每天在班级群里固定一个时间段为“战‘疫’英雄故事会”时间，每个学生在这个时间段里轮流将自己拍好的视频发到群里，教师组织学生一起观看并进行点评。

在这场疫情中，堪称“英雄”的不仅有钟南山这样的公众人物以及冲在一线的医护人员，还有许多坚守在岗位上为保证抗疫顺利进行的物流人员、保洁人员……在了解战“疫”英雄故事的基础上，还可以利用一节网络班会的时间，组织一次关于“平民英雄”的讨论，引导学生把眼光转向生活中那些虽然平凡但同样为防控疫情做出贡献的人，开展“寻找我身边的平民英雄”的活动，引导学生通过拍照或画图并配上文字的形式，找一找身边的“平民英雄”。

【设计意图】在疫情期间，医护人员在关键时刻冲到了前线，为保护人们的健康和安全做出了贡献，但同时也有来自其他行业的平凡人物也为这场战“疫”做出了自己的贡献，他们都是我们国家真正的公民。多了解一些“平民英雄”的事迹，可以唤起学生对这些“平民英雄”的崇敬之情，引发他们对作为一名公民所应有的责任与担当进行思考。

5. 力所能及添把力，公益慈善我参与

遵守社会公德只是一个公民的最基本素养，关心公共事务则体现了一个人的公民意识。但如何引导学生把这些意识转化为行动，使他们感受到自己作为一个小公民的参与感和自豪感呢？我们可以借助“学雷锋日”，开展一场

“小雷锋在行动”公益活动。

首先要引导学生通过讨论和分享思考成果，列出自己认为力所能及的，能参与到公益慈善事业当中去的活动清单，然后拍照传到班级群里，让老师和同学一起来观摩、学习。

列好任务清单后，引导学生科学安全地进行实践活动，并把自己参与实践的过程进行拍照或录视频，发到班级群里与同学一起分享。教师则组织学生一起对这些同学的实践进行点评，并在点评当中潜移默化地引导学生明白小学生也是个小公民，我们同样可以通过自己的方式来履行公民的义务和责任。

【设计意图】我们在享受国家与社会提供的服务与保护时，也应履行回报社会的义务和责任。对于小学生来说，不可能像一些名人那样，做出惊天动地的公益举动，但是引导他们通过列清单，找到自己力所能及的事去做，使他们明白哪怕是很小的举动，也是很好的公民意识的体现。

- **拓展训练**

关于学生的公民教育，并不只是在这场突发的公共卫生事件中进行。公民教育应贯穿学生的学习生涯，并渗透到学生生活的点点滴滴中。因此，即使当这场新冠肺炎疫情结束后，我们也应该继续指引学生去了解在这场突发的公共卫生事件中新制定了哪些法律法规，这些法律法规制定的依据是什么，组织一场“特殊时期下的法律法规知识竞赛”，促进学生对身为一名公民的责任与义务担当做出更深层的思考。①

附件 1

新冠肺炎知识竞赛题

必答题(单选题)

1. 新冠病毒感染有药物可以预防吗？(　　)

A. 有特效药　　B. 有疫苗　　C. 暂时没有

2. 量体温的时候，在平静状态下超过(　　)℃，就可以判断自己发热了。

A. 36.8　　B. 37　　C. 37.3　　D. 37.7

---

① 注：本文的思想灵感来源于李镇西老师的讲稿《我不是英雄，我只是公民——疫情期间的公民教育》。

3. 与新冠肺炎患者近距离接触过，需要隔离多少天？（　）

A. 7天　　B. 14天　　C. 21天　　D. 2～3天

4. 新冠病毒在（　　）度的水中30分钟后可灭活。

A. 37度　　B. 45度　　C. 52度　　D. 56度

5. 新冠肺炎的主要传播途径为（　）传播。

A. 飞沫和接触　　B. 飞沫和粪便

C. 接触和血液　　D. 血液和尿液

抢答题（判断题）

1. 戴手套能代替洗手。（　　）

2. 新冠病毒不会人传人。（　　）

3. 戴口罩一定要戴N95。（　　）

4. 双黄连可预防新冠病毒。（　　）

5. 吃维生素C能预防新冠肺炎。（　　）

6. 外出时，只需要戴一个药店买的医用外科口罩就能提高防护作用。（　　）

7. 开暖气或空调能预防新冠病毒。（　　）

8. 营养均衡有助于提升免疫力。（　　）

9. 喝高度白酒可以有效杀灭新冠病毒。（　　）

10. 盐水漱口可以预防新冠病毒。（　　）

附件2

学生宅家日记一

从大年初二开始，妈妈变得非常忙碌，每天都很晚才回来。常常在我躺床上睡意蒙眬时，她还在打电话。因为怕被传染，我哪儿也不能去，每天看着新闻里全都是新冠肺炎的报道，我担心极了。于是，我每天都给妈妈量体温，她笑话我小题大做，但我不知道除了这些外，我还能帮什么忙。

我每天都关注电视里老家有关肺炎疫情的新闻，不断上升的数字让我很是焦虑。听妈妈说外婆特别辛苦，每天要穿着三层防护服，戴着口罩、护目镜工作。可我担心的是，外婆每天跟那么多病人接触，万一被传染了怎么办。

我跟外婆视频，她的眼睛里都是红血丝，一看就是累坏了。我说："有那么多人呢，你们就不能回家来休息吗？"外婆听完，笑着说："如果每个人都这样想，那还有谁愿意站出来呢？国家有难，匹夫有责，我和你妈妈就是为了要保护更多的人啊。”听了外婆的话，我只有在心里默默祈祷：快点让这次的疫情结束吧！

国家有难，匹夫有责。在这样一个特殊的寒假里，我记住了外婆说的这句话。可我能做什么呢？我只有乖乖待在家里，不让外婆和妈妈担心，好好自习，这就是我所能做的贡献。

学生宅家日记二

新冠肺炎疫情暴发以后，我们虽然居家封闭隔离，可疫情的进展时刻牵动我们的心，通过电视或者网络等渠道，我们可以关注有关疫情的信息。我们看到了战斗在一线的无私的医务工作者们，看到了坚守在一线的无畏的民警、边检人员们。

而我爸爸作为一个民航工作者，春节期间是最忙碌的时段。在疫情期间，他不但要保障航班的安全运行，还要做好自我防护和机舱内的消毒防护。我还看到小区物业工作人员，无论是下雨还是下雪，每天24小时不间断地在守护着我们。测体温、消毒，帮助我们团购日常所需食材，保障了我们正常的生活秩序。

而我作为学生，不能正常返校开学，在家依然要自觉地完成课业预习，还要安排好课余时间。我可以帮助父母分担家务，如打扫露台、学做蛋糕、学包饺子等等。

我们不能像医护人员一样奋战在战“疫”第一线，但我们管理好自己的生活，安心居家不外出就是对社会最大的贡献。这场战“疫”还没结束，我们要继续坚持勤洗手，不乱走，做好防护，不信谣言。

（南师附中江宁分校小学部，龙玉新）

四、抗“疫”班会课设计

作为教育者，面对史无前例的“抗疫战争”，如何做好开学后长期的公共卫生危机教育，值得教师尤其是班主任深思。生活即教育，教育即生活。如此丰富的抗疫经历和素材，就是一本生动而深刻的教科书。利用全民抗疫过程中生成的教育资源做好学生的德育工作，是每一位德育工作者的责任。中小学班主任要利用“班会课”这一德育主阵地，让学生在丰富多彩的活动中，在精心设计的互动交流中，学会观察，学会思考，学会应对。

本板块从生命教育、公民教育、环保教育、防疫教育、英雄教育等方面，精心开发了中小学抗“疫”班会课系列课程。

其中，“你好，我们的动物朋友！”通过充满童趣的活动让学生感受动物世界的精彩纷呈，知道动物和我们人类一样都是大自然的一部分，保护动物就是保护大自然，保护我们自己。

“了解病毒，保护自己”“话说传染病”和“识疫情　爱生命　学防护”这三节班会课，通过组织各种活动引导学生了解病毒，认识传染病，学会保护自己，养成良好的卫生习惯，远离各种传染病。

“感恩疫情中的重要他人”和“疫情之后，让生命更灿烂”这两节班会课，通过对疫情中的典型人物、典型事例的分享，引导学生体验生命历程，体会人生价值在应对突发公共卫生事件中的作用，思考生命的意义和价值。

“全民共战‘疫’，责任同担当”和“学公共卫生知识，做健康生活小达人”这两节班会课，引导学生了解什么是公共卫生事件，熟悉并遵守疫情中的特殊规则，正确地理解公民的权利与义务、个人与国家的关系，在大灾大难面前体现公民的责任与担当，将公民的责任担当意识付诸行动。

“心怀感恩，勇于担当——致敬前行的温暖者”通过对疫情故事的挖掘，引导学生正确看待这个时代的英雄，向广大的一线医护人员、公安干警和志愿者等平凡的英雄表达崇敬之情。同时，在是非观点辨析中培养学生的批判性思维和独立思考能力。

“E学习　齐战‘疫’——网络安全微班会”“做一枝会思考的芦苇——特殊时期更需要独立思维”，则从当代中学生应具备的媒体素养出发，针对疫情期间网络媒体上出现的复杂多变、鱼龙混杂的各类不同信息，引导中学生通过科学理性的思考，增强对信息的选择识别能力、独立思考和判断能力。

本板块班会课设计分别面向小学低中高年级、初高中和职业学校的学生，为一线班主任提供了较好的课程资源，班主任可以根据自己班级学生的实际情况和年龄特点进行借鉴和加以改造使用。让我们抓住“全民抗疫”这一难得的教育契机，通过班会课活动的形式，让每一个学生参与互动，引导孩子们学会敏锐地洞察、深刻地反思、从容地应对。

你好，我们的动物朋友！

• 活动目标

1. 感受动物世界的精彩纷呈，能够向别人介绍自己喜欢的动物朋友。

2. 通过新冠肺炎暴发事件，懂得敬畏生命，知道动物和我们人类一样都是大自然的一部分，保护动物就是保护大自然，保护我们自己。

3. 学会用实际行动保护动物的方法，能够和动物和谐相处，从自身做起保护生态环境。

• 活动准备

1. 教师准备：(1) 准备动画片《你知道世界上有多少种动物吗?》和世界野生动植物日宣传视频；(2) 录制“考拉先生”和“蝙蝠小姐”的介绍音频；(3) 准备动物形状的空白书签若干；(4) 学生按四人一个小组进行分组；(5) 制作课件。

2. 学生准备：(1) 准备好笔；(2) 各自准备好介绍动物的道具，可以是动物玩具，也可以是自己画的动物，或者自己制作的动物头饰。

• 活动过程

(一) 动物世界,真精彩

1. 看动画,走进动物世界

(1) 谈话导入:小朋友们,在地球上,除了我们人类,还有什么也生活在地球上呢? 是呀,还有植物、动物。地球是动物、植物和我们人类共同的家园,你们知道,地球上一共有多少种动物吗?

(2) 播放动画片《你知道世界上有多少种动物吗?》。

教师:老师给你们带来了一个动画片,它的主要内容是介绍地球上动物的种类和分类。

(3) 师生交流:看完了动画片,你想说什么呢?

2. 音诗画,介绍动物朋友

(1) 教师动情叙述:小朋友们,据动物学家统计,目前地球上已知的动物大约有150万种。这些动物是我们人类的朋友,听,音乐家们的歌声里藏着许多动物(播放4句剪辑的和动物有关的歌曲);看,诗人的笔下也不乏动物的身影(出示4句含有动物的古诗句);瞧,画家笔下的动物更是活灵活现(展示国画里的野生动物)。你们喜欢这些动物朋友吗? 那就向大家介绍一下你喜欢的动物朋友吧。

(2) 学生在四人小组里介绍自己喜爱的动物朋友:可拿着事先准备好的动物玩具或自己画的动物,或者戴上自己制作的动物头饰来介绍。

(3) 小组推荐同学在全班介绍。

3. 师生小结:动物世界真精彩,动物是我们人类的好朋友

【设计意图】通过看动画,了解世界上大约有150万种动物,它们数量庞大,构成了多彩的大自然。通过音诗画的形式,让学生感受人类从古至今对动物的喜爱。最后通过学生各自介绍自己喜爱的动物,更加拉近和动物之间的距离,感受到动物是人类的好朋友。

(二) 动物朋友,谢谢你

1. 出示铁犁牛耕图片,谈话引入

教师:小朋友们,动物是我们人类的好朋友,在我国春秋战国时期,农业发

达地区就有了铁犁牛耕的耕作方式，牛就成了农民伯伯的好帮手，帮助农民伯伯耕地。你们还能说出动物朋友对我们人类的贡献吗？

2. 游戏：动物朋友，谢谢你

游戏规则：按座位位置，将左边的同学划为一组，右边的同学划为另一组，两组队员交替发言，说出一个动物对人类的贡献积一分，如果轮到本组发言，队员却没能说出动物对人类的贡献则不得分，由另一队继续发言，游戏再继续下去，重复内容不得分。游戏时间为每组三分钟。最后看哪组总分高，哪组获胜，奖励一个动物书签。

3. 师生小结

师生：动物是人类的朋友，它们给人类许多帮助，让我们的生活变得更加美好，让我们真诚地对动物朋友说："谢谢你们！"

【设计意图】本环节通过头脑风暴小游戏，让学生畅所欲言，感受动物朋友对人类的巨大贡献，为下面保护动物的活动打下情感基础。

（三）动物朋友，最近你过得好吗

1. 谈话启发

教师：小朋友们，我们的动物朋友有的生活在蔚蓝的大海里，有的生活在茂密的森林里，有的生活在辽阔的草原中，有的飞翔在高高的蓝天上，它们的足迹遍布世界各地，最近它们过得好不好呢？今天就有两位动物朋友来到了我们的会客厅，想给大家讲讲它们的近况，你们想听吗？那就用掌声欢迎它们吧！

2. 会客厅里听故事

(1) 趣味导入。

嘉宾1：考拉先生。

考拉先生：嗨，小朋友们，大家好，我是来自澳大利亚的考拉，人们又叫我"树袋熊""考拉熊"，我可是澳大利亚的国宝哦。原来我生活得自由自在，随着人类一步一步侵占了我们的栖息地，我们的家园逐渐缩小，家族成员急剧减少，再加上全球变暖、森林大火、干旱等各种因素，我们的数量更少了。你们知道吗？2019年的澳大利亚森林大火燃烧了210天，估计有10亿只动物丧生，我的很多兄弟姐妹都被烧死了。大火释放出大量二氧化碳和有毒气体，给地球妈妈也带来很大的负担，可能需要很长时间才能完全吸收掉这些二氧化碳和有毒气体。小朋友们,听了我的故事,你们有什么想说的吗?

(2) 学生谈感受。

嘉宾2:蝙蝠小姐。

蝙蝠小姐:小朋友们,看到我,你们会想到什么呢?(学生自由发言)人类科学家研究发现,很多病毒的自然宿主是我们蝙蝠,一时间,我们野生动物被推到了风口浪尖。本来很多病毒只在我们动物之间传染,现在病毒变异,突破了物种屏障,就变成了人的传染病。我们希望和你们人类能和谐相处,快乐地生活在地球上。

(3) 全班交流:小朋友们,听完蝙蝠小姐的话,你们有什么想法呢?

3. 师生小结

教师:同学们,人类和动物的家园只有一个,那就是地球妈妈。我们必须心怀敬畏之心,和动物和谐相处,不非法捕杀、食用野生动物,尽自己所能守护大自然,这样我们的生活才能更加美好幸福。

【设计意图】通过童话形式开展“会客厅里听故事”活动,邀请考拉先生讲述当前澳大利亚森林大火对动物的影响,邀请蝙蝠小姐讲述希望和人类和谐相处的愿望。以此引发学生思考:我们必须心怀敬畏之心,和动物和谐相处。保护动物,保护大自然,就是保护我们人类自己的家园。

(四) 动物朋友,请让我来保护你

1. 想一想:你能看懂这些画吗

(1) 分别展示四幅保护动物的公益广告画,主题分别是:“小象长牙”“我们叫‘皮革’,它叫‘妈妈’”“保护动物,从嘴开始”“杀戮它们,就是在杀戮人类”。

(2) 教师:猜一猜,这些公益广告画告诉我们什么呢?你看懂了吗?

2. 议一议:保护动物金点子

习近平总书记曾这样说过:“人与自然是生命共同体,人类必须尊重自然、顺应自然、保护自然。”动物也是大自然的一部分,保护动物就是保护大自然,就是保护我们自己。我们该怎样保护动物朋友呢?你们有什么金点子?老师给你们准备了一些动物书签,请把你们想到的金点子写在书签上。

(1) 小组讨论:我们该如何保护野生动物?(将金点子写在空白书签上)

(2) 全班交流分享保护动物的金点子。

3. 看一看:播放世界野生动植物日宣传视频

教师:小朋友们,为了保护野生动物,我们国家颁布了《中华人民共和国野生动物保护法》《公民生态环境行为规范》等法律规范。每年的 3 月 3 日是世界野生动植物日,2020 年的主题是“维护地球上所有的生命”。让我们来看一看宣传视频。

4. 课堂总结

教师:今年的新冠肺炎疫情给我们敲响了警钟,我们要敬畏生命,和动物朋友在地球上和谐共生、友好相处。让我们从自身做起,爱护环境,保护动物,保护生态环境。以后当我们看到动物朋友时,记得和它们说一声:“你好,动物朋友!”

【设计意图】通过和学生分享公益广告画,让孩子从图画中读懂我们人类对动物的一些伤害行为,在此基础上进行小组讨论,全班分享保护动物的金点子,最后观看世界野生动植物日宣传视频,懂得要从自身做起,爱护环境,保护动物。

- **拓展训练**

第一,将课上制作的保护动物的书签送给一年级的弟弟妹妹们,并向他们宣传保护动物的重要性。

第二,了解一种野生动物,用画笔画出它的模样,在班级开设野生动物展览,并由自己担任小讲解员,向大家介绍这种动物。

第三,推荐阅读绘本《大象夏姆》《让路给小鸭子》《城市里的野生动物》等。

一节班会课的时间是有限的。通过赠送书签宣传保护动物的重要性,通过开设野生动物展览并担任小讲解员,以及阅读相关绘本等拓展训练,让孩子们亲身参与到了解动物、保护动物的工作中来,让保护环境的种子在孩子心中生根、发芽。

(镇江实验学校,谢莉)

了解病毒,保护自己

• 活动目标

1. 了解病毒,认识到病毒给人类带来的危害。

2. 形成保护自己的意识,学到自我防护的有效办法。

3. 通过 21 天"七步洗手"好习惯培养,让全家人加入洗手防护的队伍中,培养良好的卫生习惯。

• 活动准备

教师准备课件《给孩子的新型冠状病毒疫情图鉴》视频,《七步洗手歌》视频;准备"洗手我在行"打卡记录表。

• 活动过程

(一) 谈话导入

1. 教师提问

教师:今年的春节和往年有什么不一样?

师生讨论:(1) 学校开学延迟了;(2) 每个人都戴起了口罩;(3) 出入小区要测量体温;(4) 街道上的人很少,商场也不营业了等。

2. 教师根据上述情境再次提问

教师:这样的寒假真是特殊,你知道为什么吗?

(二) 认识病毒

1. 教师展示图片

教师:这是新型冠状病毒。请同学们观察图片,说一说新型冠状病毒的样子。

2. 师生交流

生1:它的表面有很多凸起。

教师:是的,你看到了它凹凸不平的外表,观察真仔细。

生2:它的形状好像一个王冠。

教师:对呀!你注意到了它的形状,就像一个王冠一样,这也正是它名字的由来!

生3:我觉得它的数量特别多,个头特别小。

教师:是啊,原来可以让人们生病的病毒竟然只有这么小,但是数量却特别多。

3. 教师小结

教师:这就是新型冠状病毒,它的形状就像王冠一样。许多人都因为这个小小的病毒生病了。

4. 播放《给孩子的新型冠状病毒疫情图鉴》视频的前四分钟

请学生思考问题:(1) 新型冠状病毒是怎么传播的?(2) 感染病毒的人们都有什么症状?

5. 开展小组交流,邀请代表发言

6. 教师总结

教师:新型冠状病毒可狡猾啦!它主要是通过飞沫、接触传播。一旦感染了病毒,人们会出现咳嗽、发烧、拉肚子、呼吸困难等,严重的还会失去生命。有的人还会成为"超级传播者"。那么,什么是"超级传播者"呢?

7. 教师小结

教师:"超级传播者"就是传染性极强的病人,他比其他生病的人更容易传染他人,常常是一个人传染给很多人,这样会让疫情大规模暴发!这个病毒真是厉害啊!

【设计意图】针对一年级学生的认知现状和新冠肺炎的疫情状况,设计让学生认识病毒的板块。

(三) 保护自己

1. 病毒虽可怕,预防有办法

(1) 教师:既然新型冠状病毒这么可怕,我们小朋友该怎么保护自己呢?你知道吗?

(2) 播放《给孩子的新型冠状病毒疫情图鉴》视频的后四分钟。引导学生思考:保护自己,从哪儿做起?

(3) 小组交流:你了解到哪些好办法可以预防可怕的病毒?

(4) 师生交流,提炼方法。

方法一:最重要的就是戴口罩!

教师:外面每个人都戴上了口罩,这是对别人的保护,更是对我们自己的保护!

方法二:不要外出,在家休息。

教师:虽然是小朋友们最爱的寒假,但是面对病毒,小朋友千万不能出门游玩,在家里和爸爸妈妈一起做做家庭游戏、进行亲子阅读是不错的选择。

方法三:勤洗手。

教师:这也是老师想告诉大家的,饭前便后要洗手,外出归来也要洗手,我们也要提醒爸爸妈妈和亲人们!

2. 洗手歌谣从我做

(1) 教师:说到勤洗手,我们一起来玩一个小游戏,伸出手,动动手!

(2) 播放《七步洗手歌》视频,并出示歌词。

两个好朋友,手碰手。

你背背我,我背背你。

来了一只小螃蟹,小螃蟹。

举起两只大钳子,大钳子。

我跟螃蟹点点头,点点头。

螃蟹跟我握握手,握握手。

(3) 教师和学生一起跟着视频做动作。

(4) 教师总结洗手分七步。

第一步:掌心对掌心;第二步:掌心对掌背;第三步:双手交叉;第四步:洗指背;第五步:洗拇指;第六步:洗指尖;第七步:洗手腕。

(5) 儿歌展示,师生评价。

首先,提出要求,即面对小朋友,表演七步洗手歌谣,动作要尽量做好。其次,小组代表上台表演。最后,全体评价,对照洗手七步标准,师生点评并表扬做得好的小朋友。

【设计意图】通过儿歌教学,引导学生学会七步洗手法,并增强对病毒的防范意识;让小组代表上台表演七步洗手法,可以促进学生的参与积极性,培养学生的自信心。

(四) 学会方法,交流感受

开放交流,观察学生通过交流学到了什么,教师相机捕捉资源,提炼总结。

教师总结:病毒虽然狡猾可怕,但只要我们养成良好的卫生习惯,戴好口罩,和家人们每天坚持“七步洗手”,保护好自己,病毒就一定会离我们远远的!

- **拓展训练**

第一,发起 21 天好习惯挑战,每天坚持七步洗手法。把好方法教给爸爸妈妈,和家人一起加入挑战。

第二,出示“七步洗手”打卡记录表、追踪记录表。

表 1　21 天“七步洗手”好习惯培养计划表

姓名________班级________				
第 1 天	第 2 天	第 3 天	第 4 天	第 5 天
☆☆☆	☆☆☆	☆☆☆	☆☆☆	☆☆☆
第 6 天	第 7 天	第 8 天	第 9 天	第 10 天
☆☆☆	☆☆☆	☆☆☆	☆☆☆	☆☆☆
第 11 天	第 12 天	第 13 天	第 14 天	第 15 天
☆☆☆	☆☆☆	☆☆☆	☆☆☆	☆☆☆
第 16 天	第 17 天	第 18 天	第 19 天	第 20 天
☆☆☆	☆☆☆	☆☆☆	☆☆☆	☆☆☆
第 21 天				
☆☆☆				

备注:优秀涂满★★★,良好★★,一般★,未达成则不涂。

(镇江市润州区南徐小学,方媛)

话说传染病

• 活动目标

1. 通过观看视频，了解传染病和疫苗的基本常识以及当下出现的自然生态环境问题。

2. 通过分组研究学习，了解传染病的传播途径。

3. 通过讲故事等形式，学习如何保护自己，远离传染病。

• 活动准备

1. 学生准备：课前组织研究性学习，分小组搜集相关资料，展开研究。

A 组：传染病的等级分类。

B 组：传染病的传播途径。

C 组：如何预防消化道和接触性传播的传染病。

D 组：如何预防血液、体液传播以及虫媒传播的传染病。

E 组：如何预防呼吸道传播的传染病。

2. 学生准备：收集西班牙大流感方面的信息。

3. 教师准备：准备有关传染病疫苗的视频和课件。

• 活动过程

1. 传染病的危害

(1) 教师简单测试学生有关西班牙大流感的知识储备。

西班牙大流感起源于________(国)；发生于________(时间)，最终导致________(人数)死亡。

(2) 教师提问：大家还知道哪些死亡率极高的传染病？（黑死病、埃博拉病毒病、鼠疫、天花、霍乱……）

【设计意图】大部分学生对传染病的了解和重视不够。由传染病的严重后果入手，能够激起学生的紧张意识，从而为下面传染病知识的学习做好铺垫。

2. 认识传染病

第一，A 组汇报传染病的等级分类。

(1) 以小课件形式呈现传染病的概念、分类。(一人展示课件，组长根据需要提问)

概念：传染病是一种可以从一个人或其他物种，经过各种途径传染给另一个人或物种的感染病。

分类：根据传播速度、防控难度及其对人类的危害程度分为三类。

甲类传染病(2 种)，也称为强制管理传染病，包括鼠疫、霍乱。

乙类传染病(26 种)，也称为严格管理传染病，包括传染性非典型肺炎、艾滋病、病毒性肝炎、炭疽中的肺炭疽、人感染高致病性禽流感、狂犬病、流行性乙型脑炎、血吸虫病、疟疾等。其中，传染性非典型肺炎、炭疽中的肺炭疽、人感染高致病性禽流感这三种传染病虽被纳入乙类，但可直接采取甲类传染病的预防、控制措施。

组长提问：2020 年春的新冠肺炎，属于哪一类传染病？(也属于甲类预防的乙类传染病)

丙类传染病(11 种)，也称为监测管理传染病，包括流行性感冒、流行性腮腺炎、风疹、急性出血性结膜炎、麻风病等。

(2) 组长延伸：天花本来属于甲类传染病，但是现在已经灭绝。现在天花病毒只保留在美国亚特兰大的疾病控制和预防中心(CDC)，以及俄罗斯新西伯利亚国家病毒学与生物技术研究中心(VECTOR)，以供研究之用。

(3) A 组一同学提问：狂犬病、艾滋病分别属于哪个等级的传染病？(乙类)；父母手臂上的疤痕是接种哪种传染病疫苗留下的？(天花)

第二，B 组汇报传染病的传播途径。

(1) 通过课件展示传染病的传播途径。

呼吸道传播：通过空气、飞沫等传播，如流感、新冠肺炎等。

消化道传播：通过水、食物、苍蝇等传播，如伤寒、疟疾等。

日常接触传播：通过手、用具传播，如疟疾、白喉。

虫媒传播：以蚊子、跳蚤等为中间宿主的传染病，如疟疾、斑疹伤寒等。

血液、体液、血制品传播：如病毒性肝炎、艾滋病等。

(2) 提问：狂犬病、红眼病分别属于哪一种途径的传染病？(血液、接触性传播)

第三，E组汇报如何预防呼吸道传播的传染病。

(1) 表演《放学回到家》，三名同学分别扮演爸爸、妈妈和孩子。孩子到家先小心摘下口罩，晾在阳台上，开窗通风；妈妈到家，立即吃起了水果，孩子纠正她的错误动作……

(2) E组组长总结呼吸道传播的疾病预防要素：戴口罩、洗手、开窗通风、保持适当距离。

第四，C组汇报如何预防消化道和接触性传播的传染病。

(1) 组长问小组其他成员："病从口入"说的是哪一种传染方式？(消化道传播)

(2) 组长提问：如何防止"病从口入"？

小组成员每人说一条措施，如不接触患者，饭前、便后要洗手；不喝生水，不吃生冷不洁的食物，尤其是海产品；炊具、餐具要洗净并保持干燥；生熟食品分开放，防止交叉污染等。

第五，D组汇报如何预防血液、体液传播以及虫媒传播的传染病。

(1) 观看电影《最爱》中讲述艾滋病的故事片段。

(2) 组长提问：他们是怎样染上艾滋病的？(共用注射器)还有哪些疾病是通过血液传播的？(病毒性肝炎、狂犬病等)

(3) 自由讨论：如何预防血液、体液传播以及虫媒传播的传染病？(一是不要重复使用注射器；二是不与他人共用锋利的个人用品，如剃须刀等；三是如有必要，一定要去正规医院输血；四是如遇感染，第一时间求助；五是接种疫苗等)

【设计意图】大部分学生分不清传染病和非传染病。了解了传染病的分类与传播途径，可以帮助他们面对非传染性疾病时不恐慌、不信谣、不传谣，并能根据不同的传播途径采取保护性措施。

3. 认识传染病疫苗

(1) 教师：传染病的天敌是什么？(疫苗)今天，很多传染病已经有了成熟的疫苗，只要接种了疫苗，就不会轻易被感染上，比如乙肝疫苗、狂犬病疫苗、百日咳疫苗、破伤风疫苗等。但是疫苗的研制是一个很复杂、很艰辛的过程，埃博拉病毒和狂犬病疫苗的研制花了五年多时间，SARS和艾滋病疫苗至今还没有研制出来。

(2) 引导学生观看视频《关于疫苗，你需要知道的小常识》。

【设计意图】学生普遍缺少疫苗知识，一方面重视不足，比如被猫狗咬了，不去打疫苗；另一方面，以为疫苗的研制是个简单过程，今天得病，明天就能有疫苗。了解一些疫苗知识，可以加深学生对传染病的防控意识。

4. 引发学生对生活习惯的思考

(1) 食不言、寝不语。

提问：这句话出自哪里？

讨论：为什么我们需要“食不言，寝不语”？（从文明礼仪、卫生健康和做事专注三个方面启发学生思考，理解古训蕴含的深意）

(2) 使用公筷与分餐制。

讨论：新冠肺炎的聚集性发作指的是什么？

讨论：为什么说使用公筷和分餐制度既是一种文明的风尚，又能有效防止传染病的扩散？

(3) 尊重公共空间。

其一，如已患病或疑似患病，应待在家中，不要外出，更不要参加聚会。

其二，外出就医时，要戴好口罩；尽量不使用公共交通工具外出。

其三，与别人保持一米以上距离，不当众咳嗽；尽量不用手去接触公共设施。

其四，在电梯等密闭空间尽量不说话、不吃东西、不喝水。

尊重公共空间，也要求我们人类有边界意识，要对自然存有敬畏之心。近几年，传染病一次又一次暴发，全球变暖，就与人类的过度活动和过度开发有关，比如，最近南极出现的血雪，就给我们提出了生态警告。

【设计意图】时代发展了，尊重公共空间的必要性更加突出。这既是礼仪的需要，是社会的进步，是尊重对方隐私的需要，也是保护自己和他人健康的需要。通过这个环节的学习，希望学生能够形成公共空间意识，培养良好的文明行为习惯。

5. 我们的地球

教师引导学生观看视频《南极血雪》，然后提问：造成南极血雪的直接原因是什么？全球变暖还会造成什么后果？（根据视频内容回答）

教师总结：保护环境，保护地球，从我做起！

- **拓展训练**

课后探究：全球变暖的后果。

拓展性学习：(1) 推荐观看电影《血役》《流感》《极度恐慌》《传染病》等；(2) 了解更多有关传染病、病毒、疫苗和自然生态环境变化方面的科学知识。

（镇江实验学校魅力之城分校，赵月红）

识疫情　爱生命　学防护

• 活动背景

突如其来的疫情对学生的身心、学习、生活造成了不同程度的影响。当学生重回校园,学校、教师守护学生的美好生命是首要任务,因此,开展以"识疫情　爱生命　学防护"为主题的班会是非常必要的。疫情终将结束,但我们与病毒的战斗永远不会停止。因此,本次班会以"防新冠病毒"为切入点,对学生普及"防疫教育"和公共卫生安全教育,引导学生珍爱生命,做抗疫的"小学士""小勇士"和防疫的"小能手""小卫士",增强他们自我防护和保护他人的意识和能力,培养良好的习惯和品质。

• 活动目标

1. 引导学生正确认识病毒,了解抗疫基本情况,不惧怕疫情,增加抗疫的信心。

2. 引导学生制订班级防疫的方案,学习讲究个人卫生和增加人体免疫力的方法,培养良好的卫生习惯,不断增强身体素质。

3. 引导学生尊重公共空间,培养遵守公德的品质,懂得珍爱生命,增强自我保护和保护他人的意识和能力。

• 活动准备

1. 教师准备:设计表册,制作课件。

2. 学生准备:(1) 通过多种途径了解新冠肺炎的常识和家庭防疫的措施,可以表格、手抄报、连环画、思维导图等形式呈现。(2) 采访家长,了解疫情给他们带来的影响。

• 活动过程

(一) 提出话题,激发兴趣

1. 教师提问

教师:同学们,我们度过了一个不寻常的假期。算一算,在家一共待了多少天? 这么长时间,只能待在家里……这一切都是因为什么?(新型冠状病毒)

2. 引发思考

教师:抗疫专家钟博士提出了一个重要的研究话题,我们小学生该如何来战胜像"新冠"这样传染性很强的病毒引起的疫情,保护好自己和身边人,更好地学习、生活呢? 让我们一起来探究吧!

【设计意图】钟南山院士是名副其实的抗疫英雄,学生对他十分崇拜。根据学生心理,设计了"钟博士"这个卡通人物形象。他是整节课的权威人物,在关键处由他来发声,更能让学生信服。上课伊始由他提出"如何共战疫情,保护自己和身边人"这一研究课题,可以让学生明确本节课的学习目标,激发他们的探究兴趣。

(二) 做抗疫"小学士"——熟知病毒

1. 教师提问

教师:新型冠状病毒引发了一场世界性的疫情,全球许多国家都受到了它的影响。它成了我们人类共同的敌人。要想战胜它,就要对它有充分的了解。相信同学们已经对它有了许多了解,下面就来考考大家。

2. 举行知识竞赛——闯关大比拼:新型冠状病毒知多少

(1) 宣布规则:教师出题,学生在纸上做答。

(2) 出示竞赛题(包括"新冠"的命名、来源、传播途径、危害等)。

(3) 揭示答案,同桌批阅计分,教师相机点评。

3. 播放关于新冠病毒的视频①,让学生深入了解

---

① 腾讯视频《2分钟告诉你,什么是病毒以及新型冠状肺炎是如何发生和传播的?》,参见 https://v.qq.com/x/page/n30628y5mwx.html。

4. 教师提问

教师:我们可以通过哪些渠道了解病毒呢?(看电视、上网、电话采访、请教、看书等)

5. 钟博士的小结

钟博士:知己知彼,百战不殆。不管是新冠病毒,还是其他病毒,只要主动学习就能对它有深入了解。成为博学的抗疫"小学士",才能打赢抗疫战。(板书:抗疫"小学士"——熟知病毒)

【设计意图】通过开展"闯关大比拼"知识竞赛,观看视频,交流学习渠道,可以让学生对病毒有充分的了解,掌握学习的方法,懂得博学的重要性。

(三) 做抗疫"小勇士"——不惧疫情

1. 师生讨论

师生:"新冠病毒"传染性十分强,让许多人染病,饱受疾病痛苦,甚至有人还失去了宝贵的生命。你们害怕吗?说说自己的理由。(启发学生从不同的角度来思考,如国家、科学家、医护人员、工人,身边人、自己等)

2. 教师讲述

讲述全国、当地疫情由暴发到好转的情况,引导学生正确认识与应对突发公共卫生事件。

3. 教师小结

教师:每个人的生命都是无比宝贵的,都要好好地去珍爱。在我国,当灾难来临时,每个人都不是孤军奋战,而是有无数足智多谋、英勇无畏的人在坚持不懈地努力。全国上下,众志成城,我们一定能够打赢这场抗疫战。

4. 情境表演:出现症状怎么办

(1) 创设情境:最近小明出现头疼、发热、咳嗽的症状,他非常担心自己得了新冠肺炎。他该怎么办呢?

(2) 小组分角色表演(四人分别扮演小明、同桌、老师、家长)。

(3) 选一组上台表演,其他同学点评。

内容:① 普通感冒和流感年年有,不要害怕;② 如出现发热、咳嗽等症状,先请家长、老师帮助评测,看看体温是否超过 37.3℃,是否有持续发热情况,有无呼吸困难、身体乏力等症状,家庭成员是否同时发病等;③ 根据实际情况决定是在家休息观察,还是去医院就诊。

5. 钟博士小结

钟博士：理性地面对问题，能让我们遇到事情不慌张，积极地面对困难能让我们变得更勇敢！一起努力争做抗疫“小勇士”！（板书：抗疫“小勇士”——不惧疫情）

【设计意图】通过讨论分析、讲述疫情，引导学生在心理上不惧“新冠”等病毒。通过情景模拟，引导学生遇到类似情况不慌乱，并能勇敢面对，积极寻找解决办法。

（四）做防疫“小能手”——学会防护

1. 设计班级防疫方案

（1）教师：大家已经知道了许多居家防疫的好方法，那么在学校我们该如何做好防护呢？下面就开动脑筋一起来设计“班级防疫方案”。

（2）分组活动。

① 按方案呈现形式将学生分成表格组、小报组、思维导图组、连环画组等。

② 提示要求：先一起讨论，共同设计班级防疫方案，再选一位同学代表汇报交流。

③ 各小组活动，教师巡视指导。

（3）全班交流：小组代表发言，其他同学进行点评，教师相机引导。

例如，一是从空间角度引导，在校门口主动测量体温；教室定时消毒，勤开窗通风，保持整洁；食堂、操场等地，做到不聚集、不串班等。二是从时间角度引导，上学前、放学后不在校门口逗留；课间到户外活动不聚集、不乱窜等。三是从人际交往角度引导，与同学不握手、不拥抱，避免面对面近距离接触等。

（4）课后各组进一步完成方案，并在宣传栏进行展示。

（5）钟博士小结：群策群力设计出的班级防疫方案，凝聚着大家的智慧，大家一定要严格遵守执行。

2. 培养良好的卫生习惯

（1）教师：春天也是流感盛行的季节，无论是抗击新冠肺炎，还是预防流感，都需要养成良好的卫生习惯。

（2）指导梳理出养成良好的卫生习惯应该从哪些方面做起。

（3）重点温习三个难点。

① 勤洗手。

教师：预防疾病最简单、最有效、最方便、最经济的方法是什么？（洗手）在学校，什么情况下要洗手？（饭前、便后、打喷嚏或咳嗽后、活动后等）

请同学上台演示“洗手七步法”。

全体同学共同模拟在校洗手法，教师巡视并给予指导。

② 戴、摘口罩。

出示戴、摘口罩方法图，一位同学上台讲解，其他同学进行自我检查。

③ 打喷嚏礼仪。

打喷嚏也要讲究礼仪。

出示歌谣：打喷嚏，扭转头。用纸巾，遮鼻口。无纸巾，用手肘。要洗手，讲卫生。

学生边念儿歌边练习。

(4) 钟博士小结：养成良好的卫生习惯，我们才能最大限度地避免被病毒感染。

3. 努力提高自身免疫力

(1) 教师：免疫力是我们身体抵抗细菌、病毒侵袭的能力，它是人体最好的医生。

人类有过无数瘟疫横行的历史，但在每次大范围的疫情中，倒下的只是少数人，大多数都生存了下来，为什么呢？我们一生中要经历无数次与细菌、病毒的生死斗争，但总会取得胜利，这又是为什么呢？追根溯源，我们应该感谢忠诚的人体健康卫士——免疫系统。①

(2) 观看视频《一分钟了解免疫系统》。

(3) 探讨如何增强免疫力。

① 教师：免疫力变强是持续坚持的过程，需要同学们在平日里做好哪些事？对于哪些事，我们又要坚决说“No”呢？

② 同桌讨论，完成表格。

③ 全班交流。

	Yes	No
1	按时接种疫苗	推迟、漏打疫苗
2	充足睡眠	睡眠不规律

① 王忠彦.免疫力是人体最好的医生[M].北京：中国妇女出版社，2009.

续表

	Yes	No
3	加强锻炼	久坐不动
4	常去户外活动,多晒太阳	在家看电视、玩电子游戏
5	适当食用肉禽鱼蛋,多吃水果蔬菜	偏食、挑食
6	生病后对症下药	不遵医嘱用药
7	培养卫生好习惯	不讲卫生
8	保持好心情	爱发脾气

(4) 钟博士小结:无疾先防当宜早,莫到病时空悲切。健康生活应从增强人体免疫力的"行动"开始!

4. 如何尊重公共空间

(1) 出示新闻报道《男子打骂防疫点工作人员　被警方依法拘留 12 天》[①]

2 月 2 日 14 时许,申集派出所值班民警接到辖区申集镇政府工作人员报警称,辖区申集镇莫圩村新型冠状病毒检查卡点工作人员被他人辱骂、殴打。接警后,派出所教导员等人迅速前往事发点,当场抓获准备驾车逃离现场的违法行为人阮某。

经办案民警审讯,阮某对其本人违法行为供认不讳,其本人当日骑电动车准备离开村庄去做农活,卡点工作人员看见阮某未戴口罩后对其进行劝阻,但阮某拒不从听劝阻,且殴打防疫卡点工作人员,驾车准备强闯检测卡点,遭到工作人员阻拦后,阮某立即跳下车对检测点工作人员进行辱骂和殴打。

目前,违法行为人阮某被五河警方依法给予行政拘留 12 天的处罚。

(2) 教师:读了这篇新闻,你有什么感想?你还在哪些公共空间遇到过不文明的现象,说出来让大家评一评。

(3) 讨论:面对公共空间的不文明现象,我们该怎么做呢?(相互尊重,不相互抱怨,劝阻他人也要有礼貌;遵守公共规则、秩序,如不大声吵闹、不随地吐痰等)

(4) 钟博士小结:同学们讲的都很有道理。当前尊重公共空间可以更好地防控疫情,当然平日里也非常需要尊重公共空间。因为公共空间里有你、有

---

① 陈丹.男子打骂防疫点工作人员　被警方依法拘留 12 天[N/OL].(2020-02-03).http://ah.cpd.com.cn/n2217615/202002/t20200203_952676.html.

我也有他,只有遵守公共道德,相互尊重,约束不文明行为,才能保护好你、我、他,才能打造出安全舒适的公共空间。

5. 钟博士小结

钟博士:大家动脑又动手,认真学习了防护的知识、技能,相信你们一定能成为防疫“小能手”!(板书:防疫“小能手”——学会防护)

【设计意图】共同制订班级防疫方案,旨在发挥学生的主观能动性,引导他们深入思考,共同谋划,共同遵守自己制订的规则;关注卫生习惯养成的三个难点,采用实际操练的方式,培养学生良好的卫生习惯;采用看视频、填表格的方式,引导学生重视提高自身免疫力并学以致用;采用新闻评析、联系实际的方法,引导学生培养尊重公共空间的品质。

(五)做防疫“小卫士”——守护家人

1. 教师导入

教师:同学们,你们有没有想过,突如其来、持续时间这么长的疫情给爸爸妈妈带来了什么影响?

2. 播放采访视频

视频中,学生采访家长,请家长谈疫情给自己带来的影响。

3. 教师小结

教师:疫情让爸爸妈妈的工作、生活的压力更大了,他们也非常需要关心。我们来做家庭防疫的“小卫士”,“守护”我们的家人,好不好?

4. 教师引导学生从多个方面思考在家如何做防疫“小卫士”

知识宣传员:将所学到的疫情知识与家人分享。

卫生小保洁:勤开窗通风、协助家长勤消毒、勤打扫卫生。

规则示范者:居家隔离,按时上报;不信谣、不传谣;进出小区登记或出示健康码、配合测体温、戴口罩出行、不去人多聚集处。

贴心小棉袄:关心家人,做力所能及的家务,给家人减负;与家人分享快乐,聊天、做游戏,让家人得到放松;有规律地生活,自觉主动地学习,让家人放心。

5. 钟博士小结

钟博士:作为高年级的学生,你们越来越能干了,你们的责任心也越来越强了。小手牵大手,相信你们一定能做好家庭防疫的“小卫士”,也能“守护”好

你们的家人！（板书：防疫“小卫士”——守护家人）

【设计意图】通过活动前对家长的采访，可让学生真切地感受到疫情对家庭、对家长的影响，让他们懂得疫情之下家人之间更需要关爱。这里重点引导学生做家庭防疫的“小卫士”，让他们做力所能及的事，替家人分忧解难，从而培养担当意识和家庭责任感。

（六）总结激志，拓展训练

1. 总结激志

教师：同学们，疫情终将结束，但我们和病毒的战斗永远不会停止！让我们行动起来，争做抗疫的“小学士”“小勇士”，防疫的“小能手”“小卫士”，战疫情，共成长！我们能行！中国能行！祖国必胜！

2. 拓展训练

（1）“我会写”：记下感人的防疫故事，珍藏起独特的经历与感受。

（2）“我能做”：争做抗疫的“小学士”“小勇士”和防疫的“小能手”“小卫士”。

（镇江市南徐小学，凌荷仙）

感恩疫情中的重要他人

• 活动目标

1. 通过观看疫情期间的视频资料，引导学生感受和思考人生的意义。

2. 通过设定问题的讨论交流，让学生体会人生的变化和重要他人在应对变化过程中的作用。

3. 通过制作生命之树，促进学生进一步思考自己与重要他人的关系，学会在积极的人际关系中感受生命、珍惜生命。

• 活动准备

教师准备：《我在疫情一线》新闻视频，布置观看活动，要求记录观后感；准备

PPT 课件;准备大白纸、卡纸、马克笔、剪刀、双面胶等物品。

• 活动过程

(一) 讨论交流

交流《我在疫情一线》新闻视频观后感,出示问题清单,小组讨论。

1. 观看《我在疫情一线》新闻视频的感想或启发

例如,疫情发生后,我看到了太多美丽的“逆行者”,他们舍小家、保大家让我很感动;我看到各行各业的人在坚守自己的岗位,就是这些人撑起了疫情地区的一片天,让困境中的人看到了希望……

总结:我们必须致敬“逆行者”。无论是这场疫情中涌现出的平民英雄,还是身边的普通人,都能让我们感受到他们身上的善良、宽容、勇气、担当,那么在我们成长过程中,与我们更加亲密的家人呢?我们能够从家人身上学到什么呢?

2. 你和家人是如何度过疫情期间居家不能外出的日子的

师生讨论交流。(例如,爸爸妈妈竭尽所能制作各种美食;家人陪伴我上网课,在家积极锻炼身体……)

总结:大多数家庭因为疫情迅速蔓延选择“闭门守家话亲情”,抖音上多了不少家庭娱乐小视频,俨然“严冬”里的一道暖流。

3. 自己或亲人在经历过这次重大疫情之后,对生命是否产生不同的想法

师生讨论交流。(例如,健康地生活真好!每个人的个体生命都与周围生命共生共存)

总结:生命不是孤立的,生命存在于关系之中。在这场疫情中,我们在新闻中不仅看到一些患者在与病毒抗争,积极自救,更看到一些同龄人“一夜长大”。生命中虽有意外与无常,但可以选择积极面对。我们更多应该思考可以向那些无畏“逆行”、无私奉献者学习什么,我们自身又有哪些正向的资源。

4. 疫情发生后,自己或亲人间的关系和互动是否有所不同

师生讨论交流。

生 1:本来初中学业忙,爸妈工作忙,在家能说话的时间段也就是晚餐时,话题都是围绕我的成绩,很烦。现在都在家里了,我们会交流每天的疫情,关

心自己的城市和小区，感觉我们一家能平安地在一起真好。

生2：我和家人更关注生活习惯，比如下楼倒垃圾带好口罩，回家第一件事是洗手，而且要正确洗手。

总结：在这个冬天，当我们都“慢”下来时，这是一个国家开始进入深度思维的起点。我们开始审视自己的习惯，审视自己与亲人、他人的关系。经历这场疫情，从被刷屏的豆瓣网上一个武汉女孩的真实日记，到许许多多新冠肺炎家庭成员的口述和媒体报道，我们更加理解了什么叫作“生死相依”。这种时刻，没有什么比亲情更珍贵。

【设计意图】每个人的成长都离不开重要他人的支持，青少年正处在一个以自我为中心的人生阶段，在日常生活中，他们更偏向强调自我感受，比较容易忽视周围人对自己的支持、帮助和包容。通过视频观看和问题讨论，让学生换个角度看正在经历的生活，看到周围人在自己生活中的影响，为沟通、理解做铺垫。

（二）活动清单

1. 活动一：互相支持的人生

（1）导入1：在你的成长过程中，你最想感谢的人是谁？为什么？请你把要对他（她）说的话写在卡纸上。

（2）导入2：在你的成长过程中，你曾经帮助或影响过谁？你为他（她）做了什么？请写在卡纸上。

（3）教师：我们经历过重大疫情，以后还会继续面对变化无常的人生，你愿意选择同哪些人分享你的快乐、分担你的痛苦？

【设计意图】没有困惑和冲突的人生是不存在的，尤其是青春期，更是如此。青春期能够顺利度过，主要与拥有良好的人际关系有很大联系。通过重要他人这个角度，促使学生对自己的人际关系中的支持性因素做一个梳理，增强青春期学生的抗逆意识和能力。

2. 活动二：制作“生命之树”

（1）将大白纸剪成一棵大树的形状，要求枝干清晰；将彩色卡纸剪成树叶的形状。

（2）分小组活动，交流活动一的三个问题，请学生在活动中分享要点，用马克笔写在树叶形状的卡纸上，并贴在大树形状的大白纸上。

（3）完成作品后布置在教室里，让学生们在课后有机会互相分享心得体会。

【设计意图】学生在剪贴自己的生命之树时，会集中看到在成长过程中照顾、理解、包容和支持自己的人，通过体会到重要他人的支持、理解和爱，从而感受到自己生命的价值，提升青少年的自尊水平和自我效能感，帮助他们在青春期这个容易迷茫的人生阶段，更愿意接纳和喜欢自己。

- **拓展训练**

人物深度观察。

第一，在自己的周围选择一个人，这个人可能是值得尊敬的亲友师长、同学朋友，也可能是这次抗击疫情中让你感动的英雄偶像，请观察他（她）一天的工作与生活，或者通过网络宣传、媒体报道等资料深入了解他（她）的经历。

第二，重点关注他（她）在人生中做过什么重要选择，他（她）是如何选择的。

第三，请为他（她）写一篇传记。

（镇江实验学校初中部，姚晓欢）

疫情之后，让生命更灿烂

- **活动背景**

2020年春节前后，一场突如其来的疫情，却成了一本生动而深刻的生命教育教科书。翻开这本书，你会看到什么是病毒，什么是新冠肺炎，预防新型冠状病毒的方法；翻开这本书，你会看到科学家、医生、护士面对危险，义无反顾，竭尽全力抢救病人；翻开这本书，你会看到公安干警、社区工作者、志愿者立足岗位，无私奉献；翻开这本书，你还能看到因为一个人的谎言，造成几千人的隔离……这本教科书，让我们看到人间百态，懂得对生命的尊重，懂得人与自然应和谐相处。

遭遇疫情，是一次特殊的成长经历，不仅给我们带来教训，同时也指引我们不断前行，教会我们要学会思考，学会分辨，学会选择，学会珍爱生命。

- 活动目标

1. 引导学生绘制自己的生命线，分享生命故事，了解生命轨迹的状态。

2. 介绍疫情中的典型人物、典型事例，分享感悟，体会他们的担当、责任、勇敢、善良、奉献等品质。

3. 学生通过丰厚自己的生命轨迹，改变对生命的态度，体验生命的历程，感受怒放生命的意义。

4. 通过活动，学生更加认识自我、热爱生命，并树立正确的世界观、人生观和价值观。

- 活动准备

1. 每人一张 A4 纸、一支水笔、一支彩笔。

2. 分组：4—6 人一组，每组一张粉化纸、一盒彩色笔。

3. 教师制作价值观清单。

- 活动过程

（一）问题导入，唤起对生命的思考

教师：同学们，这个春节让我们难忘，在被“隔离”的日子里，翻看着新冠肺炎疫情这本教科书，引起我们对生命的思考，现在我们交流一下，你觉得人活着的意义是什么？

【设计意图】本次活动的主题是“生命”，以问题导入，激发学生对自己生命的思考。

（二）绘制生命线，讲述自己的故事

1. 画坐标线

教师指导。

（1）把 A4 纸横向放好，在白纸的顶端认认真真地写上“×××的生命线”。

（2）在纸的中部，从左到右画一条长长的横线，并加上箭头，让它成为有方向的线。

（3）请在线条的左侧，写上“0”这个数字，代表你的出生；在线条的右方、

箭头旁边,写上你为自己预估的寿数,可以写 68 岁,也可以写 100 岁。

(4) 请你在线条的左侧,画一条竖线,其中横线的上半部分代表快乐,分成 10 等份,"10"代表最快乐;横线的下半部分代表痛苦,也分成 10 等份,"10"代表最痛苦。

(5) 请一寸一寸地抚摸这条线,它就是你的生命蓝图,无论你走到哪里,都走不出它的坐标系。

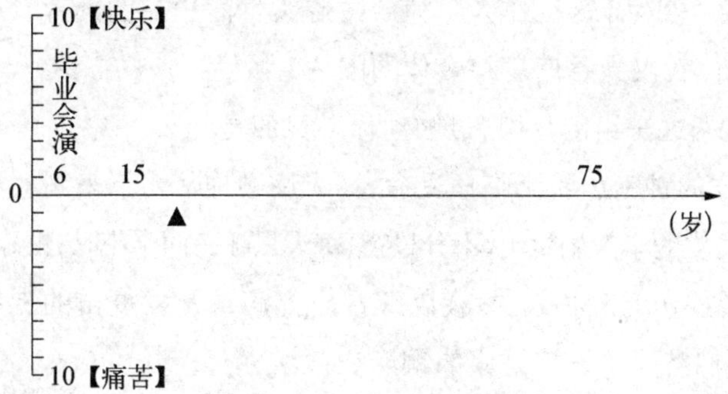

2. 绘制生命线

教师指导。

(1) 同学们,请按照你为自己规定的生命长度,找到你目前所在的那个点,比如你活到 75 岁,你现在只有 15 岁,你就在整个线段的五分之一处留下一个标志,如▲。标志的左边代表过去的岁月,标志的右边代表未来生命的轨迹。

(2) 请静下心来,仔细想一想,写出过去的岁月里给你留下深刻印象的三件事情,并用笔标注出来。如 6 岁在幼儿园参加毕业会演,请在生命线上找到与"6"相对应的位置,在上方或下方写上"毕业会演"。注意:如果觉得是快乐的事,就用你喜欢的颜色,在生命线的上方找到快乐程度的对应点;如果是痛苦的事,就用暗淡的颜色,在下方找到痛苦程度的对应点。依此操作,把这些点按照年龄顺序连成线,这就是你在今天之前的生命轨迹。

3. 讲述自己的生命故事

(1) 引导学生看着生命线仔细思考:在影响你的重大事件中,你感到快乐的事情多还是痛苦的事情多?

(2) 选择一件事在小组中进行交流。要求:认真听同学的分享,不评判。

【设计意图】引导学生回顾所走过的历程,思考曾经发生的重大事件对自己的影响,在小组中分享故事的同时形成小组交流的动力,进一步促进学生思考。

(三) 感受疫情中的典型人物、典型实例,感悟生命的价值

1. 看一看:出示图片

教师:同学们,在这次疫情中,有这样一群人,展现出一条条感人的生命轨迹。(出示中国工程院院士钟南山、李兰娟的图片,驰援武汉的医护人员、开发病毒疫苗的专家学者的图片,火神山医院建设现场、志愿者在行动的图片,公安干警在抗疫一线、社区工作人员为居民购买生活用品的图片,以及黄鹤楼和武汉长江大桥、武汉光谷广场综合体的图片)

2. 议一议:这一组图片中,最触动你心灵的是什么

(1) 84 岁的钟南山院士临危受命,义无反顾地从广州来到武汉抗疫战场。

(2) 70 多岁的李兰娟院士,不分昼夜,每天只睡三四个小时,忙碌在抗疫一线。

(3) 救死扶伤的医护人员,夜以继日研究病毒开发疫苗的专家学者,在病毒前面,为人们搭建了一堵健康的铜墙铁壁。

(4) 不分昼夜建设雷神山、火神山医院的建设人员,为武汉运送医疗物资和生活物资的志愿者、物流人员……

(5) 公安干警、社区工作人员、志愿者为了人民大众,面对超负荷的工作量,迎难而上,坚守岗位,无私奉献。

(6) 人们自觉在家隔离,曾经的闹市空无一人,大家都是这场战"疫"的战士。

3. 选一选:完成清单,进行分享

(1) 教师:面对疫情,人生就像走进了一个超大型的陈列室,你打算珍藏什么?请画上√。(出示价值观清单)

项目	珍藏	项目	珍藏	项目	珍藏	项目	珍藏
生存		友谊		责任		自由	
智慧		自尊		散漫		自卑	
助人		感激		宽容		真诚	
被认同		自私		律己		快乐	

(2) 交流分享。

教师:同学们,这些项目都有一个共同的名字——"价值观",说一说你为

什么选择珍藏这个价值观。

【设计意图】引导学生回看一组组图片，回顾一个个活生生的人物、一件件感人至深的事情，在交流分享中了解他们对生命的诠释。在疫情之中，人性的一些特点暴露无遗，引导学生进一步认识人性的特点，促进学生思考自己的价值观。

（四）丰厚生命线，感悟生命的价值

1. 教师提问

教师：同学们，想一想在未来的五年中，你必须面对的三件事，请绘制在生命线上，并把这些点按照时间顺序连成线。

2. 小组内分享

(1) 分享的方法：每个组员静心思考这些事情带给自己的是快乐还是痛苦。选择一件自己愿意改变的事情，运用自己珍藏的价值观分享对这件事情的认知、方法、情感和态度。

(2) 组长针对组员的分享，在粉化纸上抓住关键词进行记录。

3. 班级交流、分享

(1) 组长把粉化纸贴在黑板上。

(2) 介绍本组的交流要点。

4. 归纳提升

教师：通过大家的分享，看到你们的精神在成长，拥有担当、责任、善良等品质，这一定会让你们的生命如同怒放的花朵，活出生命的意义。

【设计意图】因为疫情，“停课不停学”的空中课堂给学生留下了深刻的记忆，引导学生对未来生命线进行丰厚，面对必须面对的事情进行深入思考，不回避困难，把责任、担当、诚实、奉献等品质渗透到自己的生命之中，从而内化成生命的力量。

（五）总结提升，珍爱生命

1. 珍爱生命，把握当下

教师：同学们，生命线不是掌握在别人手上，而是掌握在自己手中，你就是它的主人，无论生命的长短，每一笔都是由你亲自描绘。过去已成定局，未来还须努力，真正抓在手里的就是此时此刻。你现在眼里看到的书，手里拿着的笔，鼻子闻到的香……把握当下，就是对生命的尊重。

分享：当下的你，可以做些什么？（可以联系学习、生活、社会责任等进行交流）

2. 总结升华，丰厚生命意义

教师：生命的意义不在于它的长度，而在于它的广度和深度。无论是钟南山院士、李兰娟院士，还是为抗击疫情献出宝贵生命的烈士，都用大爱为我们撑起了一把巨大的保护伞，用实际行动诠释了生命的意义，告诉我们生命的价值！

【设计意图】通过总结回顾，引导学生感受到珍爱生命就要把握当下的思想意识，不言弃、不放弃，踏踏实实，过好每一天。鼓励学生谈谈自己对生命的感悟，从而珍惜生命，并树立正确的世界观、人生观和价值观。

（六）拓展训练，提升生命格局

教师：同学们，疫情终会过去，生命总会复苏。在社会中，在世界上，每个人都是生命链条中的一环，每一个人都连接着他人，都不可能独立存在。我们知道，生命除了实现自我价值之外，还要关注他人的价值，主动承担社会责任。

训练一：生命之链。

运用思维导图，画一画新冠肺炎疫情下的社会生活，体现携手同行、守望相助、共克时艰的过程。

训练二："我"的生命故事。

把自己所画的生命线贴在书桌旁，不断添加对自己有影响的事情，丰厚生命的轨迹，班级定期举行"我的生命故事"交流分享活动。

（润州区特殊教育指导中心，李红梅）

全民共战"疫"，责任同担当

- **活动背景**

2020年初，一场由新型冠状病毒引发的肺炎疫情如暴风骤雨般席卷而来，各项防疫措施影响了大家正常的工作、生活。然而，没有人可以在疫情发生时置身事外，追溯病毒传播的源头，观察防疫过程中各类人员的行动，不难发现每一个人的责任担当意识对疫情的防控起着举足轻重的作用。每一个人都要为战胜疫情做力所能及之事，为战胜疫情勇于奉献、敢于担当，这是我们每一位公民应尽的义务。突发的疫情是生活中的重大事件，应引导学生通过了解防疫典型事件或人物，正确认识公民的责任担当，使之成为公民教育的活教材。

• 活动目标

1. 熟悉并认同遵守疫情中的特殊规则，懂得这是公民的责任担当。

2. 通过观察、辨析抗疫典型事件和抗疫人物的故事，正确认识公民的责任和担当。

3. 学习抗疫先锋人物敢于担当的精神，联系生活实际，将责任担当意识付诸行动。

• 活动准备

1. 教师准备：搜集抗疫典型事件和人物的图片、文字、视频等素材，制作课件。

2. 学生准备：完成《战“疫”先锋我知道》调查表，关注疫情新闻。

表1 《战“疫”先锋我知道》调查表

请你通过网络、电视、电话、报刊等途径，了解他们在战“疫”中做了什么，你有什么感受？				
调查时间	调查途径	调查对象	他(她)做了哪些事情	我的感受

• 活动过程

(一) 知疫情，话规则

1. 出示图片，师生交流

教师：春节期间，网络上最为流行的话语是“宅家不出门就是最大的贡献”,你知道这是为什么吗?(春节期间暴发了新冠肺炎疫情,为了大家的生命安全,国家号召全民宅家。新冠病毒特别容易在人群中传播,只有减少人们的聚集,才能有效控制疫情的蔓延)

2. 集体交流

讨论:你发现这个“超长假期”有什么特殊的情况?(商场、公园、餐馆等公共场所关门了,公交车停运,进出小区都要进行体温检测,开学时间一再延迟)

教师出示相关图片并进行小结:疫情突发后,我们的城市紧急启动并实施“突发公共卫生事件一级响应防控措施”,要求立即停止公共聚集活动,暂停开放各类公共活动场所,各交通通道严格监测,严格进行卫生消毒防护,号召大家不出门、不聚集,因此宅家是每个公民的责任和义务,是防止疫情扩散蔓延的重要举措,是对社会最大的贡献。

3. 你知道吗

(1) 播放视频《公共预防怎么做?》(视频来源:中国疾控中心),了解新冠肺炎疫情防控的相关常识。

(2) 小组讨论:观看视频后,说一说战“疫”期间,你发现了哪些特殊的规则?

① 卫生防疫规则:勤洗手,多通风,每天按时上报宅家的健康状况等。

② 出行防疫规则:不出门、不聚会,进出小区、超市需要配合测量体温,与他人保持 1 米以上的安全距离,正确佩戴口罩等。

③ 出现疑似症状规则:及时上报,医院就诊等。

④ 外地返回规则:自觉登记,自我隔离 14 天等。

⑤ 健康码申报规则:如实填报,7 天更换等。

教师小结:规则的制定是为了更好的防疫,可是有些人并不理解,做出了不可思议甚至伤害自己的事。

(3) 新闻播报。

① 讲述新闻“重庆公交车感染病例调查”,说明随着复工复产、交通运输的逐步恢复,外出复工市民乘坐公共交通工具者增多,但外出防护千万不能大意。

② 学生交流:你还知道哪些类似于这样不遵守规定而造成严重后果的案例?

小结:防疫规则既是保护个人生命安全,也是维护社会安定的法宝。遵守这些规则是每个公民应尽的义务，更是公民的责任和担当。

【设计意图】构建正确的道德认知，是奠定符合社会规范的行为基础。通过“知疫情，话规则”环节，让学生从生活实际出发，了解疫情的防护规则，辨析遵守规则的重要性，从而感知遵守规则就是公民的责任担当。

（二）访先锋，学担当

1. 师生交流

讨论：在这次抗击新冠肺炎疫情的战斗中，各行各业都涌现出了许多优秀人物，他们在战“疫”中做了什么？你想对他们说什么？

钟南山，中国工程院院士，呼吸病学专家，84 岁高龄。17 年前，他在“非典”肆虐的关口，说出一句掷地有声的话，就是：把重症病人都送到我这里来。17 年后，在新冠病毒蔓延的当下，他一边建议公众不要去武汉，一边第一时间坐上赴武汉的高铁，奔向防疫的第一线。钟南山爷爷以医者的责任担当，废寝忘食地在武汉实地了解疫情，研究防控方案，没有片刻停留，为所到之处带去鼓舞和力量。

路静璇，一位普通的社区工作者。疫情防控期间，路静璇需要打电话逐一摸排小区住户的情况，可是小区微信群该怎样发通知？舆论导向会怎样？面对不配合的居民怎么办？外来人员如何掌控？一连串的问题接踵而至。加上没有消毒液，没有酒精，没有测温枪……这些困难扑面而来。但是她没有沮丧，没有抱怨，以一个社区工作者的责任担当，担负起防控基层单位烦琐的工作。每天拨打 300 多个电话，面对居民微信群里的各类问题逐一回复……没几天她的声音沙哑了，面容憔悴了，心力交瘁的她只有一个信念——“做好力所能及的事情，守土有责，守土尽责”。

火神山医院拔地而起，当医疗资源紧张、床位不足引起市民恐慌时，我们仅用 10 天时间就建成一所有千张床位的传染病医院，而按照平时的工期，需要两年的时间，这是一场与时间的赛跑，是一场生死竞速。这源于设计师、建筑工等一群人的勇于担当，他们用责任创造了中国速度，让中国精神闪光。

2. 教师小结

教师：各行各业的人们，立足自己的岗位，奉献自己的力量，用责任和担当做力所能及的事情，他们关心他人，情系他人，为了国家的安定，为了人民的安全,他们无怨无悔!

3. 欣赏歌曲MV

在歌曲声中,再次感受中国人携手战"疫"所展现的公民担当。(见《扛住,挺住,爱就不会输》,作词:佟文西,作曲:丁留强)

【设计意图】通过交流讲述战"疫"典型人物和群体的故事,感悟作为公民的责任担当就是立足岗位,做自己力所能及的事情,为了国家安定,积极投入到战"疫"堡垒中;以战"疫"先锋的家国情怀,促动学生勇于担当的情感,以情促情、以情扬志、以情导行。

(三) 正言行,扬梦想

1. 教师创设情境

教师:我们是家庭的成员,是社会的一员,也是中国的公民,当下我们该怎么做,才能体现自己的责任与担当呢?

(1) 你会怎么做?

情境表演一:延学在家的小亮上网课时瞒着爸爸妈妈一会儿和同学聊天,一会儿打游戏,一会儿吃零食,学习一点儿也不专心。你想对他说什么?

情境表演二:小明发现隔壁邻居从外地回来后没有隔离观察,而按规定外省归来的居民必须居家自行隔离14天。小明告诉了爸爸,爸爸却让他不要多管闲事,如果你是小明,应该怎么做?

(2) 小公民联盟。

小组讨论,形成"战'疫'小公民行动公约"。

其一,安心宅家,学习、家务、运动有序规划,按时完成……不给家人添乱。

其二,勤洗手,正确佩戴口罩,勤通风……卫生防疫不马虎。

其三,出入小区按规定登记、测体温,与他人保持1米以上安全距离……规则防疫要记牢。

小结:面对疫情,只有做好自己力所能及的事情,从自己做起,人人遵守防疫规则,不让自己成为传染源,不给社会增加负担,才能有效控制病毒的传播。

2. 倡议台

(1) 倡议:让我们一起发出倡议,从自己做起,遵守规则,负责任、有担当,号召大家人人争做合格小公民。

(2) 学生分组完成倡议书。

【设计意图】通过辨析疫情中人们的行为，明确每个公民都有义务遵守疫情中的特殊规定，这是责任和担当。以小公民联盟及发出倡议的形式，将公民的责任担当、情感意志落实在行动上。

- **拓展训练**

第一，设计制作“疫情中的公民”主题手抄报。

第二，小组合作，以“疫情中的公民”为话题，访谈一位抗疫中的人物，如医生、护士、小区保安、社区工作人员、教师、快递员等，制订访谈计划，撰写访谈报告。

表 2 “疫情中的公民”访谈表

访谈对象		访谈时间	
访谈地点		访谈方式	视频、电话
访谈分工			
访谈问题	问题一：		
	问题二：		
	问题三：		
访谈报告			

（镇江市桃园中心小学，陈萍）

学公共卫生知识，做健康生活小达人

- **活动背景**

2020 年，一场突如其来的重大疫情，给人们带来了灾难，也给人们带来了更多的思考，如何尊重生命、善待自然？如何培养科学精神、实事求是？如何树立公民意识、学会感恩？本次班会通过带领学生“聚焦疫情动态—了解一级响应—深入公共空间”，进行话题大讨论，帮助学生学会遵守公共规则，树立公民意识，健康快乐地成长。

• 活动目标

1. 了解什么是公共卫生事件，什么是重大公共卫生一级响应，知道公共卫生关系你、我、他，懂得只有人人争当抗“疫”小先锋，我们的生命安全和身体健康才能获得保障的深刻道理。

2. 在讨论、交流、思辨中，学会思考，树立公民意识，学会感恩。适时升华情感，帮助学生坚定防“疫”必胜的信念，健康快乐成长。

• 活动准备

收集国内疫情实时大数据报告，搜集有关“一处失误，满盘皆输”的小实验视频，准备课件。

• 活动过程

1. 谈话导入——初步认识新冠病毒的特点

教师：亲爱的同学们，今年的寒假特别漫长，为什么呢？对，都是一个叫“新型冠状病毒”的捣蛋鬼干的坏事。你了解新型冠状病毒的哪些知识呢？你们知道吗？病毒就像孙悟空一样，有隐身的本领，我们光用眼睛是看不到它们的，要用电子显微镜才可以看清它们长什么样。这种病毒就是因为长得像皇冠，所以科学家才把它们叫作新型冠状病毒。新型冠状病毒一般通过飞沫和接触传播，感染性极强，被感染的人会出现发热、乏力、咳嗽、呼吸困难等等，甚至会死亡。

【设计意图】通过谈话，拉近师生之间的距离。通过与学生交流新冠病毒的知识，引起大家的共鸣，为下面的活动开展做好铺垫。

2. 分析数据——深入了解新型冠状病毒的危害

教师：打开电视、电脑、手机，你们就会发现新冠肺炎疫情引起全国感染人数不断上升，病毒无情地夺走了一些人的生命，也带来了无数的恐惧与痛苦。小明关注疫情动态，从新闻媒体上摘录了《国内疫情实时大数据报告》，其中有确诊病例、疑似病例、重症病例等数据(略)，我们一起来读一读、说一说，从中你知道了什么，想到了什么。

教师:从大家的分析中,我们知道,这次新型冠状病毒感染性极强,它已经给人们的生活、工作以及生命等方面带来了严重的影响和危害。中国共产党举全国之力带领人民打好这场防疫防控的阻击战。现在疫情已经得到了有效的控制,但是越到疫情防控的关键阶段,越是不能掉以轻心。

同学们,你们知道吗?我们把这样突然发生、造成或者可能造成社会公众健康严重损害的重大传染病疫情、群体性不明原因疾病、重大食物和职业中毒以及其他严重影响公众健康的事件称为突发公共卫生事件。

突发公共卫生事件包括:(1) 传染病疫情;(2) 群体性不明原因疾病;(3) 食品安全;(4) 职业危害;(5) 动物疫情;(6) 其他严重影响公众健康和生命安全的事件。

【设计意图】通过调查、数据分享,让学生认识到新冠病毒的危害性,也了解到我们的祖国为打好这场防疫防控阻击战做出的努力,帮助学生坚定战"疫"必胜的信念。

3. 一级响应——了解公共卫生事件的等级

教师:为了保护大家的生命安全和身体健康就必须立即阻断病毒的扩散。全国各省、自治区、直辖市以雷霆万钧之势启动重大突发公共卫生事件一级响应。你们知道什么是一级响应吗?

教师:同学们说得真好,响应级别是按照事件的影响范围、危害程度等来划分的。一般来说,疫情分为四个等级。

按照突发公共卫生事件的性质、危害程度、涉及范围,突发公共卫生事件应急响应分为一级、二级、三级、四级四个等级。

一级响应,发生特别重大突发公共卫生事件,由国务院决定启动一级应急响应,省指挥部根据国务院的决策部署和统一指挥,组织协调本行政区域内应急处置工作。二级响应,发生重大突发公共卫生事件,由省人民政府决定启动二级应急响应,事发地各级人民政府按照省指挥部的统一部署,组织协调本级突发公共卫生事件应急指挥机构及其有关成员单位全力开展应急处置。三级响应,发生较大突发公共卫生事件,由地级以上市人民政府决定启动三级应急响应,并向各有关单位发布启动相关应急程序的命令。四级响应,发生一般突发公共卫生事件,由县级人民政府决定启动四级应急响应,并向各有关单位发布启动相关应急程序的命令。

只有特别重大、特别严重的疫情才会启动一级响应。所以,同学们,你们感受到这次疫情的严重性了吗?

现在就让我们看一看我们生活的城市的变化吧。在车站、高速路口,这些出入城市的交通要道,你会看到设置了卫生检疫站、临时观察室,成为落实联防联控的第一道防线。与此同时,除超市以外的公共场所,所有景区、各大影剧院、图书馆、博物馆等全部暂停开放。我们生活的小区也实行封闭式管理,道路上的公交车数量已经减少。

教师:政府要求老百姓不走亲访友、不聚餐聚会,严防交叉感染。这个时候,照顾好自己,服从政府的安排,就是对国家最大的贡献。

【设计意图】通过学习什么叫一级响应,理解只有万众一心、众志成城才能抗疫成功。

4. 广角镜头——公交车上的“纠结”事

可是公交车上却上演了这样一幕……

(1) 镜头 1。

公交车到站了,一位老奶奶扶着一位老爷爷上了车,老爷爷出示了健康码,坐到了座位上。可老奶奶找了半天,也没有找到自己的健康码。

她着急地对公交车司机说:“师傅,儿子昨天帮我们俩办了健康码,我记得放在口袋里的,哎,怎么找不到了呢? 您就帮帮忙吧,让我坐车吧!”

“老奶奶,您多大岁数啦? 不是说这阵子特殊时期,建议老人不要坐公交车吗?”一位乘客问道。

“90 岁啦! 老伴要到超市买蔬菜,我说让儿子买得了,可他不听,偏要去,我只好陪他来了!”

“哦,两位老人岁数这么大了,出趟门不容易,司机就让二老坐车吧?”另一位乘客说道。

教师:出示健康码,是各地区为了科学精准防控疫情,对乘客实行的一种有效健康管理方式。凡是持绿码者,无须再做登记、测量体温,可正常乘车;对于持黄码、红码及无健康码者,则拒绝乘车。

猜一猜:司机师傅会让这位老奶奶坐车吗? 为什么?

展示结果:公交车司机帮助老奶奶打开了手机程序,确定老奶奶已经办了健康码。老奶奶顺利地坐到了座位上。

(2) 镜头 2。

第二站又到了。车上上来了一位中年人。

“师傅，请出示您的健康码。”司机师傅说。

中年人拿出了手机，“我办了，可是没有申请成功。”说着把手机拿给司机师傅看。“你们看，我没有说谎吧，我认为我申请没有成功，那是你们公司设定的手机程序出现了问题，跟我没有关系，所以我要上车！”

猜一猜：这时，司机师傅又会让这位中年人上车吗？为什么？

展示结果：“不管什么样的原因，健康码没有办理成功，就不得上车。这位大哥，请您不要让我们为难。”刚开始，中年人还想赖在座位上，可汽车就是不发动，所以他只好尴尬地离开了。

(3) 想一想、辨一辨。

教师：你们觉得公交车司机做得对吗？如果公交车司机同情那位中年人，不管他有没有健康码，都让他坐车，会出现什么后果呢？

(4) 观看“一处失误，满盘皆输”的小实验。

教师：观看了这个小实验，你又懂得了什么？

(5) 教师：你能列举在这次疫情中，因为个别公民的欺报瞒报，导致重大疫情蔓延的事情吗？

教师小结：同学们说得真好啊！在疫情这么严重的时刻，公交车司机不顾个人安危，坚守在自己的工作岗位上，履行工作职责，给出行的人带来方便，其实，他们就是抗疫中的一名战士。我们都是祖国的小公民，老师希望你们向抗疫一线的最美“逆行者”学习，人人都争当抗疫小先锋。只有众志成城，才能打好防疫防控的阻击战。反之，因为一个人的疏忽，都有可能造成疫情的扩散和蔓延。

【设计意图】晓之以理、动之以情。树立公民意识，遵守公共空间规则的观念需要向学生讲解，但这种讲解不是简单地灌输，而是应该把它转化成走心的过程。通过听一听、猜一猜、想一想、辨一辨、看一看、说一说等多种形式，让学生在讨论、交流、思辨中学会思考，并自觉树立公民意识。

5. 抗疫小卫士——做好个人卫生我能行

(1) 那我们怎样做，就是名副其实的抗疫小先锋呢？

讨论交流，比如不随地吐痰、出门戴口罩、经常保持开窗通风、打喷嚏要捂口鼻、感冒发烧要及时向老师汇报、做好班级卫生志愿服务等。

教师：让我们努力做到——第一，三个坚持，即“宅、戴、洗”。不聚集、不扎堆；外出时正确佩戴口罩；勤洗手，保持室内的清洁通风及消毒，做好个人卫生防护。第二，要有科学认知，即科学看待疫情，从正规、官方渠道了解疫情消息；保持理性，不信谣、不传谣、不跟风。

(2) 学习正确洗手的方法。

七步洗手法口诀：内—外—夹—弓—大—立—腕。

第一步(内)：掌心相对，手指并拢相互摩擦。

第二步(外)：手心对手背沿指缝相互搓擦，交换进行。

第三步(夹)：掌心相对，双手交叉沿指缝相互摩擦。

第四步(弓)：弯曲各手指关节，在另一手掌心旋转搓擦，交换进行。

第五步(大)：一只手握住另一只手的拇指搓擦，交换进行。

第六步(立)：将五个手指尖并拢放在另一手掌心旋转揉搓，交换进行。

第七步(腕)：一只手的手掌握住另一只手的手腕部分，旋转揉搓，交换双手。

教师：七步洗手法是医务人员进行操作前的洗手方法，用七步洗手法清洁自己的手，清除手部污物和细菌，预防接触感染，可以有效减少传染病的传播。七步洗手法，你们学会了吗？

【设计意图】养品质、学本领。"知情意行"中，关键是要落实在行动上。通过交流怎样做、学个人防护的本领，目的是让学生积极行动起来。

- **拓展训练**

课外拓展"健康知识我传扬"。

第一，请学生把今天学到的健康知识带给自己的家人，向家人宣传健康卫生知识，在家做个好孩子。

第二，自己制定一份切实可行的作息时间表，养成良好的学习作息习惯，为自己健康生活增能，在校做个好学生。

第三，关注官方消息，每天记录一个城市或一个国家的疫情发展情况，并做到健康出行，在社会上做个好公民。

学生是发展的人、是独特的人。我们应帮助学生在生活中扮演好自己的角色，让学生自主管理、自我成长，努力做一个合格的小公民。

（镇江市金山小学，方雪花）

心怀感恩，勇于担当
——致敬前行的温暖者

• 活动背景

2020年初，一场无声的抗疫战悄然打响，在这场艰苦卓绝的伟大战斗中，涌现出一批为人民服务、毫不利己专门利人的战士英雄，他们用过硬的专业知识、勇敢的献身精神和不屈不挠的顽强斗志，始终奋斗在抗击疫情第一线，为国家和人民贡献自己的力量，而学生正好是发展中的人，是国家和民族的希望，是未来社会的中坚力量，借助社会现实生活帮助学生树立正确的价值观和培养良好的思想品德则显得尤为重要。因此，本次班会以挖掘疫情故事为切入点，引导学生正确看待时代英雄，同时培养学生的独立思考能力，树立主人翁意识。

• 活动目标

1. 通过挖掘疫情故事，从疫情中的英雄人物出发，引导学生学习人物精神，培养学生对医务人员及志愿者团队的崇敬之情。

2. 在是非观点辨析中培养学生的批判性思维和独立思考能力，增强学生的社会参与感，树立主人翁意识。

3. 通过观看视频、新闻事例分享、小组交流合作等方式，让学生借助多媒体设备找准学习动力，明确发展方向。

• 活动准备

1. 教师：准备音频文件《白衣长城　白衣誓言，经得起战火燃烧》，准备相关图片资料及课件。

2. 学生：以“逆行者”“志愿者”为关键词阅读并搜集与疫情相关的新闻资料，同时做好新闻评论工作。

- **活动过程**

1. 谈话导入,抛砖引玉

(1) 向学生出示名词"温暖者",并询问其含义。明确:给予他人以温暖,以光明照亮他人前行,帮助他人渡过困难时光与生之黑夜的人被称为温暖者。温暖是帮助,温暖是接力,温暖是共情,温暖是冰冷冬季中的火焰与希望,它融化坚冰,加速了一个明媚美丽的春天的到来。

(2) 教师在总结学生发言后播放新型冠状病毒暴发的新闻,并引导学生思考:在新型冠状病毒暴发后,"温暖者"可能指哪些人?

【设计意图】本次班会课主题与疫情有关,要求学生在历史生活实践中吸取经验、领悟道理,以"温暖者"导入,引导学生在理解概念的同时领会"帮助""同情""善良"等词语概念,从而在展示交流中逐步过渡到对抗疫人员行为的评价上。"温暖"与疫情暴发的冬日相照应,暗示有了帮助和关怀,美好的人性终会汇成热流,冲破寒冰,迎来春天和光明。

2. 温暖是力量——感悟英雄情

(1) 出示钟南山院士的图片,有媒体评价他:"不仅有院士的专业、战士的勇猛,更有国士的担当。"①你怎样理解这句话?

总结:这位84岁的老人挂帅出征,在建议公众没有特殊情况不要去武汉后自己却成为"逆行者",他坐在高铁餐车上闭目凝思的疲惫神情,他连续奔忙在防护一线的身影,他17年前敢于直言、不畏强权的精神,都让我们在他身上看到了榜样的力量。

(2) 教师:钟南山是温暖者(明确医者仁心),全国各地驰援武汉或坚守各自阵地的医护人员都是温暖者,温暖就是治病救人。

(3) 小组合作交流:你还知道哪些温暖者的事例?(例如李兰娟院士、"暖男医生"江学庆、武汉市蔡甸区人民医院原消化内科医生夏思思等)

(4) 聆听歌曲《白衣长城　白衣誓言,经得起战火燃烧》。

【设计意图】通过对医务人员感人事例的介绍和交流,让学生了解身处武汉的一线医务人员为国家、为人民所做出的伟大贡献,深刻感知"疫"不容辞、

---

① 《人民日报》1月22日微博评价称:"84岁的钟南山,有院士的专业,有战士的勇猛,更有国士的担当。"

“医”无反顾，培养学生对医务人员的尊重、感激之情，同时学习医务人员坚韧不拔、坚守理想的伟大精神。

3. 温暖是帮助——志愿者同行

(1) 教师以 PPT 课件出示《鲁磨路救援会日记(6)》片段：这是聚集在武汉鲁磨路的摇滚青年为了让武汉生活工作正常化而主动发起的一场志愿者活动。在活动中，志愿者用生动细腻的文字记录了自己的心路历程，大家读后有什么感受？

我们不愿意被夸大成为英雄，我们只是不想让上阵的英雄们甲胄全无。从开始集结到逐步完善，从一团乱麻到井然有序，我不得不佩服，可能这就是乐迷的魅力。接送医护，筹集善款，信息收集核实，物资收集对接，物资发放，最后的制表汇总。大家都在向着一个目标去拼，只为了能多争取一点时间，多给前线医护一点物资。其间我们也遇到了很多的挫折，物资无法进城，兄弟出了事故，身体不适，心理压力大到失眠。最终我们结束了五天的救援任务。侠之大者，为国为民。我们不是什么大侠，我们只是一群来自鲁磨路的普通人。

总结：普通而又不普通，平凡却又不平凡，志愿者们行动起来，成为战“疫”的斗士；团结起来，就成为壮大的力量，他们超越谋利的本能，不利己，只为他人，温暖就是加入进去、参与其中。

(2) 最后一段写道：“我们不是什么大侠，我们只是一群来自鲁磨路的普通人。”他们是普通人吗？通过这段话，你对“温暖者”的含义是否有了进一步思考？

明确：温暖者的精神是不图回报、不求结果、不分国界，对他人施以慈悲之心、伸出救援之手的精神。温暖就是保家卫国，帮助他人，每一位个体或许渺小，但依然可以成为温暖者，发挥巨大力量。

【设计意图】引导学生关注细微生活，激发出个体本身的奉献、无私等力量，从另一角度理解并诠释温暖者的含义。正如 2020 年 3 月 6 日，微客天津发布《喜马拉雅纪录短片：空城计，大爱众生相》时所说，“当一个人开始对其他个体的命运感到关切，并愿意和他们产生联结，就已经为社会环境播下了爱的种子”。引导学生通过交流，讲述经历，在体会中共情、在见证中成长，让温暖在学生内心深处播撒慈悲、友爱、互助的种子，共同营造更亲切更具有关怀感的社会。

4. 温暖是理解——抗疫无国界

(1) 教师:随着疫情在世界各地蔓延,不同国家、地区以及受感染者和健康者之间,出现了一些歧视性现象,歧视的根源是什么?

明确:这是一种无同理心的歧视行为,歧视的根源是偏见与无知。在病毒蔓延的过程中,没有有罪者,只有受害者,“病毒没有国界,疫情不分种族”,痛苦没有高低贵贱,伸出援手,怀抱同情,才是我们每个人应该做的。

(2) 讨论:团结互助。出示华人女孩在日本街头怀抱纸箱分发口罩的动图,出示日本汉语水平考试 HSK 事务局给湖北高校捐助的 2 万只口罩,以及俄罗斯捐助给中国的 23 吨救援物资的视频或图片。引导学生畅所欲言。

(3) 请学生结合上述两条新闻重新思考:如何定义“温暖者”?

总结:“温暖者”是有包容理解之心的人,合作与团结、思考和理性是温暖的力量。这次疫情,是人类与病毒的战争。隔离病毒,不隔离爱!

【设计意图】以网络偏激言论发端,探讨新冠病毒暴发过程中的“歧视”现象,并引导学生对“歧视”的根源进行归纳与思考,同时“歧视”现象亦存在于人们的头脑和日常生活中,因此有必要教育学生不做有偏见、歧视他人的人,培养学生公正平等、积极向上的精神品质。

5. 活动清单

(1) 总结回顾:温暖是在战“疫”第一线用专业知识保卫家园,温暖是在生活的大后方相互帮助、友爱团结,温暖是在群体的偏见中理性思考并坚决回击。在疫情中我们见证温暖者,在疫情中我们能否也成为一个温暖者呢?

请看新闻:

在武汉“方舱医院”,一张病房照片被疯传。照片中,大多数病人都在看手机、聊天,或躺着睡觉。唯独一个身穿蓝衣的年轻人,聚精会神地看着书,仿佛身边的纷繁嘈杂都与他无关。网友们称他为“清流哥”,他今年 39 岁,是一位留美博士后。今年春节前回武汉探望父母,没想到全家感染肺炎。在这样的环境下,他依然保持着对知识的渴望,从容淡定地翻着手中的书本。

(2) 小组合作并讨论:温暖者除了依靠善良的道德品质来温暖他人,也用专业的职业素养和机智聪慧的头脑来帮助别人。数千年来,人类用知识和智慧思考问题、解决问题、创造奇迹,处在危机旋涡中的人尚且能忍受病痛不断求索,在家里自主隔离的你们正值学习的好时候,你们该如何做?

(3) 教师总结并升华:你们长大后将是国家的中坚力量,老师希望你们或是掌握尖端的科学技术救国救民,或是为官清明惠泽一方土地,或是奉献力量为民服务,更希望你们学好知识,脚踏实地,拥有一颗慈悲、善良、勇敢、温暖的心!

• 拓展训练

第一,结合疫情明确学习、生活目标。(1) 关注疫情,科学防护;(2) 制定明确的学习目标,拟订详细的学习计划表,坚持不懈地严格执行;(3) 强身健体,劳逸结合;(4) 关注疫情发展,记录自己的疫情日记或周记。

第二,请你通过媒体采访新闻报道等形式,阅读一位抗疫志愿者的日记或心得体验,并谈谈你的感受。

【设计意图】本次活动以“方舱医院”男子读书的图片引入,回归到学生学习、生活实践中去,提倡从每日行动中完善自我,明确目标认真学习,培养学生对学习知识的热情。最后的总结升华是对学生未来的展望,表达出对学生的期盼与希望。“家事国事天下事,事事关心”,写作疫情日记不仅能够记录生活,还能将个人与国家联系起来,培塑学生的家国情怀。

(镇江实验学校魅力之城分校初中部,朱婷)

E学习　齐战“疫”
——网络安全微班会

• 活动背景

2020年的春天,新冠肺炎持续蔓延,迫使我们的生活、学习按下了“暂停键”。教育部要求延期开学,提出利用网络平台“停课不停学”。在此思想指导下,学生开始了网上学习之旅,面对强大的网络多元化的学习方式,如何利用网络进行有效学习、绿色安全上网成了这一特殊时期学习面临的最重要的问题。

从学段特点来看,五、六年级是小学阶段的最后冲刺时间段,总的来说学生学习风气较好,能比较自觉地按照老师的要求进行线上学习,认真完成相应任务,但也有一小部分学生利用线上学习的契机,随意浏览网上的信息或玩游戏,不仅影响学习效果,更影响身心健康发展。

从班级特点来看,一些学生在疫情期间出现焦躁不安的情绪,且在延期开学"停课不停学"之后,部分学生不够自律,无法独立完成每日学习任务,甚至沉迷于网络无法自拔,导致身心健康受到危害,生活、学习严重受限,因此亟须重视安全上网的重要性。

- **活动目标**

1. 有效指导学生在居家自学的同时,更关注疫情防控期间的身心健康。

2. 引导学生明白绿色安全上网的好处,认识到网络是把双刃剑,避免陷入"沉迷网络"的陷阱。

3. 教会学生正确上网以及保护视力的方法。

- **活动准备**

1. 教师准备:课件展示,背景音乐、动画设计等。

2. 学生准备:感想交流、才艺展示、倡议视频等。主要包括学生居家学习使用网络的感想的视频、一位家长代表分享学生网上学习的感受的视频、一位学生代表用快板才艺告知大家如何安全上网的视频、一位学生代表倡议大家行动起来的视频。

- **活动过程**

1. 教师导入,揭示主题

教师:同学们,大家好！2020年一场突如其来的疫情牵动着我们每一个人的心。(播放疫情视频)与此同时,为阻断疫情向校园蔓延,确保每一位师生的生命安全和身体健康,教育部要求春季学期延期开学。虽然疫情推迟了你们和老师见面的时间,阻断了开心快乐的上学路,但在学校、老师们积极的准备下,我们已经开始了几周快乐的网上学习。面对强大的网络多元化的学习方式,如何绿色安全上网成为我们当前学习面临的最重要的问题。今天,就让我们一起走进"停课不停学——E学习　齐战'疫'"微班会,在愉快的班会活动中寻求答案吧！

2. 网上学习欢乐多

(1) 教师:请大家跟随老师一起走进网络世界,说说网络给你们的生活带来了哪些变化。

(2) 学生分享网上学习体会。(播放学生视频)

生1:互联网给我们带来了很多方便,我可以随时随地地学习:需要查阅资料时,自己就能动手查找;我还会发邮件,逢年过节,我都会在网上给老师和同学们发电子贺卡,送去我的祝福。一张张贺卡让我们的心更近了,友谊更深厚了。

生2:没错。"停课不停学"期间,我们每天都可以通过网络接收老师给我们准备的学习资料,自主进行在线学习,不仅是我,我的同学都纷纷行动起来,虽然是在家中学习,但大家学习的热情丝毫不减!你们看,这是老师们为我们准备的"停课不停学"、在家一样学的课程表。老师还为我们安排了体育课和眼保健操。在加强体能锻炼的同时,我们可以在家自主学习,自主查阅资料,和老师在线交流互动,真是太方便啦!

(3) 家长分享学生网上学习感受。(播放家长视频)

家长:"停课不停学"期间,学校开展了丰富多彩的线上课程,消除了家长们的担忧,孩子现在每天都按照学校制订的计划准时学习、锻炼、生活,作息习惯越来越规律了。但经过一段时间的学习,孩子有时反映眼睛有些酸胀难受,所以我们在备感欣慰之余,也为孩子的视力"捏了把汗",也害怕孩子迷恋网络游戏而耽误了学习。

3. 上网安全要牢记

(1) 教师:同学们说得真好,网络确实给我们的生活和学习带来了很大的方便,但家长们的担忧也给我们敲响了警钟,让我们一起来看看网络成瘾给青少年带来了哪些危害。

(2) 介绍网络危害。

第一,沉迷网络对身体健康的影响。由于网络成瘾者上网的持续时间长,睡眠、饮食一切从简,与正常人的生活节律相比发生了很大的变化,即他们的生活节律紊乱,没有固定的睡眠与饮食节律,加之计算机显示屏产生的辐射对神经系统的影响,从而使成瘾者大脑神经中枢持续处于高度兴奋状态,引起体内一系列复杂的生物化学变化,致使自主神经功能紊乱,内分泌失调,免疫功能下降,诱发各种疾病,如成瘾者常出现头痛、头晕、耳鸣、失眠等症状。长时间注视电脑显示屏使眼睛干涩、模糊,引起视力下降,眼痛、怕光等。另外,长时间僵坐在电脑前,可使游戏者腰背肌肉劳损,脊柱疼痛、变形。

第二,网络对成瘾者心理的影响及危害。网络使成瘾者形成一种依赖,对网络操作出现时间失控,他们陷入其中甚至失去时间感,难于自拔,一旦停止上网,他们便会产生强烈的渴望和冲动。他人及家长等的批评指责则会使成瘾者产生内疚自责,情绪消极低落,焦虑抑郁。网络成瘾者由于上网过程中长时间地接受刺激,注意力高度集中,大脑高速运转而导致大脑疲劳受损,以致这些青少年的大脑发育受阻,断网后他们的头脑往往一片空白,注意力不能集中、持久,反应减退,记忆力下降。同时,长时间的视觉形象思维会导致成瘾者逻辑思维活动迟钝。有的成瘾者甚至丧失自尊自信,出现偏执、分裂、强迫、回避、依赖等人格障碍,变得自私、怯懦、自卑,缺乏同情心、责任感等。总之,成瘾者会形成或多或少的心理障碍,他们在网络中兴奋而回到现实生活中会感到痛苦。

第三,沉迷网络会使成瘾者产生行为障碍。网络成瘾者长时间沉迷于游戏或网络而忽视现实生活的存在,不愿承担应有的社会责任与义务。为了满足他们的游戏目的,有时甚至会做出一些违法乱纪的行为。他们常常以自我为中心,不知道如何尊重他人。由于缺乏与现实中的人沟通,还会造成人际障碍等。

(3) 教师小结:原来沉迷网络危害那么多!线上课堂不轻松,孩子身心健康更重要,因为网络是把双刃剑,如果我们过分沉迷网上聊天、游戏或者不良网站,会影响我们的身心健康。时间长了,视力也会受到很大影响,不但没有学到知识,还伤害了眼睛!那么我们怎样才能做到既运用好网络,又不沉迷其中,绿色健康地上网呢?让我们一起来听听同学给我们带来的快板小段。相信一定会对你们有所帮助的。

(4) 播放学生快板视频。

民主实验好少年,网络知识要记全!
端正坐姿来上课,用眼健康很重要。
网上学习需谨慎,上网时间切勿长。
眼保健操好伙伴,劳逸结合记心间。
沉迷游戏不可取,不良信息要关闭。
安全网址我知道,查找资料效率高。
绿色上网健身心,文明安全伴我行!

(5) 教师总结并给予绿色健康上网建议。

教师:绿色健康上网是指通过正确使用电脑,经常做眼保健操等方法,使眼睛、身体避免受伤害的上网方式。合理分配时间,善用网络资源,则是健康上网最高层次的要求。在网络上,虽然有取之不尽、用之不竭的资源,但也要合理分配好上网、学习、生活的时间。不要只顾在网上流连，应正确处理好上网与学习、生活的关系。以下是老师给大家的建议。

第一，合理安排上网时间，培养良好的作息习惯。

长时间使用电脑对我们的身体，尤其是眼睛有很大的伤害，同学们一定要合理安排自己的上网时间。建议同学们一天上网最多不要超过2个小时。一天上网超过6个小时就可以算是“网虫”了，而且连续上网对眼睛的伤害很大，很容易造成眼睛疲劳，甚至伤害视力。

第二，浏览有价值的信息。

上网时同学们一定要多浏览一些有价值的信息。互联网上的学习资源是非常多的，不要将时间都消耗在浏览明星八卦和玩网络游戏上面。一些娱乐活动可以做，但要合理，不能无节制。大家可以利用网络寻找对自己的学习和兴趣爱好有帮助的内容，要自觉主动屏蔽一些不良信息。

第三，不要随意进行网上支付。

同学们年龄还小，在网上购买商品，需要进行支付时，要经过家长的允许，由家长进行操作或者在家长的监督下进行网络支付，以免遇到网络诈骗或支付错误的情况。

总之，在“停课不停学”期间，我们要充分发挥网络的作用，正确使用电脑，合理分配上网时间，同时注意不打开不良网站，不沉溺于虚拟空间。

4. 绿色上网健身心

(1) 教师提问：长时间使用电脑后，应该如何放松眼睛呢？除了我们每天的眼保健操外，还有几个小方法可以帮助我们。快和老师学起来吧！

(2) 教师分享保护视力的方法。

第一，眼珠运动法。头向上向下左右旋转时，眼珠也跟着一起移动。

第二，眨眼法。头向后仰并不停地眨眼使血液畅通。眼睛轻微疲劳时，只需要做两到三次眨眼运动即可。

第三，看远看近法。看远方两分钟，再看手掌一分钟，然后再看向远方，这样远近交换几次，可以有效消除眼睛疲劳。

5. 响应倡议我能行

(1) 教师发出倡议书。

亲爱的同学们：

在信息技术飞速发展的今天，网络越来越广泛而深入地影响我们的学习和生活，为我们打开了认识世界的一扇窗。但网络在给我们的学习、生活带来超乎想象的便捷的同时，也带来了很大的负面影响，不良资讯、长时间上网等严重危害我们的身心健康。为了维护健康文明的网络文化环境，使网络真正成为我们汲取先进知识、增进沟通交流的和谐家园，在此，向全校未成年人发出以下倡议。

一、争做网络文明使者。自觉遵守《全国青少年网络文明公约》，增强文明上网的责任意识。不随意浏览、传播网络不良信息，不随意谩骂、攻击他人，自觉维护健康向上的网络文明环境。

二、争做网络守法先锋。自觉抵制网络游戏的诱惑，远离网吧，远离垃圾网站。主动增强明辨是非、自我保护和防范不良行为的能力，不参与、不支持人肉搜索等网络暴力行为，不通过网络窥探他人的隐私，不散布虚假言论，不轻信网上流言。

三、争做网络道德模范。积极弘扬和践行中华民族优秀文化传统与社会主义精神文明的道德准则，时刻明晰善恶美丑的界限。不沉迷于网络游戏，不沉溺于虚拟时空，自觉抵制腐朽思想的侵害，主动接受科学进步的思想。

四、争做网络安全卫士。充分了解网络安全的重要性，坚持合理使用网络资源，力所能及地监督和防范危险隐患，主动抵制破坏网络健康有序发展的行为，积极维护网络的正常运行。

同学们，我们未成年人是网络文明的受益者，更应该成为网络文明的建设者。希望大家能牢固树立自律、自强、自爱的意识，从自身做起，从现在做起，远离网吧，文明上网，让文明的网络文化环境陪伴我们健康成长！

(2) 播放学生倡议视频。

倡议：我倡议停课不停学，文明绿色上网，快乐健康成长。我们是防控疫情的小小宣传员，我们是全面发展的阳光好少年。

6. 教师小结

教师：小小鼠标，轻轻点击，让互联网连起整个世界。乌云遮不住太阳，春天终究会来临，疫情同样会被战胜，在这个特殊的时期，停课不停学，让我们——E学习　齐战“疫”。

（徐州市民主实验学校，高婉）

做一枝会思考的芦苇
——特殊时期更需要独立思维

• 活动背景

自全国抗击新型冠状病毒的战役全面打响后,在党和国家的正确领导下,在全国人民的积极配合下,我们取得了一个个辉煌的成就,渡过了一个个难关。但在全民抗疫、全球抗疫的大形势下,因为种种原因,网络上和社会中都充斥着种种谣言和不理智的言论,而作为国家未来希望的青年们,应该有一双辨识真伪的眼睛和能够独立思考的大脑。

从学段特点来看,作为当代高中学生尤其是高三学生,即将踏入大学,同时也是社会未来发展的中流砥柱,决不能在网络大潮中迷失自我。在信息饱和的攻击下,要拥有独立的人格、睿智的大脑,这就要求学生应树立正确积极的人生观、价值观,拒绝从众心理,在危急时刻仍能冷静思考,自尊、自爱、自律,用实际行动担负自己应尽的责任。

从班级现实来看,在日常的学习生活中,因为班级管理比较严格,不少学生遇事习惯性地按老师要求、按大众惯例办事,缺乏独立思考的能力,也没有意识到从众心理的危害性,特别在紧急情况下有些学生易盲目随众。

• 活动目标

1. 通过自己对抗疫期间身边网络谣言的体悟,了解网络谣言产生的原因。
2. 通过游戏活动感知从众心理,理解从众心理产生的根源和危害。
3. 结合自身生活经历发掘个人独立思考的能力,掌握独立思维的基本方法。

• 活动准备

1. 教师准备:(1) 查阅相关资料,提前做好问卷调查,安排好游戏环节的具体任务,以达到最佳效果;(2) 准备抗疫期间的相关信息(视频),学生活动所需的纸笔和相关游戏道具,如卡片等若干。

2. 学生准备：搜集身边的相关事例，了解自己喜爱的大学和专业的基本情况等。

• 活动过程

(一)“谣言止于智者”

1. 情境导入

教师：同学们，2020 年 1 月 31 日晚上你们的家长都在议论什么也许你们不一定记得，但是我提到“双黄连”这个词也许大家都会想起点什么，随着“权威发布”双黄连可以抑制新冠病毒，各大网站的双黄连瞬间卖空，大家不顾感染风险连夜排队去药店购买，甚至有人购买了家禽使用的双黄连药剂，第一天没抢到的人“哭”了，而在第二天辟谣之后，那些抢到双黄连的人又“哭”了。这一幕我们似乎并不陌生，在福岛核泄漏事故的时候，不少人也上演了抢盐大战，而这并不限于国界，随着一声“中国不再出口厕纸”的谣言，日本超市所有生活纸质用品瞬间一空。大家在抗疫期间有没有经历过被谣言所欺骗的真实事例呢？

选出 2 至 3 名学生发言，启发他们说说事例，可以是抗疫期间发生的，也可以是日常学习生活中的。

生 1：开始那几天网上有传言把香油滴鼻孔里就可以防止病毒入侵，当时我奶奶很相信的，说是一位老中医传出的秘方，2003 年的时候就用这个防治的“非典”，可是后来权威机构就辟谣了。现在想想，就算鼻孔有了阻挡，人还是要张口说话、张口呼吸的呀，怎么可能完全隔绝病毒呢？

生 2：我之前听说过有一个办法治感冒，那就是多喝水，说是多喝水加快新陈代谢就可以不吃药治感冒了，可是我喝了很多水除了肚子胀以外没有什么效果，后来才知道这也是谣言。现在想想挺可笑的。

2. 原因分析

教师：根据刚才大家的发言，我们来一一对应地分析谣言产生和传播的原因。(参考原因：科学知识的欠缺、社会生活的不确定性、媒体的责任意识不强、网络水军的存在、商业利益的背后推手等)

3. 自我反思

教师：同学们分析得很深刻，但是大部分同学都把原因归于他人、社会，我们曾经都听过这样一句话——“谣言止于智者”，谣言一定有它的漏洞，而我们为什么却不加分辨地就相信了？现在回想起来很荒谬的事情，为什么当时却跟着大家一起去做呢？这或多或少是从众心理在作怪。

(二) 人是会思考的芦苇吗？

1. 游戏体验

(1) 游戏准备：选出20名同学参加游戏，其中5名同学为提前安排好的；用两张卡片，分别画一条线段，A卡片上的线段比C卡片上的略长(肉眼可见)。

(2) 游戏过程：20名同学依次比较两张卡片上线段的长短，接着依次回答自己的判断，其中前5名同学已经提前安排要说出错误的答案(即C卡片上的线段长于A卡片上的线段)。

(3) 游戏总结：这是1952年美国心理学家所罗门·阿希设计的一个实验，当时的总体结果是：平均有33%的人判断是从众的，还有24%的人一直没有从众。学生的游戏效果可能会打折扣，但是也可以反映出一些问题。(有时间可作对比游戏，即不提前安排同学，比较两组数据)

2. 体验座谈

(1) 从第6名学生开始，分别选取选择错误、选择正确、选择较慢的三类学生谈谈回答问题的感受。

(2) 交流体验从众心理的感受。

(3) 教师总结从众心理的原因和危害。

从众心理：一般说来，群体成员的行为，通常使得个体具有跟从群体的倾向，当个体发现自己的行为和意见与群体不一致，或与群体中大多数人有分歧时，会感受到一种压力，这就发生了促使他趋向于与群体一致的现象。

从众心理表现为学习从众、恋爱从众、消费从众等。从众心理产生的范围主要是班级从众、朋友从众、宿舍从众。

3. 课堂小结

教师：盲目从众意味着失去了个体的理性思维和行动，不利于我们的独立思考和判断，也会扼杀创新精神。

(三) 我要做会思考的芦苇

1. 活动体验

(1) 请学生拿出提前写好的毕业后想去的学校和想就读的大学专业，大家讨论交流,然后确定是否修改。

(2) 展示自己的结果,如果修改则要说明修改的原因。例如,父母的建议、个人的意见、周围人的建议、同学的报考方向等。

2. 方法指导

教师:在这样一个信息爆炸的社会中,各种信息充斥了我们生活的各个角落,我们在享受它们带给我们便利的同时也不断被它们裹挟甚至反噬,我们并不是拒绝所有的信息,而是要能够用自己独立的思维加以分辨和筛选。"只有我们进行了分析,才更接近真相。"这里教给大家几个简单的独立思考的方法。

(1) 比较法。在最初接触某一对象时,就要先考虑一下它可以和什么内容做比较,思考它的特征是什么,从而对不同的事物形成相应的认识。此外,在关注不同领域对象时,要尽力思考它们之间的相同和相异之处。长期练习,就可以锻炼联想比较的思考能力。

(2) 辩证法。辩证法是指从正反两个方面看问题,增强看问题的全面性、客观性。

(3) 现象思考法。对于生活中的现象,要学会独立思考,学会自己去理性分析,不能轻易盲从别人的观点,更不能只根据自己有限的几个例子去归纳总结宏大事物或现象。

现象思考法的另一要点是表达自己的所见所闻,尤其是在学习和平时生活中,要注意观察生活中的诸多细节,努力发现习以为常的现象背后隐藏着的奥秘。

(4) 系统思考法。系统思考法强调养成俯瞰全貌的习惯。在工作、生活中,抓住细节和小问题很容易,而从全面的角度看待问题却并不容易。应尝试跳出自己所处的小系统,从整体性的视角思考问题,努力通过事物的表象探寻内在的本质。

3. 课堂小结

教师:我们生活中有这样一群人,他们习惯于被动学习,倾向于人云亦云,遇到问题的第一反应就是向别人寻求答案,也许他们会过得很轻松,也许他们不要担负什么责任,但他们注定过的不是自己的人生;而还有一群人,他们主动探索未知领域,看问题有独到深刻的思想,能够清晰地了解自己需要什么,这才是我们各位同学应该拥有的人生状态。在这个媒体诱导、信息趋同的社会中这样做也许并不容易，但这并不妨碍我们成为一枝有思想的芦苇。

这样你就不会相信"逆行"的医务工作者是为了个人的利益，因为你有对生命最基本的敬意；这样你就不会半夜不眠想着明天去哪里排队买药，因为你有基本的常识和判断；这样你就不会因为不能自由进出而与检查人员发生冲突，因为你有最起码的责任意识和尊重；这样你就不会因为有人从疫情地区回乡而去嘲讽，因为你有最纯真的善良和爱心；这样你就不会因为跟不上别人的步伐而焦虑和惆怅，因为你有自我的奋斗目标；这样你就不会因为在家无法上学而消磨时光，因为你知道，命运在你自己的手中，没有什么能代替你自己的努力。

同学们，让我们携手同行，为战胜疫情，为个人的成长，做一枝会思考的芦苇吧！

（江苏省郑集高级中学，李斌）

五、应对突发公共卫生事件的心理防护

公共卫生突发事件直接危及人类的生命健康,打破了人们长期以来业已形成的工作和生活秩序,进而造成了人们心理的失衡。其中,周围人以及亲朋好友的离世,会对青少年身心的健康发展带来一定的创伤记忆。因此,疫情期间以及疫情之后的生活秩序、心理秩序的重建,如何对学生进行学习心理辅导、网络学习指导、居家生活期间的社会性学习以及人际交往指导等前沿性问题,已经引起全社会的广泛关注。本板块内容将以应对突发公共卫生事件的心理防护知识介绍、活动方案指导等形式加以呈现。

疫情下的情绪管理
——小学防疫教育主题班会

- **活动目标**

1. 认识、体会疫情下的几种情绪,学会辨别积极情绪和消极情绪。
2. 明白情绪产生的原因,知道为什么人会有不同的情绪。
3. 初步了解情绪管理的几种方法,使自己在疫情下拥有良好的情绪。

- **活动准备**

1. 全班同学分好小组,6 人围坐一组,选好组长。
2. 制作课件和 3 分钟游戏的背景音乐。
3. 每组准备写有各种情绪的卡片以及写有“积极情绪”和“消极情绪”的两个纸盘。

4. 每组准备好 A4 纸、彩笔，以绘制《心情晴雨表》和《心情记分表》。

- **活动过程**

(一) 以游戏激趣导入

教师：同学们，在这个春暖花开的日子里，我们重新走进校园，见到了熟悉的同伴和老师。春天也是万物复苏的成长的日子，经过这次疫情我们更加明白了生命的价值。下面我们玩一个游戏“小种子要长大”。

1. 游戏活动

教师：我们每个人都是一颗可爱的“小种子”，我们的一生会(带领学生先熟悉一遍动作)——

① 发芽(坐在座位上，双手合十于胸前)；

② 长高(起立，双手合十于胸前)；

③ 长叶(双手举过头顶，双手呈上托状)；

④ 长大(双臂打开，呈拥抱蓝天状)；

⑤ 开花(双手比爱心)。

但是，“小种子”的生长过程可是不容易的。每一颗“小种子”都要和小组内的其他“种子”轮流进行一次“石头、剪刀、布”，在每轮游戏中赢了的“小种子”才会获得一次生长机会。最后音乐停止时，我们一起看看“小种子”们都能长成什么样子呢？

每组 6 颗“小种子”开始游戏。(播放音乐)

游戏结束，教师反馈游戏结果：有×颗“小种子”刚刚发出小芽，有×颗“小种子”已经长高，有×颗“小种子”已经长出了嫩绿的小叶子，有×颗“小种子”已经长大啦，还有×颗“小种子”已经开出了花儿。

教师分类采访不同状态下的“小种子”：在游戏过程中，你有什么感受？

2. 游戏小结

教师小结并引出情绪话题：同学们，你们看，“小种子”们有的生长得慢一点儿，有的生长得快一点儿，每一颗“小种子”的成长都是不容易的。其实，我们每个人就像一颗颗小种子一样，成长的过程也并不是一帆风顺的，在这个过程中我们也会有不同的感受。这次疫情给我们的成长带来了很大的影响，在这种影响下同学们产生了各种各样的心理情绪，今天老师就跟大家一起分享——“疫情下情绪管理我能行”。

【设计意图】心理小游戏对于整节课的氛围和学生的情绪调节有很大帮助，因此以“小种子要长大”这个游戏进行课堂热身，拉近同学间的关系，并从中感受到不同的情绪，引出本次活动的主题。

（二）了解什么是情绪

1. 说说各种情绪

(1) 教师：同学们因为新型冠状病毒度过了一个漫长的寒假，说说在此期间你看到了什么，听到了什么，又做了些什么。

(2) 教师：此时此刻你的情绪是怎样的呢？能用最简单的词语告诉我你的心理感受吗？

生1：待在家不可以找小伙伴玩了，太无聊了。

生2：不用整天坐在教室里学习挺开心的，不过要天天上网课、写作业有点郁闷。

生3：昨天乘电梯的时候，有个爷爷打了个喷嚏会不会传染呀？真担心呀！

生4：看到全国增长的疑似病例、死亡人数，太可怕了。

生5：一想到有人在卖假口罩，真是很生气。

生6：看到那么多医生、护士冒着生命危险去支援武汉、湖北，被他们深深地感动了。

生7：看到受感染的人数越来越少，治愈的人数越来越多，我对这次中国抗疫更加有信心了！

(3) 教师提问：刚才同学们都说出了自己的心理感受，其实大家是在表达自己的情绪。除了刚刚同学们讲的情绪外，你还知道哪些情绪？（伤心、兴奋、愤怒、悲哀、希望……）

2. 分分各种情绪

(1) 教师：其实情绪没有好坏之分，只有积极情绪和消极情绪之分。我们通常将高兴、信心这些词归为积极情绪，而将担心、愤怒这些词归为消极情绪。

(2) 玩游戏“情绪分分类”。

游戏内容：小组长把事先准备好的各种情绪卡片拿出来，小组同学讨论后将情绪卡片放入相对应的“积极情绪”纸盘或“消极情绪”纸盘中。

(3) 教师出示正确的情绪分类并说明原因，小组进行修改。

(4) 引导学生理解出现了消极情绪,并不是因为有心理问题,只要消极情绪持续的时间不长,而且没有引起身体的不适,大可不必担心。

【设计意图】这次新冠肺炎给我们国家和全世界带来了很大的影响,而小学生作为比较敏感的人群,常常会产生各种情绪体验。引导他们结合自己的体验说说不同的情绪,并从中了解什么是积极情绪,什么是消极情绪,这样更容易让学生理解情绪。而"情绪分分类"的游戏能更好地促进学生学会分类,进而分辨不同的情绪。

3. 为什么会有不同的情绪

教师:为什么我们会有这么多不同的情绪呢?老师先来给大家分享一个小故事,这个故事叫《三只狐狸》(引自"南通市未成年人成长指导中心"公众号)。

话说果园里的葡萄成熟了,看上去又大又紫,高高地挂在葡萄架上,诱人极了。这时有三只狐狸先后来到这棵葡萄架下。

第一只狐狸,跳了多次仍吃不到,找遍四周,没有任何工具可以利用,于是摇摇头说:"我已经尽力了,可还是够不着,算了吧!"于是心安理得地走了。

第二只狐狸也想尽各种方法,可还是够不着,他想:连个葡萄都吃不到,活着还有什么意义呀?于是整天闷闷不乐,生病了。

第三只狐狸下定决心不怕万难,吃不到葡萄死不瞑目,一次又一次跳个没完,最后绝望地累死在葡萄架下。

4. 讨论情绪产生的原因

(1) 教师:听完这个故事,大家的心情是不是开心了许多?不过,笑完之后我们需要静下心来思考,这三只狐狸面对同样一件事情,那就是吃不着葡萄,但是这三只狐狸的心情和行为却完全不同。小组讨论一下,为什么会这样呢?(学生小组内交流)

(2) 小组长反馈小组讨论结果。

(3) 教师总结:第一只狐狸心安理得地走了。第二只狐狸整天闷闷不乐,生病了。而第三只狐狸呢,累死在葡萄架下。同样的事情却有着不一样的心情和行为,那是因为三只狐狸在面对同样的事情时,它们对这件事情的看法和想法不同,第一只狐狸是这样想的,自己已经尽力了,可还是够不着,算了吧!于是心安理得地走了。第二只狐狸呢,他想,连个葡萄都吃不到,活着还有什么意义,于是整天闷闷不乐,生病了。第三只狐狸想,吃不到葡萄,决不罢休,就不停地跳呀跳呀，最后累死了。

原来决定三只狐狸的心情和行为的，不是吃不到葡萄这件事，而是由三只狐狸对吃不到葡萄这件事情的不同想法所决定的，所以你是想拥有开心快乐，还是想变得苦闷忧愁，不是由事情决定的，而是由我们对事情的看法决定的。

同学们，现在明白了到底是什么在控制着我们的心情和行为了吧，对了，那就是我们自己的想法，所以改变想法就能改变心情和行为。

（三）情绪管理小妙招

教师：遇到这种突发公共卫生事件，同学们经常会出现不好的情绪，你自己都有哪些好方法克服呢？（听听音乐，做做其他事情，深呼吸……）这些方法都很好，下面老师就来教大家几招管控情绪的妙招。

1. 改变想法，调整心态

教师：之前我们明白了一个人的情绪不是由事情决定的，而是由你对这件事情的看法决定的。之前隔壁班的小明遇到了一件事情让他特别难过，大家可以帮帮他吗？这两天阳光明媚，春风和煦，疫情得到了控制，感染的人数越来越少，治愈的人数不断增加，大家听到这个消息都很高兴，有的人开始走出家门，小明发现楼下的小公园里有不少人，便跟爸爸妈妈说想去楼下玩，可爸爸妈妈坚决不同意，为什么有人可以下去玩，他却被关在家里？小明感到很难过。

思考并讨论：怎样让小明不再难过呢？如果你是小明，你会怎样让自己的心情变好呢？（例如，其一，外面天气很好，真想出去透透气，不过疫情还没有结束，还有被传染的可能性，如果不小心被传染了，不是给自己、家人、社会添麻烦嘛！还是等疫情过去了再出去玩吧；其二，平时爸爸妈妈工作都很忙，一直没有时间陪我，正好利用这个时间陪我看最爱的电影，做做游戏、下下棋，还是挺开心的；其三，之前学习忙，一直没有时间看我喜欢看的课外书，上次画的画还没有结束，手工还没有做完，趁歇在家里把平时没时间做的事情做好，这个想法真不错；其四，平时上学没有时间，都是爸爸妈妈做家务，照顾我，这次让爸爸妈妈休息休息，我来做家务，减轻他们的负担，爸爸妈妈一定会夸我的，想想真开心；其五，我想去小公园主要是想去锻炼身体，跑两圈，现在去不了，那我就在家里锻炼吧，可以跳跳绳、踢毽子，做仰卧起坐、俯卧撑，达到同样的目的；等等）

教师:同学们给小明出了这么多点子,我相信小明如果这么想此时一定不会再难过了。当我们在生活中遇到让自己生气、愤怒、难过的事情时,可以运用这个小妙招让自己变得愉悦、平和。

2. 记录情绪,了解状态

(1) 打分记录。

为了进一步了解自己的情绪,你可以记录每日的情绪,给自己的情绪打分。如果用1分表示心情最差的时候,10分表示心情最好的时候,今天的心情你能打几分呢?

比如老师今天很高兴,同学们提交上来的作业都写得认真、工整,我给今天的心情打8分。

(2) 图标记录。

你可以绘出象征自己情绪的天气图标,画在自己的《情绪晴雨表》上。比如今天我有点烦闷,工作一直没做完,很焦急,我就在“下雨”图标下做记录。(提供两种记录表,学生可以挑选其中一种现场制作)

(3) 文字、语音、视频记录。

你也可以用文字、语音、视频等方式记录自己的情绪故事,例如最近一段时间最高兴的事情、最难过的事情、最害怕的事情、最感动的事情等,并且想一想,这些事情当时对你产生了什么样的影响?你可以和别人分享说一说。

3. 情绪卡片,连接你我

除了了解自己的情绪,你对别人的情绪了解吗?我们可以用情绪卡片作为载体,倾听那些你不知道的别人的情绪故事。

做法:其一,制作各种情绪卡片(开心、难过、紧张、生气、惊讶、害怕、感动、自豪等);其二,让同伴随机抽取其中一张情绪卡片;其三,互相分享情绪卡片背后的故事。

教师:下面请看看我们班小韩同学和妈妈是怎样玩情绪卡片游戏的。(播放小韩同学和妈妈玩情绪卡片的视频)通过这个游戏,可以更好地了解家人的喜怒哀乐,更好地与家人、同学等进行深度沟通。

4. 放松练习,平复情绪

(1) 想象放松。

如果你感觉到有负面情绪,并产生不适时,可以利用5~10分钟进行减压放松练习。

其一，播放一首舒缓的轻音乐。

其二，找一个你感觉舒适的位置坐下，慢慢闭上眼睛，放松身体。

其三，随着音乐展开想象，任思维遨游。

(2) 深呼吸放松。

吸气：深深地，慢慢地，大吸一口气，直到吸不进去，屏住气。

呼气：慢慢地，轻轻地呼出来，呼出来，呼出来。

重复上面的步骤 3～5 次，反复吸气和呼气。

5. 转移注意，摆脱消极

当一些消极情绪产生并影响你的生活时，我们不妨做一些丰富的活动转移自己的注意力，从而在摆脱消极情绪的同时增加自己的积极情绪，使自己保持健康的心理状态。

比如，做自己喜欢的一些事，看看自己喜欢的课外书、搭乐高、唱歌、画画等等，与家人一起下下棋、做做运动、玩玩游戏，帮忙做家务，与好朋友通通电话或微信聊天等，把自己的时间充实起来，我们也就没有时间去想那些不开心的事情了。

【设计意图】疫情期间，当自己有了消极情绪时首先不能排斥它们，可以通过心理转移注意力、改变想法、写下来或讲给别人听等做法来调节情绪。这会对学生在日常生活中学会科学、合理地释放消极情绪，学会为自己减压产生良好的作用。

5. 总结

教师：虽然已开学，但疫情防控仍在继续，非常时期，身体健康很重要，但心理健康也不容忽视。通过今天的这节心理班会课，我们知道了在疫情下情绪管理的 5 个小妙招。

改变想法，调整心态；

记录情绪，了解状态；

情绪卡片，连接你我；

放松练习，平复情绪；

转移注意，摆脱消极。

有了这 5 个小妙招，我相信对大家的情绪管理一定会有帮助，期待同学们拥有快乐而充实的学习和生活，以阳光的心态拥抱春天的到来。

• 拓展训练

推荐一本关于情绪管理的绘本《杰瑞的冷静太空》。这是一本介绍情绪管理的绘本。当杰瑞愤怒地回到家时，妈妈给他出了一个绝妙的主意——建立一个能让自己放松的空间，于是"杰瑞的冷静太空"诞生了。当杰瑞在布置的过程中遇到困难时，他的"冷静太空"马上起到了作用。

你可以和家人布置一个属于自己的"冷静太空"，一个舒服放松的空间，使自己可以在有情绪的时候得到缓冲和释放。有负面情绪不可怕，只要我们给自己时间和空间，让自己感觉变好，一切问题都可以解决。

（镇江市润州区实验小学，罗丽萍）

如何在疫情环境下避免掉入情绪陷阱

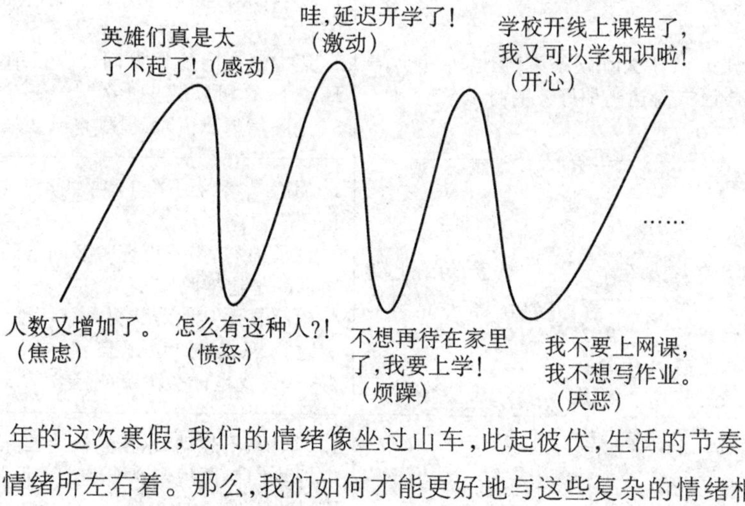

2020年的这次寒假，我们的情绪像坐过山车，此起彼伏，生活的节奏似乎也被这些情绪所左右着。那么，我们如何才能更好地与这些复杂的情绪相处，避免掉入情绪陷阱呢？

（一）情绪调适三部曲：觉察、理解、行动

1. 觉察

当情绪汹涌而至时，按下"暂停键"，尝试体会你当下的情绪及身体的感

受。在觉察的过程中要接纳你的情绪，注意不要对自己有这些情绪内疚和自责，意识到在危及生命安全的突发事件下，我们感到焦虑和恐慌是正常的。

2. 理解

请“穿”过这些感受的通道去体会和思考这些情绪的背后是什么，比如感到烦躁是否是因为一直不能外出，感到生活失去了控制。

3. 行动

情绪往往是一种信号，我们要尝试着去理解这些信号的含义。你可以听从这些信号做一些调整，比如如果你感到焦虑是因为觉得生活很失控，你可以试着列一些计划，让自己的生活更有节奏，从而增加你的控制感。

（二）知彼知己

表1 “知彼”：疫情环境下常见情绪一览表

常见情绪	情绪的意义
焦虑与恐慌： 不知道疫情什么时候结束，担心疾病会降临到自己或身边亲朋好友的身上	1. 适当的焦虑、恐惧有助于我们提高对疫情的警惕 2. 焦虑也在向我们发问：“在目前不确定的环境下，你可以做些什么？” 3. 过度焦虑恐慌时，提醒自己要放松
愤怒： 疫情下有些人不作为甚至传谣，网络上到处都是这类信息，一打开就看到，一看到就无比烦躁、恼火、愤怒	1. 愤怒是崇尚正义与公平的声音，学会接纳自己的愤怒 2. 合理愤怒，当它出现时多问自己一句：“事实真的是这样吗？” 3. 愤怒相比其他情绪更具破坏性，应当合理表达愤怒，比如说出自己的感受：“我觉得……（我是什么情绪/感受）”
郁闷： 最近我对什么事都提不起兴趣，心情非常压抑，甚至动不动就想哭	1. “抑郁、不想动”这样的情绪实际上在被动地把我们与环境隔离开来，从而保护自己，所以也请你接纳它们 2. 但是外界环境真的那么糟糕吗？不妨转移注意力或是换个角度再想想 3. 建立一些真实的连接，比如与朋友、家人倾诉交流，多一些运动，或是寻求专业的心理帮助

表2 “知己”:心理健康状态自查表

如果你或你的亲朋好友有下列感受,无法消除,并持续超过2周,请尽快寻求帮助。 可以联系心理老师,也可以拨打“陶老师”工作站心理热线
1. 害怕,无安全感,担心灾难降临
2. 感觉无助
3. 对周遭的事物丧失兴趣和动力
4. 睡眠和饮食状况变差,如失眠多梦、早醒、食欲不振
5. 人际退缩,不愿与他人交谈
6. 过分关注自己的身体状况

(三) 戴上心情的防护“口罩”

1. 关注积极的信息,避免信息过载

心理学研究表明,在危机事件中,如果反复接触信息,也是一种应激来源,会让一些人心理受到间接创伤。因此,请尽量关注官方平台发布的权威信息,减少未经证实的信息输入,促进理性思考,并且不要在睡前大量浏览信息,合理作息。

2. 调整认知,关注美好事物

人在陷入思维怪圈时,往往容易忽略事物的多面性,倾向于聚焦负面结果。这时我们可以多问自己几个问题,“真的是这样吗”“我担心的问题实际存在吗”“这是唯一解决方法吗,是否有别的可能”等。

除了疫情之外,我们身边还有很多美好的事物在发生。在这个相对漫长的假期中,往往能发现自己最本质和纯粹的需要,以及自己最关注、在意的人和事。

3. 掌握一些调节情绪的方法

听音乐、与家人和朋友聊天、绘画、运动、写作等都是非常好的调节方法。除了以上方法之外,和大家分享放松身体、想象、正念三个小技巧。大家可以根据自己的情况选择适合自己的方法。

(1) 放松身体,放松心灵。

我们可以通过放松身体的方式放松心灵。可以通过腹式呼吸让自己平静下来,也可以运用渐进式肌肉放松法,帮助放松肌肉紧张,进而放松大脑。此外,冥想也是一个有效的抗焦虑方式,你只需要专注于自己的身体和感受,并通过和当下身体的连接获得平静和安全感。

(2) 焦虑调节意象导引技术。

把焦虑想象成悬浮在空气中的物体,可把它想象成和手掌差不多大小。然后可以用自己的手,尽力挤压它。一边挤压一边幻想这个焦虑正在变得越来越小、越来越小,再打开双手,让焦虑随风而去。

(3) 正念静心。

正念练习有四个步骤。

第 1 步,深呼吸:慢下来,把注意力带到呼吸上,做几次深长的腹式呼吸。

第 2 步,感受当下:感觉一下双脚与地面的接触,身体与椅子的接触。动动手指头和脚趾头。环顾一下四周,快速地命名你所看到的各种东西,或者哼唱你喜欢的童年歌曲。

第 3 步,改变:站起来,伸展一下身体,走动走动。给自己留几分钟,安静地坐一会儿。

第 4 步,补充能量:如果你觉得情绪化、迷惘、疲惫或者脾气有点急,你可能是饿了或者渴了;暂停一下,花五分钟时间休息一下、喝一点温水,或者吃一点健康的食品。

（南京汉开书院,顾倩）

安"心"宅家不孤独

2020 年突发新冠肺炎,因为疫情延期开学,学生居家学习。居家延学初期,学生既有刚放寒假的兴奋和喜悦,又有对疫情的焦虑、紧张、害怕、担心等负性情绪;中后期日复一日的宅家隔离容易令人感到沉闷、乏味甚至空虚、寂寞,内心易充斥着无意义感和孤独感。加上青少年期是个体身心发展的特殊时期,情绪爆发较为强烈,情绪体验更为深刻,特殊的时期,特殊的年龄阶段,青少年极易产生孤独感。那么,面对突发公共卫生事件,青少年如何安"心"宅家,应对居家生活中的孤独呢?

（一）主动沟通交流，寻求社会支持

马斯洛需求层次理论将人的需求从低到高依次分为生理需求、安全需求、社交需求、尊重需求和自我实现需求五种需求。疫情之下，青少年既有生理需求和安全需求，渴望健康地活着，也有社交需求，渴望早日结束隔离走出家门与同伴交流。虽然他们内心清楚地知道居家隔离是为了自己的生命安全，但是当社会联系突然锐减之时，现有的人际关系满足不了固有的社交需要，个体就会感觉到因自己与他人隔离或缺乏接触而产生消极情绪体验——孤独。因此，应在有限的环境下，主动沟通交流，寻求社会支持，才能更多地被社会关注和接纳，从而减轻孤独感。

1. 线下互动，寻求家庭支持

疫情时期，青少年长期“宅”在家中，接触的只有家人，家庭对个体的影响就会无形之中被放大。此时此刻，如果青少年能主动地和父母分享居家学习的喜怒哀乐，亲密互动一番，和谐的家庭关系与家人间的亲密距离，就会让自己喜笑颜开、不再孤独。比如，可以尽情发挥创意，设计巧妙的家庭游戏，如家庭版套圈、家庭版保龄球、家庭版乒乓球、家庭小手工等全家总动员活动，在家人亲密互动的过程中不仅拉近了彼此的心理距离，也充实了居家隔离生活，增加了生活趣味性，更因为家人的陪伴减少了孤独感。也可以在遇到烦恼和困惑时，敞开心扉，主动向父母倾诉，心声被亲人聆听会有所安慰，从而获得支持，有助于缓解负性情绪。

2. 线上交往，寻求同伴支持

延期开学，去不了学校，居家隔离，又不能外出。原有在校内外的线下同伴交往突然停止，青少年长时间和伙伴们不能面对面地沟通交流和嬉戏玩耍。可居家隔离并不意味着完全与世隔绝，虽然暂时与外界线下交往困难，但是依然可以通过多种多样的方式以达到交流的目的。如当你感到孤独时，可翻阅往日和同伴们的合影，回忆先前和同伴们在一起的快乐时光；也可主动和好友进行网上文字、语音或是视频聊天，分享近期的感受，在线上谈心交往，获得朋友的支持，感受友谊的温暖，从而减轻孤独感。

（二）树立积极思维，调整消极心态

美国心理学家埃利斯创建了情绪 ABC 理论，认为诱发事件 A 只是引发情绪和行为结果 C 的间接原因，而引起 C 的直接原因则是个体对诱发事件 A 的认知和评价而产生的信念 B，即个体的不合理信念 B 才使我们产生情绪困扰

C,所以改变信念和想法才能改变情绪。当居家隔离过程中出现负性情绪,如孤独时,我们可以尝试树立积极思维、调整消极心态,从而调节负性情绪。

举例而言,在疫情防控期间,为了更好地了解学生的假期生活,关注学生的心理需求,学校开展了线上师生一对一谈心活动。有个学生向老师倾诉道:"放假这么长时间都没有同学在 QQ 上找我聊天,一定是我平日人际关系太差,这让我觉得很孤独。"诱发事件 A 是放假期间没有同学找他聊天,消极想法 B 是人际关系差,情绪和行为结果 C 是孤独,因为觉得自己人际关系差而感到孤独,所以需要将消极想法转变成积极想法,从而减轻孤独感。这时可以建议学生从诱发事件中多生成积极想法:第一,同学们的假期生活里可能有其他事情在忙,如照顾弟弟妹妹、做家务等;第二,同学们的上网时间被家长限制;第三,同学们回了老家,乡下网络不稳定;第四,部分同学性格内向,不好意思主动找"我"聊天,"我"可以迈出第一步,主动联系他们……个体对自己、当下和未来的态度越积极,孤独感便会越弱。

(三) 增加日常活动,寻觅生活之美

漫长的假期你或许日益感到孤独,这可能是你目前的生活还不够充实。往日里学习生活总是步履匆匆的,当生活以这种特殊的形式慢了下来,不妨静一静,立足当下,想一想你的兴趣爱好,做一做感兴趣的事情,寻觅生活中的细节,你会发现不一样的美,从而不再孤独,并愈发快乐。

1. 增加日常活动,做感兴趣的事情

通过增加日常活动,做些感兴趣的事情来充实居家生活。如果你喜欢音乐,可以听听歌、唱唱曲、弹弹琴,慢慢从音符中感受世界的美好,孤单感也会在无形中得到释放。如果你喜欢美食,可以尝一尝、吃一吃,甚至可以试着做一做,当人的味蕾得到了充分的享受和满足时,心情自然不会太差。如果你喜欢运动,可以在有限的环境内尝试着做一些适当的锻炼,如室内散步、瑜伽、踢毽子等,流过汗后将是全身心的放松。

以"停课不停学"期间的一节心理网课"静待春暖花开"为例,本课意在帮助初中生调节负性情绪,减少长期"宅"在家中的无意义感和孤独感。教师设计了课后作业——制作"快乐清单",要求每位同学在一周的时间内去发现快乐、创造幸福,制作一个属于自己的意义独特的快乐清单。很多同学提到做自己感兴趣的事情令其无比快乐,不仅有上文所说的音乐、美食、运动,还有练习书

法、写作、阅读、追剧、手工 DIY、拍照、剪辑音频等等。孩子们每天坚持做着自己感兴趣的事情，对其而言很有意义，过程中更是快乐满满，也因这些事情充实了一天天的居家生活，令其不再孤独。

2. 寻觅生活细节，发现不一样的美

罗丹曾说："生活中不是缺少美，而是缺少发现美的眼睛。"日复一日的居家生活看似单调，实则却有很多细节值得我们去发现。就像很多孩子在"快乐清单"中提到的在家隔着窗户欣赏日出日落、星星月亮和初春的风景，令其无比快乐，提到了这些天在家成功地喝掉了 700 盒牛奶而感到很快乐。种种事情虽小而简单，却是我们先前忙碌的生活中极易忽略掉的。当学生发现了这些不一样的美，他们的积极情绪也就日益增多了。

（四）发掘自我潜能，勇于尝试探索

潜能，是人先天固有的一种禀赋条件和内在特质。人的潜能是可以开发的，青少年正处于开发潜能的最佳阶段。居家隔离，同学们不妨尝试着做一些未做过的、挑战自我的事情去发掘自我潜能，由此不仅可以享受过程中的快乐，而且成功后获得他人赞赏和肯定也会更加快乐，孤独感自然也就减轻了。比如作业"快乐清单"中，很多同学提及初次做饭的快乐，做饭过程中因为新鲜感而快乐，做饭结束后看着满满的一桌菜享受着成功的喜悦，加上家人们对这一桌菜赞不绝口，就会愈发快乐。

居家生活中的独处并不意味着孤独，当你感到孤独时，不妨尝试着用这些方法加以调节，相信你的负性情绪会有所缓解。

（江宁高新区中学，张蓉）

疫情期间的有效亲子沟通

- **活动背景**

在疫情防控中，为了减少外出被感染的风险，很多人都待在家里，尤其是儿童和青少年，基本都被"关"在家庭这个最小的封闭单位里。长时间在同一屋檐下共处，让许多家庭的沟通矛盾也凸显出来。

从学段特点来看，随着独立性增强和心智的不断成熟，初中阶段的青少年对成人的权威感有所降低。与此同时，伴随青春期生理和心理的变化，个体的行为方式、思想观念发生了极大变化，亲子之间产生了代沟。加之疫情期多方压力下，亲子关系比较紧张，容易产生冲突。

从班级现实来看，据居家问卷调查显示，在延长假期间，多数家庭中的亲子关系趋向积极，亲子共处时间拉长，在一定程度上有助于亲子关系的提升。但也有一些家庭存在亲子冲突，亲子关系从“我的眼中只有你”逐渐演变成“我的眼里容不下你”。基于此，本次微班会通过亲子互动、交流反思等环节，帮助七年级的学生家长和孩子搭建亲子沟通桥，构建良性亲子关系。

- **活动目标**

1. 让家长和孩子明确什么是有效沟通，以及疫情期间有效沟通的重要意义。

2. 引导家长和孩子增强有效沟通的意识，掌握有效沟通的技巧。

3. 通过活动，改善疫情期间亲子之间的沟通方式，构建良性的亲子关系，提高家校共育的效能。

- **活动准备**

1. 教师准备：调查疫情期间亲子沟通的情况，收集相关班会素材，制作课件。

2. 家庭准备：家庭亲子互动并录制微视频。

- **活动过程**

（一）热搜引趣，初感沟通

教师先在屏幕上显示“‘骂’上热搜”的新闻信息，然后导入问题：疫情之下的“朝夕相见”，让亲子问题无处可藏。非常时期，如何才能通过有效沟通建立良性亲子关系，共建爱意融融的家庭氛围呢？我想这是每个家庭迫切关注的问题。

(二)调查访谈,聚焦沟通

1. 微游戏——"知你知我,对对碰"

(1) 教师:亲子沟通,从了解开始。下面,咱们视频连线一组家庭,进行亲子互动体验。有请晓树同学和他的妈妈!快问快答,知你知我,现在开始……

① 你知道对方的兴趣爱好吗?

② 你能在最短的时间内说出对方的三个优点吗?

③ 疫情时期宅家,你觉得对方最近的状态怎么样呢?心情如何?

④ 现阶段,通常是什么事情让你们产生矛盾呢?

⑤ 当你出现情绪困扰时,会向对方表达吗?怎样表达呢?

⑥ 你们满意目前的相处模式吗?请同时回答。

(母子在快问快答中,显露出对彼此的了解不够,比如感知不到对方的真实状态和心情,亲子沟通可见隔阂)

(2) 教师:曾在网上看到一张"亲子距离表",试着用彼此之间的距离来衡量亲子关系。怀孕时,妈妈和宝宝之间只有一根脐带的距离;哺乳时,妈妈和宝宝之间只有一个怀抱的距离;学步时,妈妈和宝宝之间是一对大小手的距离;六到十二岁,是家与学校的距离;十二至二十岁,孩子处于青春期,与父母产生代沟,有时会与父母"对着干";二十到三十岁,每年从学校、公司回家探望几次;三十到四十岁,自己家的事都忙不过来,往往会疏略父母;四十岁以后,体验了做父母的不易,慢慢又往回靠近父母……而当下,宅家防疫,亲子沟通"相爱相怨",在所难免。

2. 微调查——"沟通现状,面面观"

(1) 教师:不久前,咱们就加长版假期中的亲子沟通问题对部分家庭进行了随机采访和问卷调查。先来看一组数据反映出的情况。

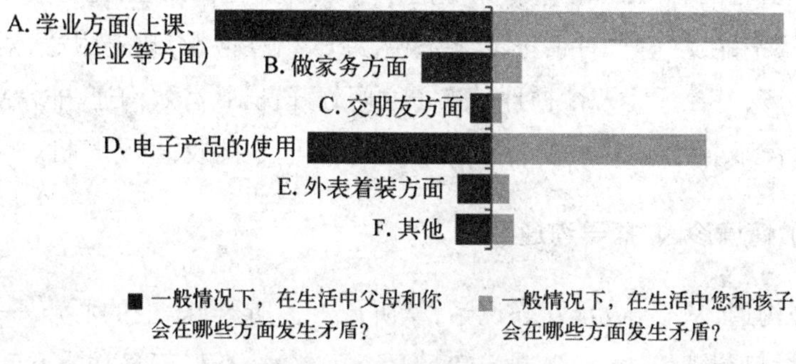

图 1 引发亲子沟通矛盾的原因调查

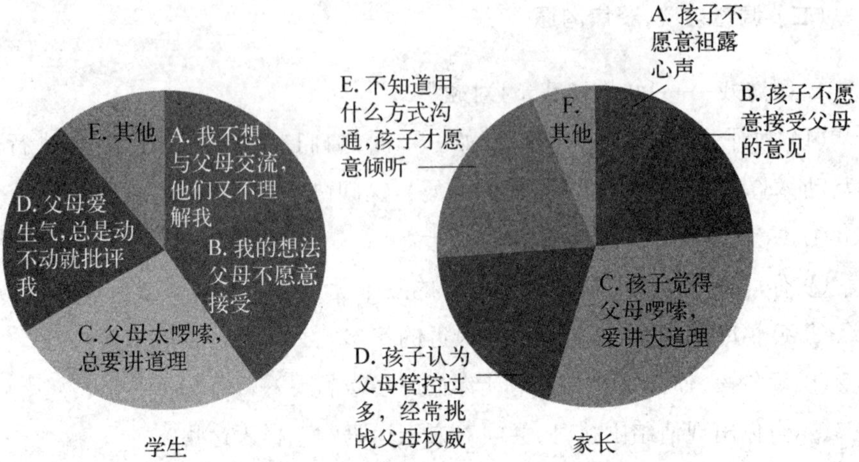

图 2　亲子沟通常见问题调查

教师：从数据对比中，大家有什么发现？

(2) 师生讨论交流后，发现最容易引发亲子矛盾的话题，主要是孩子的学习情况和电子产品的使用。居家学习时，孩子们的学习情况，家长都看在眼里，会非常关心孩子学习投入的多少，上课是否认真听讲、作业是否按时完成等，而孩子也会因为家长一天到晚的这些“关心”而心烦，久而久之，相互之间就容易产生摩擦，这无疑就成为亲子冲突最主要的导火索。同时，在亲子沟通存在的问题中，不管是家长还是孩子，反映最多的是孩子觉得父母啰唆、爱讲大道理。大道理会让孩子感觉烦躁，甚至产生叛逆心理，特别是家长再加上一句“我为你好”，对于青春期的孩子来讲，叛逆心理则更强。

3. 微论坛——“你说我说，敞心扉”

(1) 教师：调查结果能带给每个家庭怎样的省思呢？我们邀请父母和孩子来谈谈自己的想法。(延学背景下的亲子矛盾更容易凸显，比如有话不愿坦然说，有话不能友好说，有话不能艺术说，经常相互抱怨，缺乏耐心，对冲突采取回避态度，甚至成为恶性循环。亲子之间好好说话、有效沟通，非常重要)

(2) 教师小结：在这样的特殊时期，亲子沟通是挑战，也是契机。

(三) 情境诊因，探寻沟通

好好沟通，从心开始；好好说话，从听开始。听，同学们的心声——(画外音：我是一只刺猬，长满了尖刺。我只是为了保护自己，不受伤害。我是一只刺猬,我渴望温暖,期待怀抱。但是当我每次张开双臂,迎接我的都是难言的痛……)爸爸妈妈常常抱怨和孩子难以沟通,想拥抱那只小刺猬,却又无从下手。究竟如何沟通,如何表达,才不会让亲情伤痛?

1. 思一思:父子沟通,缘何不欢而散

教师:请大家观看电视剧《小欢喜》的一个片段。季杨杨因在舅舅家玩赛车晚归,父亲季胜利非常恼火,父子俩爆发争吵。思考一下,父子沟通失败的原因是什么?你对季胜利在亲子沟通方面的表现,有什么好的建议呢?

启发1:季胜利之所以和儿子谈崩,原因是多方面的,比如过度强调权威;缺乏耐心,急于表达自己的观点;无视孩子的想法和情绪;控制不住自己的情绪等。

启发2:季胜利不懂与孩子进行良性沟通。建议他多尊重孩子的想法,多想想孩子的感受,多理解孩子的需求。

2. 换一换:角色模拟,探寻沟通密钥

教师:不懂沟通,让季胜利所有的良苦用心,在开口的那一刻毁于一旦;不懂沟通,让孩子离自己越来越远;不懂沟通,让父母无私的爱,变成一次次伤害……而良性沟通的密钥在哪里?请小彤和妈妈用角色互换的方式,为我们重现疫情期间亲子沟通的日常——《亲子日常变奏曲》!

剧情:一方学习不专、玩手机失度,一方严格管控,母女频生摩擦;共同做家务,共同做运动,母女也有小欢喜。

教师:角色置换,让亲子沟通有了新体验,也让家长寻到了哪些沟通密钥?(例如,理解青春期孩子的特点、学会换位思考、接纳彼此的情绪、注意倾听理解、说话要友好地说、共享亲子好时光、陪伴是最长情的告白等)

(四) 多变方式,学会沟通

1. 教师导入并播放微视频

教师:别说亲子之间有一片海,其实走进并不难!只要我们用信任织成帆,心与心便不再遥远!别说亲子之间有一座山,其实牵手也不难!只要我们用宽容筑成路,心与心将从此相连!请看微视频——

播放微视频1:心平气和地沟通。

播放微视频2:召开家庭会议。

2. 教师导入新的资料

教师:刚才的视频为我们展现了亲子良性沟通的美好场景。其实,沟通密钥记记牢,亲子沟通也不难;变变方式好好“说”,心心相连家温暖!让我们再来看看专家们又有哪些好的宝典。

资料助读 1:亲子沟通,父母唱好“三变经”。

(1) 变变姿态。首先,放下强势控制的姿态。其次,给孩子一定自主权,与孩子诚恳地协商约定,共拟计划清单,让孩子在民主宽和的氛围中成长。再次,保持真诚倾听的姿态。家长要学会以孩子同龄人的心态,走进孩子的世界,倾听他们的心声,真正成为孩子的朋友。如果孩子长期心理压抑,找不到吐露心声的“朋友”,容易情绪、心态失控,造成不良反应。

(2) 变变表达。尝试用“我句式”代替“你句式”。“你句式”给人一种被指责、被批评的感觉,很容易引起反感情绪。而“我句式”表达的是父母的内心感受,孩子感受到的是父母的关心。比如“你怎么能冲我发脾气!”,可改为“我感觉你的情绪不太好,是不是遇到了烦心事?”等。

尝试用“欣赏肯定”代替“负面评论”。积极具体的赞扬会有效促进孩子欣赏自己、肯定自己。如果家长让孩子体会到自己是独一无二的个体,让孩子体会到家庭对他的接纳和支持,孩子的自尊、自信、自主感都会得到提升,也会做出更多健康良性的行为。反之,“差评师”父母,往往会培育出情绪消极的孩子。

(3) 变变做法。比如多陪伴、少包办。亲子融融,共做互动活动,共赏美妙歌曲,共读益智书籍,共看精品节目……高质量的陪伴,让亲情“不缺席”,让成长更顺畅。比如多用心、少用力。父母太用力,习惯于指导、管制孩子,就会压抑孩子的生命动力。因此,要和孩子保持一种平等的对话、沟通、互动和交流,用心激活孩子的潜力,尊重和激发孩子的生命力。召开家庭会议、进行亲子换位体验等,都是好的做法。

资料助读 2:亲子沟通,孩子需要“三学会”。

(1) 学会同理。父母总是渴望能永远了解孩子,殊不知以前完全依附于他们的小娃娃,已从生活到精神发出了独立的讯号。父母的唠叨和控制正是源于他们的不安全感。因此,当你面对父母的唠叨时,要说服自己敞开心扉,积极分享有意思的事;意见相左时,也要保持态度温和,多沟通。这样要比改变父母的固执容易得多,效果也好得多。

（2）学会表达。当你终于忍不住要反抗时，留心你与父母的沟通方式，并尝试用新的沟通方式消解矛盾。比如可以试试《非暴力沟通》里的建议：首先，请你停下来，除了呼吸，什么都别做。然后，想一想是什么想法使我们生气了。接着，体会自己的需要。然后，表达自己的感受和尚未满足的需要。在表达自己之前，我们先要倾听他人。在他人得到倾听后，他们才可以静下心来体会我们的需要和感觉。[①]

（3）学会珍惜。疫期的居家生活，为亲子关系的“升温”创造了条件。你可以用温暖的方式改变家庭氛围。比如，采用诙谐的语言方式沟通，主动向父母表达爱；学会在做好自己事情的同时，分担家庭的一些责任等。

（五）延展升华，爱在沟通

1. 教师小结

教师：每个房屋里，都住着一个家。家里有亲子之爱、有平等、有理解、有包容、有互相的支持和鼓励，这样的家，才会成为我们心灵的归属，才会为我们的成长提供不竭的动力。延期开学给每个家庭提供了绝好的相处机会。陪伴是最好的教育，沟通是最暖的告白！愿疫情之下，每个家庭都能好好“说”、好好爱，共赴春暖花开！

2. 播放《爱的箴言》，结束活动

播放歌曲，父母与孩子交换心事，用自己特别的方式互诉衷情。

（徐州市铜山区张集镇中心中学，贺敏）

如何向孩子解释疫情、病毒和生命教育

一场猝不及防的疫情把寒假变成了“战备期”，整个社会仿佛被按下了“暂停键”，人们的生产、生活、学习的节奏被打乱。在这场疫情防控的人民战争中，我们每个人都升格为战士。抗击疫情过程有许多鲜活的素材值得我们去

① ［美］马歇尔·卢森堡.非暴力沟通［M］.阮胤华，译.北京：华夏出版社，2018.

关注、去珍惜。面对突如其来的疫情，班主任更要有“战时”的工作方法和“战斗”的工作态度，直面生命，带领学生树立“身心健康”的防护屏障。

（一）科学普及：认识疫情知敬畏

科技日新月异，病毒也与时俱进，在与新型冠状病毒的“对抗”中，只有准确地认识它，才能彻底地战胜它。判断疫情有一个认知过程，有效的防治来源于科学的判断。面对来势汹汹的疫情，孩子们心中有太多的未知，并由此容易产生恐慌，而恐慌的传播会比病毒更快。我们要用“战斗”的严谨、科学来帮助学生了解病毒、敬畏生命，逐步消除恐慌，并在了解真相的过程中转变成信心和力量。

1. 认识疫情与病毒

什么是疫情？疫情是指疫病的发生和发展情况。全球历史上的重大疫情有欧洲暴发的黑死病（1347—1352）、墨西哥暴发的天花（1520）、西班牙暴发的流感（1918—1919）、中国暴发的传染性非典型肺炎（2002—2003）等。

什么是病毒？病毒是一类不具有细胞结构，但具有遗传、复制等生命特征的微生物。病毒是一种具有细胞感染性的亚显微粒子，个体微小，结构简单，只含一种核酸（DNA 或 RNA），必须在活细胞内寄生并以复制方式增殖。病毒可以感染所有具有细胞结构的生命体。它可以利用宿主细胞中的物质和能量完成生命活动，按照它自己的核酸所包含的遗传信息产生和它一样的新一代病毒。

什么是新型冠状病毒？冠状病毒是一大类病毒，部分会使人发病，会产生从普通呼吸道症状到重症肺部感染等不同临床症状，其形态看上去就像帝王的皇冠，因此命名为冠状病毒。2019 年新型冠状病毒是目前已知的第 7 种可以感染人的冠状病毒。新型冠状病毒感染的肺炎是由新型冠状病毒型感染导致的肺部炎症，世界卫生组织（WHO）将本次的新型冠状病毒命名为2019-nCoV。

2. 掌握科学防疫方式

新型冠状病毒主要经飞沫传播、接触传播（包括手污染导致的自我接种）及不同大小的呼吸道气溶胶近距离传播。因此，我们要勤洗手，使用肥皂或洗手液，并用流动水洗手，不用污浊的毛巾擦手，双手接触呼吸道分泌物后

(如打喷嚏后)应立即洗手;保持良好的呼吸道卫生习惯,当咳嗽或打喷嚏时,用纸巾、毛巾等遮住口鼻,咳嗽或打喷嚏后及时洗手,避免用手触摸眼睛、鼻或口;增强体质和免疫力,均衡饮食、适量运动、作息规律,避免产生过度疲劳;保持环境清洁和通风,每天开窗通风数次,保持室内空气新鲜;尽量减少到人群密集场所活动,避免接触呼吸道感染患者;如出现呼吸道感染症状如咳嗽、流涕、发热等,应居家休息,及早就医。

(二) 深度挖掘:战“疫”故事明价值

新冠肺炎疫情拷问了人们的生活方式和生活习惯,重塑了学生的现实生活和精神生活。疫情面前,我们要试着用更多的方法让孩子成为“当事人”,引导他们在逆境中看到希望,在磨炼中找对方法,树立健康生活新理念,让他们以自己熟悉的方式参与到对疫情的作战中,引领生活新时尚。一个热爱生活的孩子,才会有着眼未来的生活追求,才会对自己、对他人、对社会拥有担当的情怀。

在这场与病毒竞速的战斗中,有人临危不惧“逆行”而上,也有人以假乱真造谣惑众;有人慷慨解囊无私捐献,也有人见利忘义哄抬物价……在疫情的考验面前,善恶分明,真伪立辨。在抗击疫情的日夜里已经出现并还在不断涌现的感人事迹和不同价值观的选择,是探讨生命意义最鲜活的教材。

1. 认识生命

我们要坚持“人与自然是生命共同体”的意识,通过绘本、科学画报、纪录片、新闻视频等引导学生认识自然界其他物种的生命存在和发展规律,尊重自然规律,保持敬畏之心,爱护野生动物,学会与大自然和谐相处。

2. 敬畏规则

人们生活在社会之中,处处需要规则。在疫情时期,我们要不失时机地指导孩子们养成良好的卫生、生活习惯,更要指导孩子们在突发的公共卫生事件面前,遵守并维护公共秩序。只有遵守好特殊时期的各种法规,才能更快、更有效地遏制疫情。我们要理性疏导,通过组织网上主题讲座、编制防护手册、示范科学的防护办法等培训,带动学生保持积极乐观的情绪,树立敬畏社会规则的意识,采取最科学的措施保护自己,用最理智的态度规范言行、帮助他人,善待自己的生命,也善待他人的生命。

3. "图"说英雄

政治家基辛格在《论中国》中说:"中国人总是被他们之中最勇敢的人保护得很好。"的确,在抗疫最艰难的时刻,我们总会被某个画面击中心房:"逆行"武汉的钟南山院士,自动隔离的大学生,把储蓄罐捐出后开心的小女孩……面对疫情的"全民总动员",丰富的生命教育素材大量涌现,从奋战一线的白衣天使到坚守岗位的公安干警,从身边默默奉献的社区志愿者到每个做好自我隔离的身边人,孩子们体验并感悟着人与人之间最温暖的爱与责任,这些平凡的"英雄"对生命的尊重和以身作则的榜样示范,一定会打动我们的孩子,让他们增进对生命意义的理解、感恩以及对自我生涯发展的探索与规划。

4. "数"说国家

"10 天建一座医院","截至 3 月 1 日,全国累计派出 344 支国家医疗队;38 478 名来自全国各地的医务人员和 3 844 名军队医务人员驰援湖北"……这些数字的背后彰显了中国速度、中国温度以及中国精神。对于成长中的孩子们来说,收集疫情的有关数据,在调查、研究、对比的过程中灵活运用所学知识,不但可以普及新冠病毒防护知识,更可以让孩子们在探究中珍惜生命,体悟浓重的家国情怀。

(三) 温暖创意:花式抗疫有担当

教育家蒙台梭利曾指出:"教育的目的在于帮助生命力的正常发展,教育就是助长生命力发展的一切作为。"生命教育的内涵是丰富而多元的,我们可以从生命长度、生命宽度、生命高度三个方面,有层次、针对性、序列化地对各学龄段孩子进行生命认识的指导。通过各种形式的教育活动,引导学生体验生命之美,肯定自己的价值,理解生命的意义,帮助学生了解灾难的意义,感受人与人之间爱的支持,从而规划生命、制定目标、积极生活。结合此次疫情,可以采取项目式、情境化、任务型的教育策略,创设参与、探究、合作的过程或机制,为学生赋能,启发学生边探索、边体验、边思考,充分发挥学生的生命力,同时借助网络突破时空限制,共享群体资源。

1. 要点

(1) 认识生命长度,从而珍爱生命。随着疫情中死亡人数的上升,人们越来越感受到生命的脆弱和疾病的痛苦,感受到生命的不可逆:每一个人的生命只有一次。引导学生明白生命是美好的,拥有无限的可能性,但生命又是有终点的。

(2) 理解生命宽度,从而热爱生命。新发传染病越来越多,比如"非典"暴发,埃博拉横行。要让学生明白生命不是孤立的,生命存在于关系之中,每个人都与其他个体生命以及所处的环境共生共存。

(3) 感悟生命高度,从而强大生命。疫情时期,一批又一批"最美逆行者"支援武汉。他们中有专家教授,有医生护士,有普通工人等,每个人都面临危险,但每个人都义无反顾,与病毒抗争。引导学生明白生命中有意外与无常,但可以选择积极面对,没有困难是不可克服及应对的。

2. 原则

在选材和形式上应注意针对性、时效性和新颖性。针对性是指要符合学生发展特点,可参考埃里克森人格发展等理论,针对各年龄段学生的不同需求设计不同主题活动,比如幼儿园等低龄学生以了解生命诞生与生命过程、探寻自然奥秘与爱护动物、保持卫生与呵护健康为主题立意,小学阶段学生以认识生命独特、学会敬畏自然、了解临终关怀为主题立意,中学阶段以理解生命意义、积极悦纳自我、活出生命精彩为主题立意;时效性是指符合学生当下需求,可通过组织问卷调查了解孩子疫情之下最迫切的需要,比如结合"自我防护""居家学习""家庭关系"等重要主题开展相应而及时的活动;新颖性是指符合学生的对话方式,在主题活动开展的时候,要选择学生喜闻乐见的方式,比如游戏课、绘本课、电影课,在良好的学习兴趣下提高育人效果。

3. 方法

(1) 运用游戏探索生命。幼儿园的教育以"游戏为基本活动,寓教育于其他活动之中"。陈鹤琴先生说过,游戏是儿童的心理特征,游戏是儿童的工作,游戏是儿童的生命,从某种意义上说,幼儿的各种能力是在游戏中获得的。

可以引导学生细心呵护家里的盆栽、宠物,在做好防护的前提下,认真研究其习性,悉心照料,定时拍照分享,感受每一种生物的生命气息,尊敬生命的成长与发展;可以指导家长带领孩子进行趣味化的编写、涂绘或制作身心防护的标语、儿歌、漫画、手抄报、微视频等,理解疫情下的卫生防护和健康常识;可以鼓励学生进行角色扮演,比如怀孕的妈妈,积极体验生命,同时思考"宅"在家中能够做哪些有意义的事情等。

(2) 运用绘本理解生命。绘本以与孩子生活经验相关的题材，用图文结合的趣味方式，以易于理解的简单故事，顺其自然地切入到关于生命价值的议题，帮助孩子积极思考。班主任可创意指导学生、家长一道开展阅读、朗诵、分享、仿绘等活动，让孩子了解病毒常识，感知生命过程，缓解害怕情绪，进行生命教育。其中，一至二年级以了解生命的诞生、认识自己、乐观地成长为焦点，三至四年级以尊重与热爱自然、学会克服困难为焦点，五至六年级以关爱动物、理解家庭关系、学习仁爱利他的品质为焦点。

(3) 运用电影解读生命。电影，对学生有足够的吸引力。电影是一种极富感染力的综合艺术，同时电影中包含了许多生命教育主题。当学生跟着优秀的影片去体验各种生命情境，跟着影片中的角色一起哭、一起笑、一起面对困难和抉择时，就是一种绝佳的“情境教学”。其中，初中以珍爱生命、欣赏自己、融洽关系为重点，高中以理解时间、爱的探索、生命规划为重点。

李兰娟院士说：“这次疫情结束以后，希望国家逐步给年轻一代树立正确的人生导向和正确的人生价值观，把高薪高福利高地位留给德才兼备的科研、军事技术人员，让孩子们明白真正偶像的含义！”经此一“疫”，必有一批孩子看到他们的伟大而立下凌云壮志。就让我们引领孩子拓展自己的视野，扎实自己的专业学识，为自己合理规划，成长为让他人安心、做专业事的优质“偶像”，在祖国、人民需要的时候，成为铁骨铮铮的保护伞。

一场疫情，从恐慌到坦然再到自信，每一次心理状态的转变都蕴含着很多人的努力。最特殊的假期，我们构筑起了一张巨大、无形的“防护网”，我们每个人用自己的实际行动为它注入能量，终而织就这张叫作“社会责任”的防护网。对孩子而言，这不仅仅是一段宅家的记忆，更是一段让他们读懂爱与责任，理解奋斗、学会感恩的毕生难忘的成长时光。病毒无情，“疫”路艰辛，但当我们把疫情看作最好的科普教育、生命教育、思政教育、励志教育，并发挥其最大教育价值的时候，我们会看到来时那条路已有繁花相送！

（江阴市华士高级中学，何晓华）

把握生命里的每一分钟
——那些疫情教会我们的事

• **活动背景**

在这个不断充值的“特别”假期中，初中生一方面被疫情信息包围，一些负能量容易引起恐慌感与无助感；另一方面，居家生活学习改变了作息习惯与学习方式，一些学生容易陷入得过且过、懒散逃避的状态。结合疫情环境下的社会热点和感人事迹开展活动，能帮助学生有效发掘生命力量，激扬自我效能，从而成为生命教育的契机。

由于网络环境的开放性及初中生本身的生理、心理特点，很多初中生开始思考生存和死亡的问题。在传统的学校教育背景下，生与死的话题往往探讨得比较少，这就有可能因为缺乏正面引导和自身辨别能力不足而让一些学生的心灵暴露在“危险”之中。因此，借由疫情热点进行生命教育，能有效地激发学生珍爱生命的积极情感，引导青少年建立自我效能感。

• **活动目标**

1. 感受生命的脆弱和可贵，激发对生命的热爱和尊重。
2. 认识到时间的重要性，学会管理好自己的时间。
3. 感悟榜样力量，培养勇于担当、敢于奉献的精神。

• **活动准备**

空白 A4 纸、笔、纸条和表格，相关课件。

课前进行相关主题的铺垫，例如时间管理等，避免课程主题引入过于突然。建议通过课前问卷、访谈等方式搜集学生疫情期间情绪变化与学习状态的相关资料，以更好地把握学生的心理需求。

• 活动过程①

(一) 活动导入:视频观赏——《明天 vs 意外,哪个会先来?》

教师:同学们,经历了一个不同寻常的寒假,看到大家都健康平安地来到学校,老师非常开心。今天的心理课我们来谈一个既严肃又有趣的问题——生命的意义。先一起来欣赏一段视频。(播放视频——《明天 vs 意外,哪个会先来?》)

教师:看完刚才的这段视频,可能大家感觉到有些沉重,谁也没有想到我们会遭遇这样一场灾难。与此同时,澳洲山火燃烧了五个多月,根据不完全统计,约 10 亿只动物死亡;非洲猪瘟还未结束又遭遇蝗灾,千亩良田或许颗粒无收。每一件事都在告诉我们,生命可贵又脆弱,明天和意外不知道哪一个会先来。如果你的生命此刻有了界限,你将怎么利用接下来的时间呢?

(二) 活动一:生命清单

1. 引入活动

教师:假如医生告诉你,生命从现在开始只剩下一年的时间,你打算在这一年当中完成 10 件事,请把这 10 件事写在白纸上。(给学生足够的时间完成)

教师:这份生命清单对于同学们来说意义非凡,老师在课前也写了自己的一份清单,现在想跟同学们分享。(展示课件,通过自我暴露来提升学生在课堂中的安全感)

重新审视这份生命清单时,我发现有些事情需要很长时间才能完成,而有些事情马上就能完成。如果现在意外再次来临,生命又缩短到只剩下一个月,生命清单会发生什么变化?

2. 分组讨论

讨论内容:(1) 仅剩的时间由一年缩短到一个月,生命清单中的事情会发生什么变化?(2) 有些事是否来不及完成?对于无法舍弃却又不能完成的事情,你有什么感受?

---

① 本教案部分内容参考了蒋薇美主编的《中学生心理课　综合篇》(中国轻工业出版社 2015 年版)。

3. 小组分享

教师:如果我们的生命真的只有一年或一个月,很多事可能就会成为遗憾。假如现在你迎来了生命的转机,医生告诉你疾病可以治愈,请小组讨论:(1) 你听到这个消息有什么感受?(2) 如何处理你的生命清单?

教师:有些事情我们明明知道很重要,但还是不会马上行动,因为总是觉得还有很多时间,不必急在一时。下面就来算一算,我们拥有的时间还剩多少?

(三) 活动二:时间刻度尺

1. 活动规则

教师说明规则。

(1) 每位同学发放一张刻度纸(如图所示),刻度假设代表着我们的人生长度。

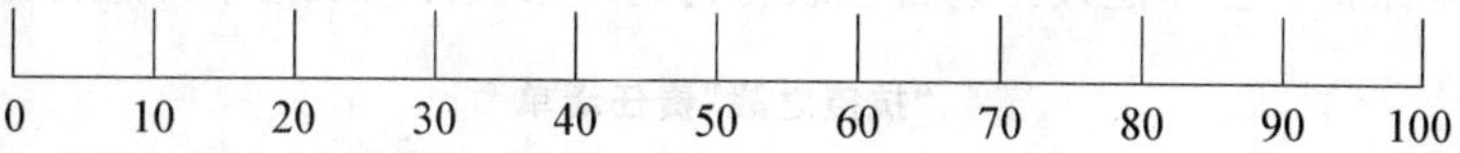

(2) 请大家找到自己现在所处的年龄点,再估计一个自己可能活到的岁数,做上标记。

(3) 请大家把自己年龄之前的时间撕掉,再把人生结束之后的时间撕掉。

(4) 现在手中剩下的就是即将开始的人生,但是由于人在年老体弱之后就没有足够的精力去实现梦想了,所以请同学们再找到一个自己觉得可能难以支撑你实现梦想的年龄,撕去在那之后的时间。

(5) 在实现目标的过程中还需要吃饭睡觉、休息娱乐,将这些时间减去,最后还有多少时间可以用来学习、工作和实现梦想?

2. 师生讨论,教师小结

教师:看着仅存的这些时间,你有什么感受?生命的长度确实非常有限,但是生命的宽度和高度却可以无限扩展,关键在于我们能不能把握每一分钟。

3. 头脑风暴:一分钟的力量

(1) 活动规则:各小组在一分钟内尽可能多地写出一分钟内可以做的事情,看哪个小组写得最多、最有趣、最精彩。

(2) 教师:一分钟看起来很短,也可以很长,你随随便便抛弃浪费的一分

钟,很可能就是别人拼命想挽回的一瞬间。有效利用时间需要一些技巧,我们一起来看看。(PPT 呈现有效利用时间的小贴士)

(四) 活动三:视频观赏——《疫情下的“逆行者”》

1. 观看视频

教师:在疫情中,有些人明知危险依然“逆流”而上,用另一种方式去扩展生命的宽度,让我们来看看疫情下的那些“逆行者”。

观看视频后,教师小结:老师在看这段短片的时候忍不住流泪了,过去的几十天里,我们的生活正是因为有了这么多疫情下的“逆行者”才得以平安。困境之中,没有一个人是一座孤岛,我们都有自己的责任和义务。

2. 小组讨论

教师:每个小组发放一张“抗疫之战”责任清单,疫情还未结束,我们可以做些什么来保护自己和他人?请各小组将讨论结果填写到表格中并进行分享。

“抗疫之战”责任清单

针对对象	我能为你做什么?
对自己	
对家人	
对朋友	
对老师	

教师:疫情中最让我感动的就是“90 后”“00 后”的抗疫战士们,面对疫情他们毫不犹豫,奋勇向前。同学们现在年龄或许还小,但不管年龄和身份如何,在这场疫情中每个人都可以出一份力!疫情教会我们很多,珍爱生命,把握时间,勇担责任。

- **拓展训练**

第一,疫情中“90 后”志愿者占三分之一,今天的学生在未来也将走上属于自己的舞台,请学生给 10 年后的自己写一封信。

第二,采访身边抗击在疫情一线的工作人员,职业不限,了解他们在抗疫工作中的感受。

(江苏省常熟市教师发展中心,谢孟媛)

疫情背景下高中生的心理防护

• 活动背景

2020年初，一场突如其来的疫情不仅威胁着大众的身体健康，对每一个亲历者的心理健康也构成了严峻考验。对大多数人而言，疫情是重大应激源，破坏了身心的平衡与稳定，会引发一系列应激反应。在所有人群中，高中生又显得较为特殊：一方面，他们处于自我意识快速发展的青春期，但却尚未培养起良好的压力应对能力，面对疫情“想得多但办法少”的现实可能会加剧应激反应；另一方面，高中生在学习与生活上面临着较为突然的改变——开学时间一再延迟、上课方式变为网上学习、与学校里的好朋友无法见面……这些变化会让他们的应激反应以更多的方式呈现。

基于以上原因，本节课以疫情背景下学生生活的变化作为导入，通过生动地介绍疫情背景下常见的身心反应，详细讲授疫情背景下有效的心理防护方法，帮助学生理解并接纳自己面对疫情时的身心变化，掌握行之有效的心理防护方法。

• 活动准备

彩色便利贴；金锋团队© 拍摄的视频《1月28日的南京城》，视频《河南村支书“硬核”喊话》《全民观看雷神山、火神山建设过程直播》《武汉人民夜晚隔空喊话》，以及患者检测和就诊视频；疫情期间新浪微博上的相关图文；疫情期间江苏省心理咨询及心理危机干预相关热线。

• 活动目标

1. 引导学生从情绪、生理、认知、行为四个角度全面认识人在面对疫情时常见的身心反应。

2. 引导学生理解在面对疫情时产生应激反应是正常的，能够主动地将“非常规”身心反应正常化。

3. 使学生掌握“蝴蝶拍”、呼吸放松、建立新的生活规律、理性对待身边信息、主动寻找社会支持等压力应对方法，从而做好有效的心理防护。

4. 在活动中持续调动学生的正性情绪体验。

- **活动过程**

(一) 导入：“疫”异——身边的变化

1. 学生观看视频《1月28日的南京城》

教师：2020年，我们过了一个很特别的年，很多家庭取消了年夜饭和外出拜年，我们的南京城也显得特别空旷，正如大家在视频里看到的那样。我们熟悉的城市变得不一样了，我们的生活更是突然之间改变了模样。(教师以图片的形式列举生活中的改变：口罩的脱销、社交平台上学生换上了戴着口罩的头像、老师线上授课与学生网上学习)

教师：究竟是什么带来了这些改变呢？

学生：新型冠状病毒、肺炎疫情……

教师呈现新型冠状病毒在显微镜下的图片。

2. 暖身活动：我与新型冠状病毒的距离

教师：新型冠状病毒可能是最近一段时间我们听到、讲到最多的词语。接下来，老师想邀请每位同学用30秒的时间来回顾一下疫情出现至今，新型冠状病毒对你的生活产生的影响。回顾完，请你从1到99中选择一个数字来表示你和新型冠状病毒的心理距离，1表示最近，99表示最远，右手表示十位数，左手表示个位数。

学生用双手表示自己与新型冠状病毒的心理距离。教师观察全班情况，挑选出心理距离最近、最远的学生各1名，对其进行采访。

教师：我们看到在疫情面前，每个人与新型冠状病毒的心理距离都不尽相同，也听到了它给不同的人带来的不同影响。从目前的情况来看，疫情还将持续一段时间，疫情结束以后我们还会有一个心理过渡期，我们要一起做的就是让自己和疫情保持最合适的距离。所以，今天这节心理课的课题是——知“疫”心安——疫情背景下高中生的心理防护。

【设计意图】通过对疫情中生活重大变化的呈现，引导学生关注本节课的主题；通过让学生主观测量自己与新型冠状病毒之间的心理距离，使学生站在一个客观的角度看待自己与疫情的关系，同时激发学生进一步思考。

(二)知"疫":疫情背景下常见的身心反应

1. 活动:我诉我情

教师:在面对疫情时,我们最先感受到的可能就是情绪的变化。下面请大家前后4人为一小组,在小组内分享自己在疫情期间最显著的情绪感受。分享完毕后,将组员最有共性的3～5种情绪写在贴纸上。请大家特别注意,将正性情绪写在黄色的贴纸上,将负性情绪写在蓝色的贴纸上。写完后每个小组派一名代表将其贴到黑板上这颗大大的"心"里去。

学生讨论并分享。教师在黑板上画一颗心的形状,学生将贴纸贴至黑板上。

教师:我们看到在这颗心里,蓝色的贴纸比黄色的多,说明大多数的人负性情绪多于正性情绪。我们情绪的种类也非常丰富,其中恐惧、紧张这些情绪似乎是大家普遍都有的体验。

教师随机挑选3张贴纸,对相应的小组成员进行采访,如"什么事让你产生了这样的情绪""还有什么伴随着这种情绪发生呢"等。

教师:听完同学们的分享,我们发现相同的情绪有不同的原因,而且情绪并不是唯一的变化。那么,在疫情面前,到底有哪些大家都会感受到的情绪呢?伴随着情绪的到来,我们自己还会发生哪些变化呢?下面让我们跟随具体的事例一起来了解自己的身心反应。

2. 讲解疫情背景下常见的身心反应

(1) 恐惧。

教师先呈现疫情中表达恐惧情绪的表情包、2月份全国疫情状况统计、2月份南京市疫情状况统计,再带领全体同学一起梳理疫情发生以来集体性的恐惧时刻(钟南山院士表示新冠肺炎可人传人、武汉"封城"、南京市新增病例每日通报等),让学生在回忆中觉察并面对恐惧情绪。

教师分析恐惧背后的心理学原因:对病毒传播性和致死性的未知、失控感。

教师结合学生发言,介绍由恐惧带来的其他身心反应。例如,在行为层面:睡眠发生变化、出现强迫行为等;在生理层面:胸闷、气短、心跳加快、头痛、头晕眼花、多汗、发冷、乏力、身体疼痛等。

(2) 焦虑。

教师:在疫情期间,你常常能听到这样的提问,"我是不是得了新型冠状病毒感染的肺炎?"虽然你身边的很大一部分人其实并没有疫情地区的旅居史或密切接触史,但是此时只要身体有一点变化,我们都会特别敏感。

教师呈现新浪微博上的相关内容截图,展现上述焦虑的普遍性。随后举例介绍由焦虑带来的认知改变和行为改变。认知改变有疑病观念、记忆力下降、注意力难以集中等;行为改变有强迫行为(反复查看疫情信息、唠叨)、冲动行为(囤货)、回避行为(回避疫情信息、回避某些地方)等。

(3) 愤怒。

教师呈现自疫情暴发以来引发群体性愤怒的事件,并让学生将事件与事件中的人分开关注。

教师播放视频《河南村支书"硬核"喊话》,由此引出愤怒带来的行为改变:网络中的攻击性言语、现实中的"硬核"言语。

教师分析愤怒背后的心理学原因(一种可能):根据挫折—攻击理论,被疫情打乱生活节奏会使我们失去控制感,进而体验到挫折,我们因此产生愤怒情绪和不同形式的攻击行为,以增强自己的控制感。

(4) 其他常见的身心反应。

播放患者检测和就诊视频,以及《全民观看雷神山、火神山建设过程直播》《武汉人民夜晚隔空喊话》视频。

无助:疑似患者难以确诊、"为什么是我"观念、"我帮不了别人"观念。

内疚:如果我当时(让他)……,就……

感动:对新闻报道中主人公的共情。

"英勇无比":情绪高涨,觉得自己无所不能。

3. 总结疫情背景下常见的身心反应

教师:我们刚才分享了很多疫情背景下的身心反应,可以从情绪、认知、生理、行为四个角度去认识它们(如图 1 所示)。

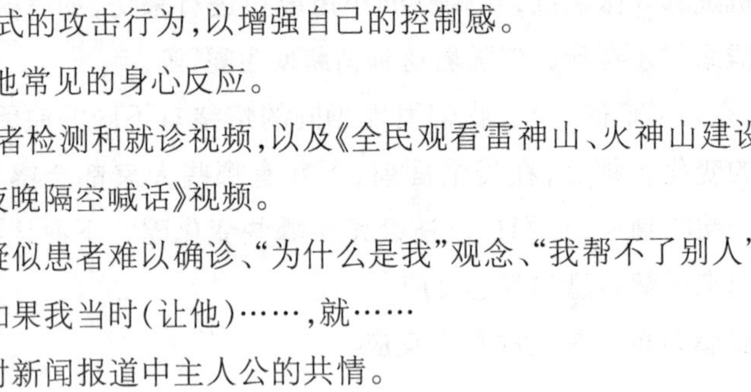

图 1　疫情背景下常见的身心反应

教师：虽然这些身心变化看起来不同寻常，但在新冠肺炎疫情的背景下，产生一些应激反应是正常的。所以，请学会用正常化的态度来面对你身上发生的这些改变。

教师结合疫情讲解应激反应的三个阶段，引导学生从心理学的视角进一步悦纳这种正常化的身心变化。

【设计意图】通过呈现丰富的图文、视频等剖析疫情期间的新闻事件，帮助学生从情绪、生理、认知、行为四个角度全面认识人在面对疫情时常见的身心反应，并进一步理解在面对疫情时产生一些应激反应是正常的，进而主动地将“非常规”身心反应正常化。

（三）安心：疫情背景下有效的心理防护方法

认识了疫情背景下常见的身心反应，理解了它们背后的原因，接下来我们就要发挥主观能动性，一起想办法来应对它们。如果说之前是从情绪认知着手，那么现在就要先着眼于行为改善。

1. 活动：“蝴蝶拍”

学生跟随教师的指导语，将双手交叉放在胸前，模仿蝴蝶翅膀的扇动。

教师邀请学生分享活动过程中的感受。

学生1：没什么特别的感觉，挺平静的。

学生2：觉得很放松，想到了很多美好的事情。

学生3：我好像在抱着自己，觉得很安全。

教师：千万别小瞧了这个动作，研究表明它对处于应激反应中的人有特别好的抚慰作用。在应激状态下，我们最容易改变的就是身体动作，因为它不用耗费特别多的内在能量。“蝴蝶拍”不仅是一项活动，更是一种心理防护的方法，你学会了吗？还有一种相类似的方法叫作“身体着陆”，顾名思义，需要你把所有的注意力“着陆”在你的身体上，我们再一起来体验一下。

教师通过不同的指导语，邀请学生感受双脚与地面的接触、身体与椅子的接触、脚趾的存在等。

2. 活动：呼吸放松

教师：每个人无时无刻不在做的一个行为是什么？

学生：呼吸。

教师：是的，但你有没有想过呼吸也能帮你赶走焦虑与恐慌，带来深度放松的感觉？下面就请大家跟着老师的指导语一起来体验一下。

学生跟随教师指导语进行呼吸放松训练。

3. 建立新的生活规律

教师：这次疫情对我们有一个显而易见的影响，那就是破坏了我们原有的生活规律。大家原来去学校上课，每天都有固定的课表。而现在每天在家上课，虽然也有网课，但网课之外的时间似乎无法有规律地去安排。所以我们要学会在暂时失序的生活状态里找到新的稳定的生活节奏，我们要学会适应“居家学习者”这个新身份。我相信大家都特别有智慧，你有什么寻找生活规律的好方法愿意和大家分享吗？

学生发言分享。

教师：谢谢以上同学的分享。要找寻新的生活规律，最简单的一个方法就是列计划。但请注意，这个时期的计划不用列得太满，因为完成它才是最重要的。在完成的过程中，你可以体验到稳定感和掌控感，这些感受都有助于“赶走”你的负性情绪。计划可以是执行一个令自己感到愉悦的“to－do”清单，可以是每天锻炼30分钟，可以是学做一道菜，可以是收拾房间，甚至可以是等疫情结束以后你要出门做什么等。

4. 理性对待身边信息

教师：在疫情之中，我们最不缺的就是信息，电视上都是新闻报道，手机上都是新闻推送，你的爸爸妈妈还会和你分享朋友圈里的消息，甚至你自己都会主动搜索和“新冠肺炎疫情”相关的信息。然而我们很容易在铺天盖地的消息中迷失自己。一个典型的例子就是信息过载。

教师从心理学的视角介绍信息过载的含义、成因与表现。

教师：我们应该如何理性对待身边的信息呢？一方面，学会从权威可信的来源中获取信息。在疫情中，和病毒一样可怕的是谣言，俗话说“造谣一张嘴，辟谣跑断腿”，所以我们要从源头上切断自己与谣言的接触。另一方面，控制自己接收疫情信息的时间。如果你开始感觉自己的内在力量已经不足以应对实时更新的消息，那就主动减少自己与这些信息的接触时长吧。每天固定用1个小时的时间来了解它们也许会是一个不错的选择。

5. 主动寻找社会支持

教师：当你觉得自己无法独自应对疫情带来的身心改变时，千万别忘记主动寻找自己身边的资源。当然，不同的人有不同的选择。喜欢小动物的你可以在家里宠物的身上感受到支持。身边的家人是你重要的力量源泉,可以和他们一起整理照片回忆过去的趣事、向他们倾诉自己的害怕与担心、和他们一起在家里开发一些有意思的文体活动(例如把饭桌临时改成乒乓球桌、把客厅临时变成练歌房)。突然变多的亲子时光可能会让你对爸爸妈妈产生一些不一样的认识。当你想念自己的小伙伴时,也可以安排一些线上的见面,熟悉的声音和面孔总能激发出愉悦的情绪体验。当然,如果你确实觉得自己身边缺乏有效的支持,可以寻求专业的心理帮助,特殊时期,有很多人愿意倾听和陪伴你。

教师介绍江苏省心理学会心理支持热线(4008080132)、南京市"陶老师"工作站热线电话(025-96111)。

【设计意图】引导学生掌握"蝴蝶拍"、呼吸放松、建立新的生活规律、理性对待身边信息、主动寻找社会支持等压力应对方法,从而做好有效的个人心理防护。

- **活动小结**

教师:今天这节课,我们一边共同探索一边回答了三个问题,即"疫情背景下常见的身心反应是什么""为什么我们在面对疫情时会出现不同的身心反应""我们如何能做到有效的心理防护"。希望大家能把这些认识和方法应用到生活中,真正做到知"疫"心安。就像人们说的那样,"没有一个冬天不会过去,也没有一个春天不会到来",让我们做好心理防护,满怀希望地迎接春天!

(南京市金陵中学,王诚俊)

班主任应对疫情下高中生心理防护的实践探索

面对这次疫情以及类似突发公共卫生事件的影响,面对居家学习生活的困惑,如何了解、面对并疏导、调适高中生的心理,做好高中生的心理防护,是每个班主任要做的一项功课。

(一) 背景

2020年,新冠肺炎疫情的暴发令人措手不及,这是一场灾难,也是一次考验,它不仅考验着我们的医护人员,也考验着各行各业的工作者们,当然也包括学校的老师尤其是班主任。

疫情期间,学生管理、班级管理的直接负责人——班主任,不能像以往一样关注到教室的一切动静、从容驾驭课堂、及时实地了解班级同学的情况,只能远程管理班级、管理学生。如何做好"空中班级"管理,最大限度地帮助学生建立良好的居家学习氛围,发挥学生的主观能动性,做好高中生的心理防护?班主任工作面临新的挑战。

(二) 为什么要对高中生进行心理防护

面对一度严重而不确定的疫情状况,一再推迟的开学安排,师生都不熟悉的网络教学模式,长时间缺少交往的人际状况,遇上青春期繁重的学业和尚不成熟的自我管理能力,疫情期间需要守护的不仅是身体健康,还有心理健康。

1. 与高中生自身心理特点有关

高中生还属于未成年人,心理发育处于趋于成熟,但还未完全成熟的状态。疫情对于高中生来说是一个较强的应激源,由于生活经验所限,高中生处理应激事件的经验有限,虽然关心社会生活,但对网上纷繁复杂的信息有时缺乏辨别性;虽然具有越来越强的社会责任感,但缺乏承担责任的能力,因此容易产生焦虑、恐慌、担心、愤怒、失落、孤独等应激反应而无法自我纾解,需要借助外部力量,这时,班主任可以利用"对班级学生最熟悉"这一其他任课老师不具备的最大优势来对学生的心理进行正确、积极向上的指导,切实维护学生的心理健康。

2. 与居家学习的方式给高中生带来的挑战有关

挑战之一:学习惰性与学习压力。

疫情期间,虽然"停课不停学",但学生的部分注意力还是放在关注疫情上,无法像以往那样很快从寒假放松的状态转到投入学习的状态中,加上线上学习遇到的干扰又太多,导致学习惰性加剧,缺乏学习动力,容易产生懈怠情绪,无法自觉听课、完成作业,但又有高考升学的压力,两者形成矛盾,让学生经常处于自责纠结状态。

挑战之二:学习方式与学习效果。

线上学习的方式与线下课堂教学相比,具有灵活性、放松性和互动性的特点,听不懂的讲解可以随时回放,对于平时上课容易紧张的同学来说,线上上课心态要放松很多,还可以避免面对面的尴尬,能够与老师自由地探讨。但是这种学习方式也带来了学习效果的难以预测。没有了在校学习的时间规范,效率大打折扣;没有了学校的学习氛围,缺少了同学间的相互促进和相互竞争,效果无法显现。基于此,很多高中生会变得特别焦虑,焦虑时间因疫情停课不够用,焦虑别的同学比自己更努力或有特殊资源,焦虑在家学习效率太低而落下太多等。

挑战之三:家人共处与亲子冲突。

高中学生正处于青春期,强烈的成人感使其带有强烈的独立意识,心理"断乳"与精神依赖的矛盾导致与父母之间容易发生冲突。在正常情况下,高中生的校园生活时间占更大比例,很大程度上能缓解亲子关系带来的压力,一周或一天回家一趟,母慈子孝,其乐融融。而在疫情期间,学校推迟了开学时间,春节假期也延长,父母和孩子都要在家隔离,在相对拥挤而狭窄的空间里,家长看着原本应该在学校上课的孩子却成天在家守着他们最不放心的网络,还要监督听课情况、作业情况、学习状态,检查催促作业完成情况等,目光和焦点全都落在孩子身上,原本就"紧张"的青春期亲子关系在居家隔离的这个特殊时期成了一大挑战。

3. 与班主任管理工作的要求有关

班主任管理工作包含学生的学业管理和心理健康教育。作为一名教育工作者,不能仅仅关注学生的成绩,更要关注学生的心理健康教育,帮助学生健康快乐地学习和成长。在高中生教育中,由于学生面临高考带来的压力,心理压力往往都比较大,学习过程中难免会有情绪上的波动,出现学习动力不足、焦虑、烦躁等问题。这时,班主任给予学生相应的关心和心理指导就有着不可替代的作用,班主任对学生的心理指导能辅助班主任了解学生当前的状态、了解学生的困惑、了解学生对于学习的真实需求,帮助班主任更加全面地看待班级管理工作,也能帮助学生排解压力和烦恼,提高自我防护能力,减轻班主任的管理负担。在疫情期间,学业管理可以用网课统计上线率、作业拍照打卡等方式直观呈现,而学生的心理状态却是看不见摸不着的,但又实实在在地存在着,心理问题在这时更具隐蔽性和多发性,因此需要班主任及时关注、主动关心,为高中生心理健康建立一道防火墙。

以上三个居家学习的挑战,让高中生在疫情期间容易陷入焦虑、烦躁等情绪之中,加上在相对密闭的隔离环境中,不能像平时在校期间一样寻求朋辈辅导,心理问题容易凸显,影响正常的学习生活,这时候就需要班主任利用班级管理的平台和优势及时察觉学生的异常情绪,了解情况,及时干预,帮助学生调整状态,走出困境。

(三) 疫情形势下高中生心理防护策略

此次的新冠肺炎疫情是突发的公共卫生事件,对社会、学校等环境和个体都带来了很大的影响,也给新形势下居家学习背景下的班主任工作带来极大的挑战。作为班主任,如何做好疫情特殊情形下的班级管理及学生心理防护呢?

1. 储备信息和知识

班主任需要储备相关的知识,在与学生交流的时候做到“心里有货”。

(1) 熟悉新冠肺炎的传播、预防等科学知识,能帮助解决学生的担忧。

(2) 熟悉我们国家对疫情防控的举措,无数平凡人在疫情中无私付出和贡献的故事,同龄学生在条件不利的情况下仍坚持读书的故事,这些都是班主任对学生进行爱国主义以及人生观、价值观教育的良好素材。

(3) 了解突发疫情应激状态下的心理知识,了解什么是应激反应。当人意识到外界发生重大变化或存在威胁时,身心都会调动一系列的机能来应对,这就是应激反应,包括生理反应和心理反应。新冠肺炎疫情,对于学生来说是一个较强的应激源,由于生活经验所限,他们处理应激事件的经验有限,因此,会产生一定程度的应激反应,这是正常现象。班主任还要知晓,轻、中度的应激反应均属于正常反应,但如果反应过度,持续时间过长,则需要高度关注,建议学生在必要时寻求专业的心理援助。

2. 开展学生个体及群体的心理辅导

学生居家上网课期间,可能会出现各种心理困惑和烦恼,并体现在无法安心上网课及不能保证作业质量上。班主任应一方面与学生个体谈心,耐心倾听,给予支持和建议;另一方面利用班级微信群、QQ 群等渠道召开班级心理班会,对学生予以心理疏导。

3. 学会借力

(1) 充分利用好家校联系,与家长良性沟通,共同帮助学生。

(2) 在学校年级部等管理部门的指导下开展工作,在班主任团队中互相学习和关怀,获取方法和力量。

(3) 用好班主任的个人资源,帮助提高工作实效。

随着疫情得到有效控制,学生陆续返校上课,这时班主任要及时做好开学复课衔接工作,提升学生的学习生活适应能力,促使学生尽快地将自身状态从“假期”调整为“上学”;同时加强宣传、普及相关科学知识,进行生命教育、卫生健康教育等,引导学生积极交流、调适情绪,在班级中提供积极的心理行为支持,并针对性地做好家校沟通,从而形成一个相互包容、理解与支持的良好氛围。

(江阴市第一中学,夏晓鸥)

突发公共卫生事件下学生的社会性交往指导

什么是突发公共卫生事件?根据国务院 2003 年颁布的《突发公共卫生事件应急条例》,突发公共卫生事件指的是突然发生造成或者可能造成社会公众健康严重损害的重大传染病疫情、群体性不明原因疾病、重大食物和职业中毒以及其他严重影响公众健康的事件。学校作为人才培养的地方,人员密集、活动集中,一旦发生突发公共卫生事件,不仅影响正常的教学生活秩序,还会对学生身心健康带来伤害。如何在这种特定情况下,尽可能减少对学生身心的损伤?除了必要的干预措施,指导学生展开特定的社会性交往是一个重要途径。

学生的社会性交往对他们的社会化发展起着重要作用。通过与老师、同学及其他社会人员的交往,他们接受社会文化,了解社会规范,清晰自己的社会角色及其相应的行为准则,同时也在交往中收获友谊,获得社会性支持。一场疫情,使传统意义的社会性交往受到了挑战,人与人之间的肢体接触不再是温情的流动,而可能成为病毒传播的渠道,许多人感到恐惧、畏缩、茫然。如何适应这种转变?如何让学生在这类突发公共卫生事件下开展有效积极的社会性交往,彼此提供强有力的社会支持,就成了班主任们面对的一个课题。

下面就以本次新冠肺炎为例,谈谈班主任如何对学生开展社会性交往的指导。

(一) 突发公共卫生事件下的社会性交往目的及意义

1. 稳定情绪

本次疫情,因其强传染性及高致死率,在民众中形成一定程度的恐慌,对于学生而言也是如此,尤其是小学中高年级及中学生,同伴关系的影响甚至超过亲子关系。因此,有效的社会性交往,不管对于感染者、疑似者、密切接触者、被隔离者还是普通居家人员,都能帮助他们稳定情绪,获得社会支持,降低孤独感,释放消极情绪,减小压力感。

2. 促进成长

有效的社会性交往,能够使学生通过一系列活动来强大内心力量,学到新的应对方式和技巧,学会新的选择方式,这种体验将成为其以后面对同类事件时的宝贵经验,促进其心理成长。

(二) 有效社会性交往的特点

1. 温暖安全

在心理上,学生应当能体会到别人对他的关心与支持,他能在这样的心理环境中安定下来,获得安全感。同时,不怕暴露自己的软弱、恐惧、焦虑,能放心地倾诉,能得到接纳与理解,能得到暖心的回应。在实际接触中,注意做好有效防护,没有感染风险。

2. 支持保障

在物质上,能得到支持保障。比如,社区工作人员对居家隔离者的关心与援助;同住一小区的同学或家长为受困学生提供物资,解决实际困难等。

3. 正向积极

不传谣、不信谣,不扩散恐慌情绪,正向稳定,对于一些明显的错误言论应能有效制止。当自己无力的时候,能得到鼓励与肯定,重获力量。

(三) 学生社会性交往的指导内容

班主任对学生的社会性交往指导,可以从以下几个方面进行。

1. 做好相应防护措施

面对这次疫情,由于其传染性强、病源近,容易引发学生的恐慌心理,班主任一定要用稳定的状态,对学生发布权威信息,让学生做好充分的自我防备。例如,告知学生应尽可能居家不外出,勤通风;不得不外出时,应做好相应防护,戴好口罩,按电梯按钮或门把手时用纸巾垫好,不直接接触;回家后立即洗手,把衣服放在通风处晾晒;平时坚持锻炼,增强免疫力。只要自己做好了必要的防护措施,那么即使与病人密切接触过,也并不一定会被感染。

2. 引导学生寻找新的交往渠道

根据学生容易接受新鲜事物的特点,可以大力开发新的交往渠道。面对面的交流有风险,那就多借助互联网。上课可以在网上,聊天也可以用电话、微信、QQ,聚会讨论还可以用腾讯、ZOOM 会议室,学习强国中也有相应的视频、音频功能,钉钉软件还有专门的班级虚拟空间。这些都能满足学生的日常交流需要。

3. 了解不同社会角色的作用

班主任可以组织学生一起模拟,遇到哪些问题可求助哪类人员。比如,遇到困难,可以向家人、老师求助,也可以向同学求助;如果是比较严重的心理问题,应当向心理老师求助。班主任可以搜集一些心理援助热线提供给孩子们,让他们可以多渠道向专业人员求助。生活上的困难,则可以向社区人员、同一小区人员求助。

4. 教给学生一些心理技术

一些小的心理问题可以尝试在班集体内解决。班主任可以联系心理老师教大家一些简单易学的心理技术,比如接纳技术、肯定技术、共情技术、稳定技术、赋能技术,让同伴间的陪伴更有质量,不至于好心办坏事,帮倒忙。

(四) 社会性交往的实施

班主任作为班级学生中的灵魂人物,在上述指导基础上,还应当有效地组织学生开展相应的社会性交往,使学生能在实践中运用,真正提升社会交往的质量。

1. 了解学生动态,分头行动

班主任应多渠道与学生及家长保持联系,及时了解学生的动态,如哪些同学被隔离,哪些同学家中有了意外,等等,然后带领同学们采取相应的方式与他们交流,并提醒其他同学在交往中的注意点。比如,对于刚刚有亲人去世的学生,同学就不宜与他进行欢快的活动,而要充分与他共情,设身处地地体会他的感受，送上温暖的安慰。对于一些情况严重的学生，班主任还应当建议学生向心理老师求助。

2. 构建指导体系，分层实施

指导学生进行社会性交往，目的是让学生在社会交往中主动运用、合理运用、正确运用，但运用效果如何，是视学生的意愿与能力而定的。与学生说明新的社会性交往的重要性，加强学生的意愿度，帮助学生提升在突发公共卫生事件下的社会性交往能力，则需构建指导体系，分层实施。

这一体系可按三个层次进行。第一层为基础知识学习，可安排一些讲座，让大家了解当下的疫情有何特点，如何防护，交往时注意点有哪些。第二层可以是专题训练，可安排一些特定的场景训练，让学生掌握相应的交往方式。如面对患病的同学，应当怎样表达自己的关心，有哪些忌语；面对情绪消沉的同学，可以采用哪些方法陪伴；面对有心理危机的同学，应怎样识别，怎样与老师联系；面对一些负面事件，怎样找出其中的积极意义；等等。第三层则是实践运用反馈，让大家在生活中加以使用，教师视情况定期或不定期地组织不同范围的讨论，引导学生分辨得失，提高实际交往水平。

3. 丰富活动形式，分类开展

班主任可以采用多种活动形式，指导学生开展多种社会性交往。比如，可以找一些契合当下疫情的图书、文章，开展读书活动，读一段、议一段，加深理解，学以致用。也可以开展沙龙，分享体会，研讨热门话题，了解学生的思想动态，引导学生正向思维，学习客观全面地看待问题。还可以学生为主，组织音乐欣赏会、美食涂鸦赛、手账展示、朗诵表演，利用抖音等方式发布，增强学生的效能感，提高学生的参与兴趣，提升团体的凝聚力，使同学间的社会性交往更有支持温暖的特性。

总之，教师要充分激发学生的自主性。应当让学生充分意识到在突发公共卫生事件下，社会性交往对小环境建设的影响，对自己、对周围同学身心健康保障的重要性，从而接纳教师的指导，主动将有关方法技术运用于生活实践中。突发公共卫生事件，能阻断人与人的有形联系，却不能阻断人与人之间情的交往、爱的流动。

（江阴市教师发展中心，支玖红）

疫情下青少年常见应激反应及干预

由于疫情的影响,青少年不得不以新的模式来适应周边的环境,比如全新的网络学习模式、与父母之间相处交流方式的改变等。生活环境变化过大、过快和持续过久,超出个人的负荷和承受能力,就会造成适应的困难,引起严重的心理应激反应。这就难免有很多不良情绪反应,从而发展成为急性应激障碍(ASD)。所以,对青少年常见应激反应及时觉察,在源头给予心理帮扶,能更好地预防创伤后应激障碍(PTSD),达到疗愈心理的目的。

(一) 青少年应激相关研究

1. 应激的概念

应激(stress)直接的意思就是压力。早在 20 世纪 30 年代,加拿大著名生理学家汉斯·塞利(Hans Selye)最早开展对应激的研究。他认为,"应激是身体为满足需要所产生的一种非特定性反应"。所谓非特定性反应,是指生活中的各种因素。这种非特定性反应构成一种综合征,即"一般适应综合征",简称 GAS。

我国学者车文博认为应激是指人们在日常生活中经历的由各种生活事件、意外创伤性体验、慢性紧张家庭困难、人际关系紧张等引起的一种心理紧张状态。众多学者都围绕着外界刺激、个体反应、平衡状态三个方面对应激的概念进行表述。也就是说,应激就是个体遇到无法处理应对的刺激时,做出反应以达到与所处环境平衡的行为。

2. 青少年常见应激源

应激源指的是日常生活中遇到的重大的或者刺激性的,个体一时无法处理的事件。应激源分为三种:灾难性事件、生活事件、慢性应激源。灾难性事件是指那些突发性的、难以预料的、会对生活构成潜在威胁的经历或创伤,如新型冠状病毒、地震、火灾等。生活事件也称为生活变化,是指生活中发生的一些要求个体做出适应的情况,如离家、失恋、考试失利等。而慢性应激源也被看作日常琐事，通常是指那些持续较长时间的事情。青少年学生面临的主要应激源是家庭因素、学习因素和人际关系因素，其中学习因素对中学生造成的影响是最大的。[①]

3. 急性应激障碍与创伤后应激障碍的区别

应激反应及适应障碍是一组由严重的应激性生活事件或持续不愉快环境所致的精神疾患。急性应激障碍的患者在受刺激后立即（一小时之内）发病，症状往往在24～48个小时后开始减轻，一般持续时间不超过三天，一般病程时间也不超过一个月。如果症状存在时间超过四周，就要考虑诊断为“创伤后应激障碍”。

所以，急性应激障碍与创伤后应激障碍的区别，主要是在病程的时间上。急性应激障碍在灾害事件后马上发病，其病程为灾害事件发生的一个月以内；而创伤后应激障碍是在灾害事件后发病，并且症状已经持续一个月以上。

（二）青少年常见应激反应的相关研究

1. 生理反应

生理反应主要表现为个体的自主神经系统兴奋，脑垂体和肾上腺皮质激素分泌增多，血糖升高，血压上升，瞳孔放大，心率加快，手心出汗和呼吸加速等。这些变化是身体在极短的时间内处于一种充分准备的状态，从而做出或战（解决问题）或逃（逃离危险）的反应。面对疫情，有些青少年会选择逃避，自我安慰，有些人会采取积极措施。[②]

2. 心理反应三阶段[③]

冲击阶段：这是第一阶段，也称强烈的情绪反应阶段，一般发生在危机事件出现后不久或当时。

安定阶段：这是第二阶段，也称逐渐接受现实阶段，人们会采取各种措施努力恢复心理上的平衡，控制焦虑和情绪紊乱，恢复受到损害的认识功能。

改变阶段：这是第三阶段，称为寻求改变阶段，求助者会将自己的注意力转向产生压力的危机，并努力设法处理它。

---

① 梁瑞涛.青少年学生心理应激反应与应对方式和社会支持的关系研究[D].上海：上海师范大学，2005.

② 方晓义.家安心安：新冠肺炎疫情下的家庭心理自助手册[M].北京：北京师范大学出版社，2020：11.

③ 参见樊富珉“抗击疫情，心理援助”公益项目培训视频《心理危机反应与干预方法》。

这三个阶段包括情绪、认知和行为维度的多方面变化。

情绪方面，青少年情绪体验会更加敏感，压力过大时会出现紧张、焦虑、担忧等情绪，严重时会导致失眠、饮食问题。长期居家，相处氛围单一，家庭环境缺少边界，导致青少年易激惹，很小的事情也会很烦躁甚至愤怒。有些青少年，持续过度关注疫情动态而产生恐惧、抑郁等不良情绪。

认知方面，关注应激源（疫情的危险），减少疫情对自身的伤害，但压力过大时，青少年容易出现认知狭窄，表现为选择性注意力，如只关注疫情信息，学习时无法集中注意力，记忆力、思考能力、判断能力显著下降。

行为方面，青少年可能会出现否认自己的真实体验和反应的现象，如对家长的关心只会回应“我没事儿”；或在担忧不安时保持沉默，如拒绝与家人进一步的交流，身体上出现一些莫名其妙的疼痛或不适；还有些青少年可能会在家庭和学校中变得不安和反抗，喜欢与人争论，不服从规则和管教等，有的甚至会出现物质成瘾行为，如网络成瘾、沉迷游戏。

3. 社会功能

青少年疫情下的应激反应，更多地以社会功能受影响表现出来。由于生理、心理反应的影响，青少年在学习时无法集中注意力，记忆力下降，导致网课期间学习效率下降、作业错误较多等学业问题。同时，疫情导致人与人之间不能见面，人际关系受到较大影响，青少年花费更多的时间用于网络交友而忽视了现实中的人际交往关系，比如亲子关系。易激惹的状态导致家庭关系有时剑拔弩张，社会功能的影响又会产生生理应激反应、心理应激反应，如果不采取干预措施，将形成恶性循环。

（三）干预技术研究与应用

1. 青少年自助应对策略

在研究青少年应对策略时常用的量表是《青少年压力和应对测量表》（ASCM），该量表除了测量应用的应对策略外，还对特定应对策略的使用频率、效力等进行了考察。四分之一到三分之一的被试对自己应对策略的效力评价为低中等。尽管如此，这些青少年在努力应付压力时，却都经常更多更明显地选择使用积极、适应的应对策略（如放松、娱乐、寻求帮助、认知控制和感情宣泄），而非不良的应对策略（如否定、逃避、面对、侵犯行为和物质滥用）。

他们一般选择常见的急性应激自助方法。

(1) 认知调节:了解疾病的相关知识;改变自己的非理性想法;与自我进行正面对话;转移注意力;多看权威的信息发布;思考和寻找生命的意义。

(2) 情绪调节:接纳自己的负面情绪;表达和倾诉自己的感受;深呼吸;肌肉放松;静下来,如冥想瑜伽。但是如果自己在练习中感觉情绪不适,那就要马上停下来。

(3) 行为调节:充分地休息;正常饮食,如定时定量;多与朋友、家人保持联系;维持日常生活习惯节奏;有节制地了解疫情信息;阅读或写作等。

2. 他助干预技术

(1) 入户双陪伴活动。入户双陪伴活动是由江苏省教育学会心育专委会杨静平老师发起的,它是针对有需求的家庭,由家庭指导师协助家庭进行改变,以快速识别、及时处理、检查边界、示范表达等方式,将中国传统经典智慧与心理学理论相融合,形成一种用于家庭教育指导的双陪伴模式。活动的核心理念是人皆有潜能,从寻善、长善、完善、从善等四个方面进行心理教育,熟练运用肯定技术进行入户指导,让参加活动的家庭成员 6～8 人组成同质群体,每天定时提交家庭日记,运用心理技术对个别家庭成员语言进行提醒,有需要者面询。在对青少年家庭提供帮助陪伴下,更好地解决其实际生活中的问题。

(2) 支持性技术。将应激反应正常化,帮助青少年稳定情绪;通过各种讨论,帮助青少年挖掘自身资源,找到信心;一起探讨,获得更多的信息,形成可操作性的行动方案,促进青少年改变,并灌注希望,增加行动的动力,使其逐渐适应生活,增加对生活的掌控感。

(四) 小结

近年来发生的汶川地震、"非典"、长江沉船以及这次的新冠病毒等重大意外事件,使得我国学者对青少年应激反应相关的研究日益增加,也说明了青少年应激反应的问题已经趋于普遍化。

对于积极的群体应激反应,应该抓住时机,因势利导,使这种人们临时性的应激行为成为理性的常规行为。如在疫情期间,人们对体育锻炼的重视程度剧增、更注意清洁卫生之类积极的群体应激反应的应对方式。

积极的应激反应的出现,为人们形成良好的适应行为与观念带来了契机，我们可以因势利导，通过各种方法与途径进行积极引导，有效地提高人们对清洁、锻炼等积极防御的认识，使建立在应激反应基础上的应激行为理性化，从而真正提高人们的文明行为意识与行为习惯，化弊为利，将疫情出现这个坏事转化成为促进全民提高身体心理素质、学会正确保护自身的好事。

（江阴市敔山湾实验学校，李洁琼；南菁实验学校教育集团，葛盼盼）

后　记

如果说华东师范大学基础教育改革与发展研究所发起的“后疫情时代的基础教育走向何处?”的追问发出的是教育学者面对疫情的教育思考，朱永新、陶新华主编的《面对疫情，教育何为?》汇集的是教育专家、心理健康教育研究者的教育思考，而将这些教育思考转化为面对中小学生开展的生动鲜活的教育实践，一定离不开广大中小学教师尤其是班主任教师的身体力行。《突发公共卫生事件时期的班主任工作》一书是由南京师范大学出版社与南京师范大学班主任研究中心联合发起，由来自全国不同省份的基础教育研究室、中小学校校长、德育主任、名班主任工作室主持人、心理咨询室专业人员、优秀的一线班主任教师共同完成的一本应对突发公共卫生事件的班主任工作指导用书，也是南师大班主任研究中心长期致力于中小学班主任专业成长，构建班主任专业成长共同体的实践见证，融汇了高校理论工作者与广大一线教师应对疫情期间的实践智慧与教育思考。

新冠肺炎疫情作为人类历史上史无前例的公共卫生突发事件，其波及面之广、危害之严重是前所未有的，它给全球经济、社会秩序带来的影响还在蔓延中，疫情带给我们的教育思考也在不断深化；人类的应对意识和能力不断被激发和唤醒，应对的方法和策略也不断地被理论工作者和实践工作者所创生。为此，本书遵循“生活教育学”的内在逻辑，在结构上分为上、下篇。上篇“在场:教师生活叙事”，用细腻的笔触呈现了应对疫情时期的教师生活样态以及引发的教育思考，构成本书的生活底色。上篇内容也是基于本人的课堂教学实践，作为质性研究方法课上“疫情时期的居家生活教育叙事”的课程研讨成果，与南师大 2019 级博士研究生共同完成，他们大多身兼中小学教师的身份，因此本篇内容成为师生在疫情时期网上课堂教学的生活见证。

下篇内容为面对疫情引发的教育思考以及班主任的教育实践。包括班主任工作新理念、家校共育活动指导、“假期”学习生活指导、抗“疫”班会课设计以及应对突发公共卫生事件的心理防护五个板块，采用理论阐述、活动指导、案例分析、研究性学习指导等丰富多彩的形式予以呈现，体现了在居家生活这一新的教育时空下对于班主任角色、工作内容、工作方法与手段的新的思考与实践创新，从中折射出广大实践工作者在面对突发公共卫生事件时的责任意识、担当意识以及实践智慧，见证了优秀班主任的综合素养和教育情怀。

除了每篇文章后面的署名作者之外，徐州市教育局德育研究室徐新颖，镇江市润州区教师发展中心华莉，常州市武进区实验小学教育集团人民路小学王晓波，常州市武进区星河实验小学曾美婷，南京外国语学校仙林分校杨学、杨秀梅，南师附中江宁分校何明涛，南京师范大学青岛附属学校小学部孙宁，南京市金陵中学苏华，南京市第五中学杨静平，以及南师大教科院博士研究生程晓莉、吴锐、王中教、徐莹莹、李亚琼、朱诚、张传亮、陆丽莉、胡光永参与了本书的组稿和撰写工作。最后，本书能够在这么短的时间内得以完成，离不开南师大出版社张春主任的鼎力支持，以及为此付出的大量心血，在此一并表示感谢！

如果说在面对疫情这一人类重大突发公共卫生事件时，南京师范大学班主任研究中心能够做出一些积极回应的话，应该感谢班主任研究中心的创始人班华教授，以及为了中心的发展辛勤付出的一代代学人和一线班主任老师；班华教授始终如一地扶持中心的发展，对于本人的工作更是鼓励有加，并欣然为该书作序。在感谢之余，唯有更好地为一线班主任提供支持与服务，引领更多富有爱心和智慧的优秀班主任走专业发展道路，为基础教育事业尽一份自己的绵薄之力！

齐学红写于朗诗国际
2020 年 5 月 1 日